“十四五”国家重点出版物出版规划项目

湖北省公益学术著作
Hubei Special Funds 出版专项资金
for Academic and Public-interest
Publications

“一带一路”倡议与中国国家权益问题研究丛书
总主编／杨泽伟

“一带一路”倡议与中国国际法治话语权问题研究

陈思静　著

WUHAN UNIVERSITY PRESS
武汉大学出版社

图书在版编目(CIP)数据

“一带一路”倡议与中国国际法治话语权问题研究/陈思静著.—武汉:武汉大学出版社,2023.6(2024.10 重印)

“一带一路”倡议与中国国家权益问题研究丛书/杨泽伟总主编

湖北省公益学术著作出版专项资金项目　“十四五”国家重点出版物出版规划项目

ISBN 978-7-307-23669-1

Ⅰ.一…　Ⅱ.陈…　Ⅲ.国际法—研究　Ⅳ.D99

中国国家版本馆 CIP 数据核字(2023)第 062774 号

责任编辑:林　莉　　责任校对:汪欣怡　　版式设计:马　佳

出版发行:**武汉大学出版社**　(430072　武昌　珞珈山)

(电子邮箱:cbs22@ whu.edu.cn　网址:www.wdp. com.cn)

印刷:武汉邮科印务有限公司

开本:720×1000　1/16　印张:19.75　字数:280 千字　插页:2

版次:2023 年 6 月第 1 版　2024 年 10 月第 2 次印刷

ISBN 978-7-307-23669-1　定价:88.00 元

本书系 2022 年度教育部哲学社会科学研究重大课题攻关项目“全球治理的区域转向与中国参与亚洲区域组织实践研究”（项目批准号为：22JZD040）阶段性成果之一。

“‘一带一路’倡议与中国国家权益问题研究丛书”总序

“一带一路”倡议自2013年提出以来，迄今已取得了举世瞩目的成就，并产生了广泛的国际影响。截至2022年2月中国已累计同148个国家、32个国际组织签署了200多份政府间共建“一带一路”合作文件。可以说，“一带一路”倡议顺应了进入21世纪以来国际合作发展的新趋势，昭示了新一轮的国际政治新秩序的变革进程，并且是增强中国国际话语权的有益尝试；共建“一带一路”正在成为中国参与全球开放合作、改善全球经济治理体系、促进全球共同发展繁荣、推动构建人类命运共同体的中国方案。况且，作为现代国际法上一种国际合作的新形态、全球治理的新平台和跨区域国际合作的新维度，“一带一路”倡议对现代国际法的发展产生了多方面的影响。

同时，中国已成为世界第二大经济体、第一大制造国、第一大外汇储备国、第一大债权国、第一大货物贸易国、第一大石油进口国、第一大造船大国、全球最大的投资者，经济对外依存度长期保持在60%左右；中国有3万多家企业遍布世界各地，几百万中国公民工作学习生活在全球各个角落，2019年中国公民出境旅游人数高达1.55亿人次，且呈逐年上升趋势。可见，中国国家权益涉及的范围越来越广，特别是海外利益已成为中国国家利益的重要组成部分。因此，在这一背景下出版“‘一带一路’倡议与中国国家权益问题研究丛书”，具有重要意义。

首先，它将为落实“十四五”规划和实现2035年远景目标提供理论支撑。习近平总书记在2020年11月中央全面依法治国工作会议上强调，“要坚持统筹推进国内法治和涉外法治”。《中华人民共和国国民经济和社会发展第十四个五年规划和2035年远景目标纲要》提出要“加强涉外法治体系建设，加强涉外法律人才培养”。中国2035年的远景目标包括“基本实现国家治理体系和治理能力现代化”“基本建成法治国家、法治政府、法治社会”。涉外法治体系是实现国家治理体系和治理能力现代化，基本建成法治国家、法治政府、法治社会的重要方面。本丛书重点研究“全球海洋治理法律问题”“海上共同开发争端解决机制的国际法问题”以及“直线基线适用的法律问题”等，将有助于统筹运用国际法完善中国涉外立法体系，从而与国内法治形成一个相辅相成且运行良好的系统，以助力实现“十四五”规划和2035年远景目标。

其次，它将为推动共建“一带一路”高质量发展提供国际法方面的智力支持。十九届五中全会明确提出继续扩大开放，坚持多边主义和共商共建共享原则，推动全球治理变革，推动构建人类命运共同体。本丛书涉及“‘一带一路’倡议与中国国际法治话语权问题”“‘一带一路’倡议在南太平洋地区推进的法律问题”“‘一带一路’背景下油气管道过境法律问题”等。深入研究这些问题，既是对中国国际法学界重大关切的回应，又将为推动共建“一带一路”高质量发展提供国际法方面的智力支持。

再次，它将为中国国家权益的维护提供国际法律保障。如何有效维护中国的国家主权、安全与发展利益，切实保障国家权益，共同应对全球性风险和挑战，这是“十四五”规划的重要任务之一。习近平总书记特别指出“要强化法治思维，运用法治方式，有效应对挑战、防范风险，综合利用立法、执法、司法等手段开展斗争，坚决维护国家主权、尊严和核心利益”。有鉴于此，本丛书涵盖了“中国国家身份变动与利益保护的协调性问题”“国际法中有效控制规则研究”等内容，能为积极运用国际法有效回应外部挑战、维护中国国家权益找到答案。

最后，它还有助于进一步完善中国特色的对外关系法律体系。对外关系法是中国特色社会主义法律体系的重要组成部分，也是处理各类涉外争议的法律依据。涉外法治是全面依法治国的重要内容，是维护中国国家权益的“巧实力”。然而，新中国成立以来，中国对外关系法律体系不断发展，但依然存在不足。随着“一带一路”倡议的深入推进，中国对外关系法律体系有待进一步完善。而本丛书探讨的“‘一带一路’倡议与中国国际法治话语权问题”“全球海洋治理法律问题”“‘一带一路’背景下油气管道过境法律问题”“海上共同开发争端解决机制的国际法问题”等，既有利于中国对外关系法律体系的完善，也将为中国积极参与全球治理体系变革、推动构建人类命运共同体提供国际法律保障。

总之，“‘一带一路’倡议与中国国家权益问题研究丛书”的出版，既有助于深化国际法相关理论问题的研究，也有利于进一步提升中国在国际法律秩序发展和完善过程中的话语权、有益于更好地维护和保障中国的国家权益。

作为享誉海内外的出版社，武汉大学出版社一直对学术著作鼎力支持；张欣老师是一位充满学术情怀的责任编辑。这些得天独厚的优势，保证了本丛书的顺利出版。趁此机会，本丛书的所有作者向出版社的领导和张欣老师表示衷心的感谢！另外，“‘一带一路’倡议与中国国家权益问题研究丛书”，议题新颖、涉及面广，且大部分作者为学术新秀，因此，该丛书难免会存在不足和错漏，敬请读者斧正。

杨泽伟 ①

2021 年 2 月 1 日

武汉大学国际法研究所

① 教育部国家重大人才计划特聘教授，武汉大学珞珈杰出学者、二级教授、法学博士、武汉大学国际法研究所博士生导师，国家高端智库武汉大学国际法治研究院团队首席专家，国家社科基金重大招标项目、国家社科基金重大研究专项和教育部哲学社会科学研究重大课题攻关项目首席专家。

目　录

绪　　论

一、选题理由及意义

（一）选题理由

近年来，随着我国综合国力的不断上升，有关提升中国国际话语权的讨论不断增多，这种讨论既反映在中国共产党、中国政府的相关政策文件中，也反映在相关的专业学术论文之中。例如，党的十八大报告指出“国际事务中的代表性和话语权进一步增强”①是我国外交事业取得的一项新成就；党的十八届四中全会通过了《中共中央关于全面推进依法治国若干重大问题的决定》，该决定提出要“增强我国在国际法律事务中的话语权和影响力，运用法律手段维护我国主权、安全、发展利益”②；习近平总书记主持中共中央政治局第二十七次集体学习（主题为“全球治理格局和全球治理体制”）时提出，全球治理机制的变革，应“增加新兴市场国家和发展中国家的代表性和发言权”。③ 再如，曾令良教授在《国际法治与中

---

① 胡锦涛：《坚定不移沿着中国特色社会主义道路前进　为全面建成小康社会而奋斗——在中国共产党第十八次全国代表大会上的报告》，载中国气象局网站：http：//www.cma.gov.cn/2011xzt/2012zhuant/20121029/2012102902/201211/t20121119_190656.html。

② 中国共产党第十八届中央委员会：《中共中央关于全面推进依法治国若干重大问题的决定》，载中共中央党校（国家行政学院）网站：http：//www.ccps.gov.cn/xytt/201812/t20181212_123256.shtml。

③ 《习近平主持中共中央政治局第二十七次集体学习》，载国防部官网：http：//news.mod.gov.cn/headlines/2015-10/13/content_4624121.htm。

国法治建设》一文中明确提出了“增强中国在国际上的法治话语权和影响力”①的宏大愿望。

伴随着提升国际话语权的呼声，我国于2013年启动了中华人民共和国成立以来规模最大的外交工程——“一带一路”倡议。以政策沟通、设施联通、贸易畅通、资金融通、民心相通为目标的“一带一路”倡议，涵盖广阔的地域范围，涉及众多学科领域，与国际法、国际法治有着千丝万缕的联系。一方面，“一带一路”倡议对法治保障提出了较高的要求，如何对接沿线各地的发展战略，如何协调各类既存的多边法律制度、区域法律制度，进而减轻制度对抗，如何对既存的法律制度加以补足、完善，如何规避“一带一路”建设中出现的法律风险，最终使“一带一路”真正成为联系沿线各国人民的高速发展通道，都是值得研究的法律问题；另一方面，“一带一路”建设也为中国展现自身的国际法理念、提升自身在国际法领域的话语权提供了平台与动力。如果说基于历史原因，中国未能充分参与诸多多边法律规范的谈判（如《联合国海洋法公约》《维也纳条约法公约》），只能成为国际规则的被动接受者并承担了相应的不利后果（如中国为加快“入世”谈判进程，不得不承担了很多WTO-Plus义务），那么“一带一路”建设至少为改变这一局面提供了些许契机。在经贸、金融、交通运输、能源、基础设施建设等多个领域，中国有可能与沿线国家达成符合各国共同利益的法律协议，并作为推动力量建立一些新型国际组织（如亚投行）。可以说，“一带一路”倡议与中国的法律外交呈现出相互需要、相互促进的关系。

然而，如果仅从中国是否成为国际组织的主导力量、中国在国际组织中的投票份额、中国籍国际公务员的数量与职位、中国开展主场外交活动的规模与频次等形式指标分析“一带一路”法治建设的走向、预设中国提升国际话语权的目标，不仅难以完全跳出“国强必霸”的逻辑，也难以深刻反映“话语权”的内涵。用通俗的话来

---

① 肖永平、黄志雄编：《曾令良论国际法》，法律出版社2017年版，第494页。

说，“我只要我觉得，不要你觉得”“说你行，你就行，不行也行；说不行，就不行，行也不行”的这种霸道逻辑，绝非中国国际话语权的应有之义。“一带一路”建设若要持久推进、得到沿线国家的长期认可，必须融入“国际法治”元素，使沿线国家更多地感受公平正义而非强权政治。同时，有关“话语权”的研究，也需要结合语言学的“话语”理论、哲学中的“话语权”理论展开，特别是由于“国际法话语”的相关研究仍不充分，借鉴国际政治、国内法中的“话语”研究便具有重要的参考价值。

严格来说，“一带一路”并不属于自然国际法或实在国际法的传统研究范畴，翻开任何一本传统的国际法教材，并不存在讲解“一带一路”的专章、专节，自然国际法的规则形式、实在国际法的分支，也不会因为“一带一路”倡议而发生根本性的变化。不过，作为中国在新时期的重大外交工程，“一带一路”倡议与国际法存在着紧密的联系。较之过去，中国在国际舞台上发声的意愿有所提升，发声的能力也大大增强，作为国际法律秩序的坚定捍卫者，我国应推动“一带一路”建设朝着国际法治的目标前进。

总之，本书旨在通过对比语言学、哲学、国际关系、国内法等相关学科中的“话语”与“话语权”理论，为“国际法治话语权”作出科学的定义，并阐明“一带一路”建设为何需要国际法治话语，最终对如何通过“一带一路”建设提升中国的国际法治话语权提出自己的建议。

(二)选题意义

1. 理论价值

首先，目前有关国际话语权的研究成果主要集中于国际政治、国际关系、新闻传播学等学科，国际法学科的研究成果较为有限。本书通过对比相关学科的“话语”及“话语权”理论，借鉴“国际法治”的相关研究成果，尝试为“国际法治话语权”作出科学的定义。同时，以往的国际关系研究成果，更多强调中国的“国际制度话语权”，对抗性更强、生产性较弱。“话语权”不仅仅是一方压制另一方的体现，在我国具备提升“国际话语权”的硬实力后，应更多关注“话语权”的生产性与“国际法治话语权”的建设，提出更多容易被各国普遍接受的中国国际法治方案，促进国际社会朝着公正、有序、法治的目标发展。

其次，有部分学者提出“一带一路”建设不需要“国际法治”，国际法可能会导致不良秩序、会阻碍国家的行动自由等论断。笔者将尝试分析这些论断背后的逻辑，指出这些论断存在的缺陷，进而论证“一带一路”与“国际法治”存在联系紧密，指出“一带一路”倡议的成功离不开国际法治保障，我国在建设“一带一路”的过程中必须关注国际法治，不断提升自身在国际法治领域的话语权。

最后，依据联合国的相关文件，国际法治包含“国际法的编撰、发展、宣传”“国际司法争端解决”“非司法问责机制”“联合国内部法治”等多项内容，但实践中各国对国际法治的理解却不尽相同，“一带一路”倡议能实现哪些目标、构建哪些话语平台、如何体现中国的国际法治观，值得探讨。本书结合相关的“一带一路”合作领域展开论述，指出我国完全可以通过“一带一路”国际法治合作，展现中国遵守国际法治的形象，提升“人类命运共同体”理念及中国国际法治观在全球范围内的影响力。

2. 实践意义

首先，从宏观层面来看，“一带一路”的组织机制建设与法律模式选择，值得探讨。在《“一带一路”国际合作高峰论坛咨询委员会报告员致第二届高峰论坛筹委会主任杨洁篪的信》中，已有部分学者提出要建设常态化的“一带一路”合作机制，在相关的学术讨论中，也有部分学者提出，“一带一路”高质量发展的路径选择是机制化，[①] 而“一带一路”建设究竟是以签署硬法文件还是软法文件为主，在学者间亦存在争论。毫无疑问，作为“一带一路”倡议的发起方，我国在“一带一路”法律机制的建设中将发挥重要的影响力，在符合国际法治要求的前提下，我国有必要对选择何种“一带一路”法律机制建设模式给出答案，并将之落实于实践中。

① 参见李向阳：《“一带一路”的高质量发展与机制化建设》，载《世界经济与政治》2020年第5期，第52页。

其次，从微观层面来看，“一带一路”建设迈向高质量发展阶段，亟须强有力的机制保障。诸多具体的“一带一路”合作平台，如“一带一路”绿色发展国际联盟、“一带一路”国际智库合作委员会等成立不久，如何通过这些平台推动国际法治合作、体现中国的国际法治理念，也不容忽视。尽管我国事先对这些平台的构建有所规划，但“一带一路”沿线地区的合作平台众多，如何协调“一带一路”合作机制与已有平台的关系，避免合作机制之间发生对抗，进而体现“一带一路”的包容性特色，也是“一带一路”合作机制未来将会面临的问题。

最后，从发展的角度来看，“一带一路”建设的人权特色尚不突出，但人权合作是国际法治合作的重要领域，我国有必要将人权合作纳入“一带一路”合作机制。中国在非洲开展的工程建设项目，常被西方传媒以“人权”“环保”“新殖民主义”等事由加以批评，甚至一些非洲的学者也加入批评的队伍。此外，中国企业在亚洲地区参与建设的一些工程，如“密松水电站”等，也遭遇以“人权”为事由的抵制。这些现象的发生，一方面表明西方的反华势力将继续阻碍“一带一路”的推进，另一方面也说明我国长期坚持的“发展权”优先的人权理念，仍有进一步拓展的空间。如何以“一带一路”建设为契机，进一步加深“南南”人权合作，同时兼顾劳工权利等与“一带一路”建设十分密切的个人、社会权利，值得考量。

二、国内外研究现状

国内有关“中国国际话语权”的研究在过去的十余年已形成一股热潮，随着“一带一路”倡议的兴起，有不少学者积极探索“一带一路”倡议与“中国国际话语权”之间的关系；国外学界对“一带一路”的关注热度虽不如国内，但并未忽视“中国的国际话语权”“中国的国际法治建设”等研究课题：

其一，中国古代哲学中的“语言学”方法有所缺失，[1] 中国的古

---

① 参见邓晓芒：《哲学史方法论十四讲》，重庆大学出版社 2015 年版，第 95~127 页。

代哲学存在一定的"反语言传统"。"话语权"理论主要源自西方哲学家与语言学家。其中，索绪尔的《普通语言学教程》确立了结构主义语言学研究范式，[①] 强调语言的"能指符号"与"所指符号"之间的对应关系，试图将语言学建构为静止而严密的科学系统，[②] 但是这一研究范式在语言学方面的应用较为局限。经过巴赫金、哈贝马斯、福柯等人的发展，又形成了"后结构主义"话语理论。"后结构主义"话语理论在承认语言符号作用的基础上，更强调人类生产话语的主观能动性，认为"约定俗成"并非形成语言系统的唯一因素，权力等社会因素同样能够对话语的生产、表达产生重要的影响，因而对于社会科学研究更具借鉴价值。其中，福柯被认为是"话语权理论"的集大成者。福柯充分考察了欧洲的麻风病诊治史、刑事司法制度的发展史以及性话语的发展历史，撰写了《疯癫与文明》《规训与惩罚》《话语的秩序》《性史》等论传世名作。这些著作充分阐述了福柯对于话语权力的反思与结构，[③] 我国学者也编译了大量的相关研究成果。[④] 基于哲学层面的话语权理论，国际政治学

---

① 参见[瑞士]费尔迪南·德·索绪尔著：《普通语言学教程》，高名凯译，商务印书馆1980年版。

② 参见[法]埃米尔·本维尼斯特著：《普通语言学问题》，王东亮等译，生活·读书·新知三联书店2008年版；申小龙：《〈普通语言学教程〉精读》，复旦大学出版社2016年版；徐今：《索绪尔〈普通语言学教程〉精读》，武汉大学出版社2016年版；等等。

③ 参见Michael Karlberg, The Power of Discourse and the Discourse of Power: Pursing Peace through Discourse Intervention, International Journal of Peace Studies, Vol. 10, 2005。

④ 参见[美]艾莉森·利·布朗著：《福柯》，聂保平译，中华书局2014年版；[美]加里·古廷著：《福柯》，王育平译，译林出版社2010年版；[法]米歇尔·福柯著：《疯癫与文明》，刘北成、杨远婴译，生活·读书·新知三联书店1999年版；陈怡：《福柯说权力与话语》，华中科技大学出版社2017年版；吴猛：《福柯话语理论探要》，复旦大学博士学位论文，2003年11月；等。

科发展出"话语分析"理论,[①] 试图剖析国际问题背后的权力因素。就法学研究而言，国内法学研究中应用"批判话语分析"理论的成果较为丰富,[②] 所运用的法学研究材料也较为丰富。相较而言，国际法学中的话语研究还有很大的发展空间。[③]

其二，国内外有关"中国国际话语权"的研究，主要从"新闻传播""国际政治"两大学科展开，国际法学成果所占比重较小，特别是与本书主题最为相关的三本国内著作,[④] 研究风格总体上偏向政治科学研究。然而，国际关系学科中有关"国际制度话语权"的研究，与国际法的联系也十分紧密，"国际制度话语权的形式标准""国际制度之间的关系""中国如何参与国际制度构建"等内容，同

① 参见刘永涛：《话语政治——符号权力和美国的对外政策》，复旦大学出版社 2014 年版；参见 David Howarth & Jacob Torfing, Discourse Theory in European Politics: Identity, Policy and Governance, Macmillan, 2005; David R. Howarth & Aletta J. Norval, *et al*, Discourse Theory and Political Analysis, Manchester University Press, 2000。

② 参见武汉大学法律文化研究中心：《"中国传统法律中的话语问题"学术研讨会论文集》，2018 年 10 月；[美]约翰·M. 康利、[美]威廉·M. 欧巴尔著：《法律、语言与权力》(第二版)，程朝阳译，法律出版社 2007 年版；[英]彼得·古德里奇著：《法律话语》，赵洪芳、毛凤凡译，法律出版社 2007 年版；柯坚：《生态实践理性：话语创设、法学旨趣与法治意蕴》，载《法学评论》2014 年第 1 期。

③ 参见车丕照：《国际法的话语价值》，载《吉林大学学报》(社会科学学报)2016 年第 6 期；曾令良：《中国国际法学话语体系的当代构建》，载《中国社会科学》2011 年第 2 期；何志鹏：《国际法治的中国表达》，载《中国社会科学》2015 年第 10 期；何志鹏：《国际法的西方传统与中国观念》，载《法学杂志》2018 年第 2 期；王群：《"一带一路"战略下中国国际法话语权刍议》，载《理论探讨》2017 年第 2 期。参见 Jennifer Smolka & Benedikt Pirker, International Law and Pragmatics — An Account of Interpretation in International Law, International Journal of Language & Law, Vol. 5, 2016；等。

④ 参见陈宗权：《"一带一路"建设与中国国际话语权提升》，西南财经大学出版社 2017 年版；吴贤军：《中国国际话语权构建：理论、现状和路径》，复旦大学出版社 2017 年版；陈伟光主编：《"一带一路"建设与提升中国全球经济治理话语权》，人民出版社 2017 年版。

样值得国际法学者研究，我国已有不少学者就这些议题进行了探讨。例如，王江雨认为，“声音大、说得好、有人听”是国际规则制定权的评判维度；① 梁凯音提出，“制度话语权”包含“话语施行者、话语内容、话语对象、话语平台、话语反馈”五大要素；② 王明国认为，“一带一路”国际制度建设应坚持“转移型战略”；③ 门洪华提出，“一带一路”建设应坚持开放性，不需要专门设立“一带一路”组织。④ 此外，还有学者对影响国际制度话语权的具体要素进行了细致的研究。例如，刘铁娃结合美国在国际货币基金组织、联合国安理会、北约及联合国教科文组织中的实践，详细探讨了“硬实力”与“制度开放性”两大要素对美国国际话语权的影响。⑤ 但是，多数的研究成果，视角都较为宏大，对于提升中国国际话语权的具体措施，特别是国际法律制度的构建方案，缺乏细致的分析与讨论。此外，这些研究多从现实主义国际关系理论展开，容易忽视国际社会对法律秩序的需求，美国在国际组织中的实践也表明，如果一国过度追求本国在国际社会中的权力（Power），该国可能采取忽视国际法、以双重标准适用国际法等做法，而这样的做法，显然与“国际法治”中“公平适用国际法规则”的要求相违背。因此，我国国际话语权的提升，不能仅仅考虑占据国际制度框架内的优势地位，更应当依照习近平法治思想中涉外法治与国际法治的丰富内涵，⑥ 考虑“国际法治”对于国际交往所提出的深层次要求。目前，

---

① 参见王江雨：《地缘政治、国际话语权与国际法上的规则制定权》，载《中国法律评论》2016 年第 2 期，第 43 页。

② 参见梁凯音：《论中国在全球化进程中的国际话语权》，载《广东社会科学》2015 年第 1 期，第 86 页。

③ 参见王明国：《“一带一路”倡议的国际制度基础》，载《东北亚论坛》2015 年第 6 期，第 81 页。

④ 参见门洪华：《“一带一路”规则制定权的战略思考》，载《世界经济与政治》2018 年第 7 期，第 25 页。

⑤ 参见刘铁娃：《霸权地位与制度开放性：美国的国际组织影响力探析（1945—2010）》，北京大学出版社 2013 年版。

⑥ 参见黄惠康：《习近平关于国际法治系列重要论述的核心要义》，载《武大国际法评论》2021 年第 1 期，第 27 页。

已有部分学者提出“一带一路”建设需符合“国际法治”的要求、中国要为国际法治建设积极贡献方案,① 国内也有部分学者对“国际法治”进行了深入、系统的研究,② 联合国发布的一系列文件也对“国际法治”的定义进行了探讨,③ 这些成果对于本书的完成都具有重要的借鉴意义。

其三，假设“一带一路”建设的“国际法治”需求得以确认，中国需要建设什么样的国际法治、如何通过“一带一路”倡议提出有影响力的“国际法治”方案，学界也存在不小的理论争鸣。一方面，依据部分中西方学者的著述，中、西方在薄、厚两个层面的国际法治，以及国际法治的优先目标等方面，都存在较大的理念差异,④ 部分意识形态色彩较为浓厚的西方学者认为，中国的国际法治观忽视人权、民主，难以称得上是真正的法治；另一方面，“一带一路”倡议究竟包含哪些国际法的内容，中国的官方文件没有给出统一的答案，学者的观点也存在一些分歧。曾令良认为，“一带一路”不限于经济合作;⑤ Heng Wang 提出，“一带一路”推进模式是

① 参见韩秀丽:《论国际法治理念下的“一带一路”倡议实施》，载《人民论坛》2018 年第 3 期；韩秀丽:《再论国际法治理念下的“一带一路”倡议实施》，载《国际商务研究》2018 年第 6 期；何志鹏:《国际法治的中国方案——“一带一路”的全球治理视角》，载《太平洋学报》2017 年第 5 期；杨国华:《“一带一路”与国际法治》，载《法学杂志》2018 年第 11 期。

② 参见何志鹏:《国际法治论》，北京大学出版社 2016 年版；刘衡:《国际法之治：从国际法治到全球治理》，武汉大学出版社 2014 年版。

③ 参见联合国:《加强和协调联合国法治活动：秘书长的报告》，A/67/290，联合国 2012 年报告；联合国:《加强和协调联合国法治活动：秘书长的报告》，A/64/226，联合国 2010 年报告；联合国:《加强和协调联合国法治活动：秘书长的报告》，A/63/226，联合国 2009 年报告；等。

④ 参见 Matthieu Burnay, Chinese Perspectives on the International Rule of Law: Law and Politics in the One-Party State, Edward Elgar, 2018; Xue Hanqin, Chinese Contemporary Perspectives on International Law: History, Culture and International Law, Brill, 2012。

⑤ 参见 Zeng Lingliang, Conceptual Analysis of China's Belt and Road Initiative: A Road towards a Regional Community of Common Destiny, The Chinese Journal of International Law, Vol. 15, 2016, p. 523。

“三轨机制”(既存的国际机构、“一带一路”相关的国际机构与中国的国内机构)与“两轨规范”(硬法与软法)同时推进;[①] 赵云主编的《“一带一路”倡议下中国的法治建设与全球治理参与》、Julien Chaisse & Jędrzej Górski 主编的《“一带一路”倡议：法律、经济与政治》与 Lutz-Christian Wolff & Chao Xi 主编的《“一带一路”倡议的法律维度》也分别提出，“一带一路”项下可以开展贸易、金融、环保、发展援助、劳工权利、网络空间等多个方面的国际法治合作。[②] 事实上，“一带一路”建设仍处在破题阶段，即便是“人权”等与“国际法治”联系较为密切且较为敏感的议题，“一带一路”沿线国家亦可开展相应的国际法治合作。例如，Maria Adele Carrai & Jean-Christophe 主编的《“一带一路”倡议与全球治理》一书便提到了“一带一路”合作中的劳工权利保障问题。[③]

其四，研究机构、智库的研究报告、成果，也能够为“一带一路”的国际法治合作与中国国际法治话语权的提升提供一定的借鉴作用。例如，亚投行作为重要的多边开发银行与投融资机构，便组织专家学者对“一带一路”合作进程中的相关国际规则问题进行了探讨。亚投行于 2018 年、2019 年、2020 年、2021 年公布的研究报告(分别题为《现代国际金融机构与善治：亚投行 2018 年国际法年刊》《国际组织与国际争端解决效率的提升：亚投行 2019 年国际法年刊》《国际行政法在国际组织中的作用》《构建国际发展组织：法律的创新与实践》)重点讨论了多边开发银行内部治理中的性别

① 参见 Heng Wang, China's Approach to the Belt and Road Initiative: Scope, Charter and Sustainability, Journal of International Economic Law, Vol. 22, 2019, p. 36。

② 参见 Zhao Yun, International Governance and the Rule of Law in China under the Belt and Road Initiative, Cambridge University Press, 2018; Julien Chaisse & Jędrzej Górski, The Belt and Road Initiative: Law, Economics, and Politics, Brill, 2018; Lutz-Christian Wolff & Chao Xi, Legal Dimensions of China's Belt and Road Initiative, Wolters Kluwer, 2016。

③ 参见 Carrai & Jean-Christophe, The Belt and Road Initiative and Global Governance, Edward Elgar Publishing, 2020。

平等问题、多边开发银行之间的合作问题、“一带一路”合作进程中的争端解决机制构建、国际组织中行政法庭的运作等相关议题。① 再如，我国的“一带一路”智库合作机制已经粗具规模，包含“丝路国际智库网络”“‘一带一路’智库合作联盟”“‘一带一路’国际智库合作委员会”等合作平台，这些合作机制的成员机构出版了大量的智库报告，其中不乏与国际法治有所关联的内容。例如，拉惹勒南、太和智库、印度尼西亚国际战略研究中心等智库公布的报告一致认为，唯有遵守相关的环境保护法律规则，“一带一路”倡议才会行稳致远。② 当然，西方的一些智库也从国际法治角度对“一带一路”倡议提出了批评，同样值得引起我国政府和智库的重视。③

总体来看，国内“中国国际话语权”的研究逐步转向“国际问题”研究导向，④ 已有的相关中外研究成果，为国际话语权问题的研究奠定了坚实的理论基础。然而，许多研究成果仍不够精细化，既未深入挖掘“话语权”的理论渊源，也未能就“提升中国的国际话语权”提供具体的国际法治方案，部分研究成果甚至出现了观点激进、论据使用错误等情况，存在一定的改进空间。

---

① 参见 Peter Quayle & Xuan Gao, Good Governance and Modern International Financial Institutions：2018 AIIB Yearbook of International Law, AIIB 2018 Reports; Peter Quayle & Xuan Gao, International Organizations and the Promotion of Effective Dispute Resolution：AIIB Yearbook of International Law 2019, Brill, 2019。

② 参见 Frank Umbach, China's Belt and Road Initiative and Its Energy-Security Dimensions, The S. Rajaratnam School of International Studies Reports, 2019, p. 40；参见于洪君：《推进“一带一路”建设必须遵循绿色发展理念?》，太和智库 2018 年报告；参见 Yose Rizal Damuri & Vidhyandika Perkasa, *et al*, Perceptions and Readiness of Indonesia towards the Belt and Road, Centre for Strategic and International Studies, Indonesia (CSIS) Reports, 2019, p. 42。

③ 参见 Jonathan E. Hillman, China's Belt and Road Is Full of Holes, Center for Strategic and International Studies Reports, 2018。

④ 参见王宏仁：《中国话语权意涵：一种主观认识论途径》，载《国际安全研究》2013 年第 5 期，第 149 页。

三、本书的基本架构

本书主要围绕以下问题展开讨论：什么是话语与话语权？什么是国际法治？结合习近平法治思想中的国际法治要义，如何定义中国的国际法治话语权？中国建设“一带一路”，为什么需要提升国际法治话语权？“一带一路”对中国国际法治话语权有什么影响？中国的国际法治话语权还存在哪些不足？怎样通过“一带一路”倡议构建话语平台？怎样通过“一带一路”倡议阐述中国的国际法治理念，进而提升话语权？具体而言，本书一共分为五章。第一章介绍语言学研究由“结构主义”至“后结构主义”的转向、福柯的话语权理论、国际法治的含义以及“中国国际法治话语”的内涵；第二章辨析“一带一路”倡议与国际法治的双向互动关系、展现中国在“一带一路”建设中对国际法治所作的贡献，指出中国国际法治建设面临的挑战；第三章探讨了中国国际法治话语创新与表达的价值指引，指出“人类命运共同体”的构建对于中国国际法治建设具有重要的指导作用；第四章从国际法治合作的视角出发，探讨国际法治话语平台的建设方案，指出“一带一路”智库合作机制对于法治话语的供给具有重要的作用。“一带一路”国际合作高峰论坛作为非正式的国际组织，其组织形态也面临变革的现实需要。“一带一路”争端解决机制的建设、改革，也需要朝着多元化的方向发展；第五章探析我国在“一带一路”建设中的法治话语表达策略，从硬法与软法的选择、国际法基本原则的创新、增进“一带一路”人权合作三个角度提供对策与建议。

四、研究方法

(一)实证分析法

结合亚投行、“一带一路争端解决机制”、一带一路智库合作网络等合作机制展开论述，具体分析如何协调、发展国际法律制度，提升中国的国际话语权，达成“国际法治”目标。

（二）历史考察法

运用一定的统计数据，刻画过去几十年间“中国国际制度话语权”的量变过程、展现“一带一路”沿线地区的法治现状。

（三）跨学科研究

结合语言学、哲学中的“话语”理论与“话语权”理论，对比国际政治、国内法中的话语研究成果，指出这些理论、成果对于研究国际法治话语有何意义，进而为“国际法治话语权”给出定义，并结合实际需要，为“一带一路”的法治建设建言献策。

第一章　话语权的理论渊源与中国国际法治话语权的含义

在日常生活中，话语权作为一个应用十分广泛的词汇，似乎意在表达一个人追逐权力的欲望；推及中国对国际事务的参与，提升中国的国际话语权也可能只是中国彰显实力的另一种说辞。然而，自现代语言学的研究在20世纪实现“话语转向”以来，“主权者的命令”从来都不是“话语权”理论的全貌，中国提升国际法律事务中的话语权，也不等同于谋求国际制度层面的话语霸权。在推进“一带一路”倡议、共建人类命运共同体的历史进程中，我国唯有不断丰富中国国际法治理念的内涵、增进中国国际法治理念的认同感、拓展中国国际法治理念的传播路径，中国在国际法律事务中的话语权才会得到切实的增强。

第一节　话语的语言学渊源与国际法学运用

一、语言学中的话语理论

(一)从言语到语言：结构主义语言学

在索绪尔(Saussure)的两位学生依据课堂笔记整理出现代语言学的开山之作——《普通语言学教程》之前，语言学的研究范畴似乎过于模糊和松散。历史上，语言学的发展经历了“订立语法规则”“考订古代文献”“相互比较语言”三个阶段，① 但古代的语言学

① 参见[瑞士]费尔南迪·德·索绪尔著：《普通语言学教程》，高名凯译，商务印书馆1980年版，第15~17页。

家都没有将语言学当做一门系统加以研究。索绪尔在经过深入思考的前提下，将语言学建构为具有独立性、社会性等特征的学科，对结构主义语言学的发展产生了重要影响。①

为严格限定语言学的研究范围，索绪尔对“语言”(Language)与“言语”(Parole)作出区分，将“语言的语言学”设定为研究的起点。在索绪尔看来，“言语活动”(Langue)包含“言语”与“语言”两个层次，其中个人的言语表达，是一种具体、异质、偶然的活动，“语言”则是社会成员共享的抽象“语言系统”，具有同质性。② 例如，在庭审中，法官和律师分别说出“我是法官”和“我是律师”时，“言语”中的“我”分别指法官和律师两种不同的身份，但两项不同的言语表达都服从于统一的“语言”规则——“我”就是说话人。显然，在这条“语言”规则诞生之前，必然存在大量相关的个人言语活动，但作为“规则”的“语言”一经产生，便会同“言语”独立开来，③ 使得处于语言学习阶段的人们很难跳过这些规则。但是，这种由个性到共性的演绎，并不能回应一些更为深刻的问题，即个人的言语活动为何能够实现社会交往功能？“语言”的形成是否受到客观规律的限制？

为回答这些问题，索绪尔将“语言”定义为符号系统，该系统主要由“能指”与“所指”两类符号构成，前者指“音响形象”，后者指“概念”。④ 在自然人 A 与 B 具体的交谈过程中，A 基于一定的心理活动发出声响，形成能指符号 a(例如 Tree)，B 在接收声响后，同样基于一定的心理活动，形成所指符号 b(脑海中浮现树的

---

① 参见[法]埃米尔·本维尼斯特著:《普通语言学问题》，王东亮等译，生活·读书·新知三联书店 2008 年版，第 174 页。

② 参见宋英杰:《语言学重点难点探析》，西南交通大学出版社 2014 年版，第 29 页。

③ 参见申小龙:《〈普通语言学教程〉精读》，复旦大学出版社 2016 年版，第 154~155 页。

④ 参见[瑞士]费尔南迪·德·索绪尔著:《普通语言学教程》，高名凯译，商务印书馆 1980 年版，第 15~17 页。

概念与画面)。a 与 b 的形成，都受制于约定俗成的语言规则，而两者的相互对应最终实现了人与人之间的言语交往，这就好似局域网中的两台计算机，能够不断转换对方发出的以 0 和 1 为基础单位的符号信息。然而，这种信息交互主要依赖二极管的特性，人类的多数语言符号却不具备如此精密的逻辑，能指与所指之间的对应表现出极强的随机性，人们很难解释能指与所指之间存在何种科学、具体的联系，即符号系统符号存在任意性。

例如，若是探究人类早期的英语言语活动，很难解释 Tree 的书写方式、发音，为何能够指代一种特定的植物，人类选择 Tree 而非 Dog 指代木本植物，很可能只是一个偶然的结果，[①] 但在 Tree 与木本植物建立联系之后，这种联系会变得十分稳固。因此，索绪尔认为，与研究历史上各个时期语言符号的形式变迁、进而探究语言变化的规律(即历时语言学)相比，共时语言学更为重要，研究顺序位列历时语言学之前，[②] 只有把语言视作一个静态、封闭而又独立的系统，通过探究系统结构内各类符号的位置、符号之间的对应关系以及符号自身的差异，才能确定一个符号的确切含义，进而发现语言的本质。[③]

尽管索绪尔在他的讲稿中从未使用“结构”一词，但他提出的

---

① 当然，少数象形文字、表意文字的符号，确实能够在一定程度上建立“能指”与“所指”之间的逻辑关系。例如，从词源学的角度来说，中国古代灋(法)字的书写方式，的确能够涵盖“平之如水”“独角兽审判”“护正祛恶”的意涵。参见冯焱：《“灋”的文化意蕴试探》，载《电子科技大学学报》(社科版)2017 年第 5 期，第 79 页。但是，这种逻辑并不能解释，为什么最初的“法”没有呈现为其他的符号形式。总体上来说，语言符号仍旧遵循“任意性规则”。

② 参见徐今：《索绪尔〈普通语言学教程〉精读》，武汉大学出版社 2016 年版，第 65 页。

③ 例如，印欧语中的“生命”一词，书写方式由 dhūmos 变为 thūmós，dh 变为 th，属于历时变化；“重音从不超过倒数第三个音节”，则是一种共时规律。参见[瑞士]费尔南迪·德·索绪尔著：《普通语言学教程》，高名凯译，商务印书馆 1980 年版，第 138 页。

"符号系统"理论以及侧重静态分析系统结构的"共时研究"方法，无疑启发了后世的"结构主义"语言学学派，也使得现代法律语言学中"法律形式""法律篇章"等内容的研究具备了有力的工具。①然而，试图通过符号之间的差异来确定符号在系统中的含义，并不总是能够得到满意的答案，符号的任意性也很难通过"约定俗成"加以全面解释。"约定俗成"背后是否存在其他的力量？"约定俗成"是否意味着整个符号系统的运作方式一成不变？这些疑议很快遭到了部分学者的追问。

(二)从语言到话语：后结构主义语言学

如果把语言学分为"语形学"(Syntactics)"语义学"(Semantics)与"语用学"(Pragmatics)三大部分，索绪尔在前两方面颇有建树，极大地推动了语言系统的研究，但他将"语言"和"言语"相对立的做法，忽略了语言的实际应用，② 导致"语用学"的研究并不充分，封闭、稳定的"系统研究"进路也未得到全面的认同。20 世纪 60 年代，一批法国的"结构主义"学者展开了内部反思，形成了强大的"后结构主义"思潮。

在这股思潮中，德里达创设了"延异"(Différance)理论，对稳定的语言系统进行了解构。"延异"包含"差异"和"延迟"两层含义。其中"差异"的运用与"结构主义"的理论相同，即人们通过对比符号之间的差异，来确定符号的含义。例如，当人们确定"狗"的含义时，必须通过确定"狗"与"猫""猪"等符号之间的差异，由于这种差异因"约定俗成"在语言系统中变得稳固，故人们可以通过符号"狗"来描述某一类特定的动物。但是，在德里达看来，"差异"本身也处于"延迟"的运动中，语言的相互参照总是处于未完成

① 参见[英]彼得·古德里奇著：《法律话语》，赵洪芳、毛凤凡译，法律出版社 2007 年版，第 30 页。

② 参见刘晗：《从巴赫金到哈贝马斯——20 世纪西方话语理论研究》，西南交通大学出版社 2017 年版，第 8 页。

的状态，能指链条的增补过程是难以完结的。[①] 与德里达不同，福柯在语言文本之外进行了解构。福柯注意到在语言形成的过程中，除了“言语”和“语言”两种独立的要素之外，还存在“话语”要素，[②] 而话语的内容并非总是约定俗成，而是受到社会权力的作用，能够被一定的社会群体掌控。[③]

难以否认的是，如果完全认同彻底的“后结构主义”理论，对世间的一切结构都进行“解构”，很容易导致“无政府主义”等弊端的出现，人类对法治、公平、正义的追求也将在方法论上得到消极的反馈。[④] 然而，“后结构主义”对于人们发现理性、逻辑、规律之外的世界可以发挥一定的引领作用，也可以促使人们在约定俗成的语言规则之外探索新的话语表达。

（三）中国古代语言学方法的缺失

无论是“结构主义”，还是“后结构主义”，都是西方现代语言学的理论分支，中国近百年的语言学研究很难绕开这些理论，[⑤] 那么中国古代有没有自己的话语理论？中国古代的语言思想，是否真的如部分西方学者所说，对现代语言学影响不大？[⑥]

如果将中国古代的百家思想与西方的现代语言学做一对比，我们不难发现中国古代的语言学研究遗迹。例如，中国古代的音韵学

---

① 参见金惠敏：《结构主义与后结构主义异同辨析》，载《艺术百家》2016 年第 2 期，第 133 页。

② 参见徐崇温：《结构主义与后结构主义》，辽宁人民出版社 1986 年版，第 252 页。

③ 福柯有关“话语”与“权力”关系的论述是“话语权”主要的理论渊源，下一节将会详细探讨。

④ 参见文兵：《解构：向“他者”敞开的正义——德里达论“法律的力量”》，载《社会科学辑刊》2018 年第 3 期，第 46 页。

⑤ 参见北京市语言学会：《中国语言学百年丛论》，北京语言大学出版社 2004 年版，第 313 页。

⑥ 参见姚小平：《西方人眼中的中国语言学史》，载《当代语言学》1996 年第 3 期，第 45 页。

与西方的“音位学”存在一定的相似之处，《马氏通文》《说文解字》等著作亦可视作语言和语法研究的早期探索。再如，老子提出“道可道、非常道”，便是对“语言能够反映客观世界”提出了自己的质疑；孔子提出“名不正，则言不顺；言不顺，则事不成”，正是充分认识到语言在维护纲常伦理、等级秩序中的作用；① 荀子提出“名定而实辨、道行而志通”，同样是在强调“正名”在等级区分方面的作用。因此，充分挖掘、整理这些古代的语言思想，对于发展中国自己的语言研究道路将大有裨益。②

然而，我们也必须清楚地认识到，中国古代语言学的影响力尚十分有限，并且很难称得上是一门系统的科学。一方面，汉语通过汉字“以形示意”，印欧语系“以音示意”，两者在构造方面存在较大的区别，西方现代语言学诞生初期，汉语语料并未成为重要的研究素材，导致西方早期的语言学研究没有充分借鉴中国语言的特质；另一方面，中国古代的百家思想或是蔑视语言，或是将语言当做一种工具，③ 语言本身并未真正成为研究的本体。无论是“结构主义”，还是“后结构主义”，无不以语言结构、语言符号本身作为研究的起点，而中国古代在探讨“名实关系”时，往往出于维护国家统治的需要，强调名分的实用性，并不顾及“名”自身的形成、发展规律，这就好似中国古代有“刑名之学”，有“法律制度”，却很少有人反思“法治”的价值取向与发展规律。因此，中国古代语言思想的应用宽度、广度，暂时还难与西方的话语思想相抗衡。

---

① 参见苏章海：《先秦时期中国语言哲学遗产论要》，载《苏州科技学院学报》2015 年第 6 期，第 92 页。

② 参见濮之珍：《中国古代语言学有自己的发展道路》，载《光明日报》2016 年 11 月 27 日第 6 版。

③ 参见邓晓芒：《哲学史方法论十四讲》，重庆大学出版社 2015 年版，第 96 页。

二、话语分析理论的社会科学应用①

索绪尔创设"结构主义"语言学的本意在于构建一门独立、封闭的普通语言学学科，但这并不妨碍系统结构思想广泛应用于其他学科。例如，当描述国际法这一学科时，除了介绍国际法产生的时代背景、演进过程之外，一个重要的方法就是对比国际法与国内法、国际道德的异同——通过对比国内立法机关与国家缔造国际法的职能、国内执法机构与联合国安理会的执法效果、国内法院与国际法院的司法实践、违反国际法与国际道德的不同后果，可以大致描绘出国际法"弱法但有拘束力"的特征。在国际条约的解释过程中，结合"上下文"和"立法宗旨"的语境、对比术语之间的差异、分辨术语的"通常意义"，亦是解释的起点。然而，就整个体系而言，国际法并不能视作一个封闭的结构。国际法尚处于动态发展的初级阶段，无论是已发现的自然国际法原则，还是已制定的实在国际法规则，都难以穷尽国际社会的应为模式、勿为模式、可为模式，国际法并非在任何情况下都能够严密而精确地指引国际法主体依照何种方式行事。此外，囿于国际社会的无政府状态，分析国际立法、执法、司法活动背后的国际关系状况，亦是国际法研究的一条重要路径，而这正是"批评话语分析"理论的运用实例之一，即将研究的重心由语料、话语本身转向话语与社会权力之间的关系，

① 话语分析理论具体分析哪些话语、通过哪种方法分析，并没有一个统一的定义。有学者将话语分析理论区分为"言语行为理论"(Speech Act Theory)、"对话分析"(Conversation Analysis)、"话语心理学"(Discursive Psychology)、"互动社会语言学(Interactional Sociolinguistics)"和"批评话语分析"(Critical Discourse Analysis)。参见 Dimitri Della Faille, Discourse Analysis in International Development Studies: Mapping Some Contemporary Contributions, Journal of Multicultural Discourse, Vol. 6, 2011, p. 223。另有学者将话语分析理论区分为"后马克思主义话语分析""批评性话语分析""后结构主义话语分析"。参见刘永涛：《话语政治：符号权力和美国对外政策》，复旦大学出版社 2014 年版，第 25 页。此处重点介绍应用较为广泛、与社会权力联系更紧密的"批评话语分析"。

进而揭示话语背后的权力运作、社会不公。①

作为一项诞生于20世纪90年代的理论，“批评话语分析”已广泛应用于政治话语、意识形态、种族主义等多个领域，但这一理论始终关注权力的不对称性、权力剥削以及结构性的不平等。②依据该理论创始人费尔克劳(Fairclough)的观点，“批评话语分析”可以分为“描述”文本结构、“阐释”文本与话语实践的关联、“解释”话语实践与社会语境的关联三个层次，③具体的分析步骤包括锁定问题、分析话语及话语实践、思考解决方案、反思社会制度等。

例如，当研究“非法移民”这一高度敏感的议题时，新闻报道可以在一定程度上反映出社会权力的运作方式。1989年1月23日，英国《太阳报》发表了题为《消失吧，寄生虫》的报道，报道称“政府正针对非法移民采取闪电战，参与处理外国寄生虫的政府职员数量已经翻倍，处理的主要目标是招收年轻学生却不设置课程的假冒大学”。报道同时援引时任英国内政大臣的讲话，“伦敦东部的1000个学生中990个都没有移民英国的资格”，针对部分教堂私藏难民的做法，内政大臣予以批评，教堂的意见却并未出现在报道中。④在这一案例中，政府官员显然不会使用“寄生虫”“假冒”等暗含种族主义倾向的词汇，但在政府官员公正表态、公正执法的背后，新闻媒体通过发表激烈言辞、剥夺他人话语权利的方式，潜移默化地影响了读者，为英国政府的行动进行了背书。

---

① 参见 Carmen Rosa Caldas-Coulthard & Malcolm Coulthard, Texts and Practices: Readings in Critical Discourse Analysis, Routledge, 1996, p. 84。

② 参见 Jan Blommaert & Chris Bulcaen, Critical Discourse Analysis, Annual Review of Anthropology, Vol. 29, 2000, p. 451。

③ 参见辛斌、高小丽：《批评话语分析：目标、方法与动态》，载《外语与外语教学》2013年第4期，第2页。

④ 参见 Carmen Rosa Caldas-Coulthard & Malcolm Coulthard, Texts and Practices: Readings in Critical Discourse Analysis, Routledge, 1996, pp. 96-97。

除了文本分析之外，非文本类型的原材料亦可成为话语分析的对象。[①] 以性别和权力的关系为例，人类追求法律层面的男女平等经历了一个长期的历史过程，通过古代法律实践中的一些细节，亦可以窥见男女权利的不平衡。16 世纪的法国皇室有权赦免罪犯，多数请求赦免的罪犯犯有杀人罪，而男性杀人犯与女性杀人犯请求豁免的情形则存在较大区别。[②] 男性经常以“盛怒”为由为自己辩护，此类辩护在当时的社会语境中是很容易被接受的，而女性的“盛怒”则显得不可理解，女性只有在履行本职工作(如做饭)的过程中遭遇侵犯时，才存在“正当防卫”的可能性。此类“防卫事由”在法律适用中的区别待遇，一定程度上反映出男性的话语优势。直至当代社会，“女权主义者”仍旧认为男女平等仅停留在法律的“形式规定”层面，在国际法的研究、立法、实践进程中，基于性别差异的实质不平等仍旧存在，[③] 女性的话语劣势并没有得到明显的改观。

批评话语分析，一方面促使人们窥见“话语”背后的权力关系，另一方面也使人们意识到“话语”在构建身份认同中的重要作用。当一个国家为谋求国际社会中的权力采取积极扩张的外交政策时，如果该国为外交政策内核包裹的话语外衣更能引起共鸣，那么这套话语体系无疑将增进该国外交政策的认同感。然而，力求“刺破话语面纱”的批评话语分析理论，却仍不能免遭质疑。为何用作分析的原材料能够代表其他的原材料、进而发现隐藏的社会规律？为何以“批评”的方式进行的分析，就一定能够得出客观、公正、全面

---

① 参见 David R. Dr Howarth & Yannis Stavrakakis, *et al*, Discourse Theory and Political Analysis: Identities, Hegemonies and Social Change, Manchester University Press, 2000, p. 6。

② 参见[美]约翰·M. 康利、威廉·M. 欧巴尔著：《法律、语言与权力》(第二版)，程朝阳译，法律出版社 2007 年版，第 156~163 页。

③ 参见杨泽伟：《女权主义国际法方法述评》，载《法制与社会发展》2001 年第 1 期，第 78 页。

的结果?[①] 这些质疑，在社会科学的研究中广泛存在,[②] 但“批评”的标签却使这些质疑格外突出。此外，多数“批评话语分析”破坏性有余、建设性不足，也导致很多学者提倡“积极话语分析”。[③] 不过，作为一种独特的认知方法，批评话语分析仍然为人们看待法律、法治及其背后的社会权力观念提供了一个全新的视角，而结合“福柯”所创设的“话语权”理论，“国际法学”话语也将得到新的注解。

三、“话语权”的哲学渊源：福柯的话语权力解构

(一)话语的压迫性与能产性

福柯一生著述颇丰，研究的议题十分广泛,[④] 涉及临床医学、精神病学、监狱制度、性文化学等多项学科,[⑤] 将这些行文晦涩的著作进行归类并非易事，学者们对福柯话语理论的分析亦是众说纷纭。[⑥]

---

① 参见许力生:《话语分析面面观——反思对批评话语分析的批评》，载《浙江大学学报》(人文社会科学版)2013年第1期，第138页。

② 例如，在马克斯·韦伯看来，“科学”“客观”“中立”的实证研究方法，并不意味着研究问题的选择会不受到价值观的影响。甚至可以说，“没有立场”本身就是一种立场。参见徐昕:《论私力救济》，广西师范大学出版社2015年版，第65页。转引自 Max Weber, The Methodology of the Social Sciences, Translated by E. A. Shils & Henry A. Finch, The Free Press, pp. 1-112。

③ 参见 Jessica M. F. Hughes, Progressing Positive Discourse Analysis and/in Critical Discourse Studies: Reconstructing Resistance through Progressive Discourse Analysis, Review of Communication, Vol. 18, 2018, p. 193。

④ 福柯是话语权理论的先驱与集大成者，但是这并不代表笔者全盘认同福柯的观点。有学者指出，将福柯当做经常引证的哲学天才，是西方话语霸权的一种表征。参见廖奕:《中国特色社会主义法学话语体系研究反思——以“党内法规”话语为例》，载《法学家》2018年第5期，第5页。

⑤ 参见夏光:《后结构主义思潮与后现代社会理论》，社会科学文献出版社2003年版，第191页。

⑥ 例如，有学者对此类分析进行了总结，认为学者们对福柯话语权理论的分析包含三种倾向，即分别将福柯的话语理论视作“结构主义的话语理论”“现象学的话语理论”“福柯为自己准备的一个工具”。参见吴猛:《福柯话语理论探要》，复旦大学博士学位论文，2003年11月，第3~4页。

不过，在福柯使用的研究方法中，“考古学”和“谱系学”是公认的两种应用较为广泛的方法，特别是福柯对“权力谱系”的分析，探讨了权力与特定话语的生产、消解、正当化、巩固究竟有何关联，表达了福柯对现代话语权力的深刻反思。

在福柯早期的“知识考古”研究中，非“话语”的实践并未纳入“考古”的范畴之中，“话语”与“权力”的关系也并非考古的重点，“考古”的主要任务在于考察一定时期内的特定陈述是否具备相同的对象、陈述方式、概念群或主题，进而确定能否将这些陈述归结为一个整体。① 例如，如果依照福柯的方法对国际法学进行话语的“知识考古”，首先需要考察近代国际法的“话语对象”。正是由于16世纪的欧洲出现了有别于中世纪“神圣罗马帝国”的平等主权国家，② 它们之间处理战争、和平、领土、经贸等问题的规则显现出“国际法”的特质，而这一时期格劳秀斯等人有关战争与和平、海洋自由等问题的论述方式又有别于纯粹的宗教神学，都是围绕平等国家之间的“国际交往法律规则”展开，随后边沁又明确使用了“国际法”(International Law)的符号，由此国际法学的“话语整体”得以建立。

然而，“国际法学”在不同的历史时期并不指代相同的内容，自然国际法学、实在国际法学之间便存在显著的差异，国际环境法学、国际空间法学等新兴话语内容的出现也尚不过几十年的时间。此外，国际法学话语对象的不断丰富，也有可能导致“国际法”本身的重构。在现代国际法诞生之后，国际法与国际关系的联系日渐紧密，由此出现的一些新的话语陈述方式，如“政策定向法学派”，存在将国际法与国家政策等同起来的倾向，导致人们对“国际法”产生了新的认知与理解。至此，对“国际法学”粗略的知识考古完成。不过，这样的“知识考古”，并不是为了人为地揭示国际法学科历史发展的普遍规律，也不是为了探究哪些权力要素导致西方的

① 参见刘永谋：《福柯的主体结构之旅——从知识考古到“人之死”》，江苏人民出版社2009年版，第59页。

② 参见杨泽伟：《国际法史论》，高等教育出版社2011年版，第56页。

国际法话语成为了"真理"，而是通过充分搜集特定时期内国际法学的话语实践"档案"，展示这一时期国际法话语的形成过程，消解科学(国际法)与非科学(非国际法)之间的二元对立，避免能动地、持续地建立国际法学的科学标准。在这一过程中，强权国家对国际法长久的塑造力、国际法话语对国家行为潜移默化的约束，都难以得到深度挖掘。

福柯很快意识到单纯的表层考古存在局限性，逐步将研究方向转向深层次的"权力谱系"分析，通过对精神病院、监狱等机构的微观权力分析，福柯对启蒙的现代权力展开了批判与反思。在《疯癫与文明》一书中，福柯展示了麻风病人在历史上遭受的恶劣待遇。在中世纪的欧洲，为控制麻风病的传播，英、法、德等国通过兴建大批量的疯人院，将麻风病人隔离起来，① 这一措施收到了良好的效果，麻风病得到了控制，然而人们对麻风病人的抗拒、排斥却在相当长的时间内保留了下来，1656 年巴黎总医院的建立，使得这种对立达到了新的高度。被关押的麻风病人，全身布满镣铐，居住在残破的囚室内，如果不按照正常的标准饮食起居，他将接受"理性"的鞭打。甚至，麻风病人会被当做非理性的产品，定期向理性的世界展示，人们可以付费参观充满兽性的疯人。② 直至精神病院的出现，这些在现代社会看来"非人道"的治疗方式才被取消，代之以"缄默""镜像认识""无休止的审判""神化医务人员"等符合道德观念的治疗措施。③

在《规训与惩罚》一书中，福柯则展示了法国刑罚制度的发展历程。1757 年，试图行刺法国国王的达米安被明正典刑、四马分尸。由于人体的骨骼结构过于紧密，分尸的过程显得十分漫长，围

① 参见胡颖峰：《规训权力与规训社会——福柯政治哲学思想研究》，中央编译出版社 2012 年版，第 51 页。

② 参见陈怡：《福柯说权力与话语》，华中科技大学出版社 2017 年版，第 49 页。

③ 参见［法］米歇尔·福柯著：《疯癫与文明》，刘北成、杨远婴译，生活·读书·新知三联书店 1999 年版，第 241~247 页。

观处决的群众充分感受了刑罚的严酷与法国国王的权威。此外，法国王权对罪犯的审判，亦是秘密而权威地进行的，检察官通过严刑拷打得来的言辞证据亦可以当做结案的铁证。然而，在如此严酷的统治下，群众不仅产生了恐惧心理，同时也对罪犯抱有一定的同情心，罪犯有时会被当做反抗强权的象征，行刑也不再单纯是国王展示权威的政治仪式，围观的法国群众逐渐开始在行刑现场表达不满。由此，行刑的政治含义发生了改变，现代审判、刑罚体系的建立乃至现代的启蒙都获得了一定的民意基础，以时间为痛苦计量单位的“徒刑”代替了残忍的死刑，监狱也替代断头台成为主要的刑罚现场。

那么，由“疯人院”至“精神病院”的发展，由残酷刑罚至徒刑的转变，果真实现了启蒙、理性与人道的胜利吗？在福柯看来并非如此。在现代的精神医学中，麻风病人终于变成了“人”而非“兽”，麻风病的治疗手段也不再“惨无人道”，但就其本质来说，麻风病人至少仍被当做“异类”而非“同类”，必须接受来自医生的“理性”治疗与矫正。现代的刑罚制度更是如此，监狱不仅将罪犯与“理性”的社会区隔开来，并且承担着改造、驯化罪犯的重要任务，而驯化的极致，便是通过建造一个全景式的监狱，监管者站在监狱中央的瞭望塔中，便可以监视四周监室内罪犯的一举一动，由此罪犯无时无刻都会感受到监管的存在。① 推及理性构建的社会全景中，惩罚的权力与医疗、教育的权力并无本质的差异，② 人类同样受到理性规则全方位的规训，并最终成为了现代社会分工中的人力资源，变成了生存的手段而非目的。

在反思启蒙权力、揭示权力压迫性的过程中，福柯又看到了权力的另外一面，提出“权力具有生产性”，因为监狱、医院、学校等现代机构在规训人们的同时，也培育出理性社会所需要的建设

---

① 参见[美]艾莉森·利·布朗著：《福柯》，聂保平译，中华书局 2014 年版，第 74 页。

② 参见[美]加里·古廷著：《福柯》，王育平译，译林出版社 2010 年版，第 82 页。

者。在《性经验史》一书中，福柯更是提出“性话语的膨胀推动了性医学的诞生”。① 不过，福柯得出这种论断，更多的是考量了权力内部的压迫与反抗关系，他并不认为在一个流动性较强的权力网络中，人们能够主动掌握权力，也不认为人们能够动用手中的权力“为人民服务”。同时，他对诸多素材的分析，包括精神病学、监狱制度、性经验史等，主旋律仍是揭示权力的压迫性，反对现代启蒙的讹诈，他晚年的研究也仍在重点关注“压迫性权力的运作方式与策略”。② 因此，在福柯的权力观中，权力的能产性并没有占据更突出的位置。

福柯的微观权力谱系学说，与传统的权力观念有着显著的区别。在传统的权力学说看来，谁掌握了话语权、掌握话语权的人有哪些目标才是最重要的问题，权力在微观层面的作用方式、现代的理性权力通过何种方式建立了无所不在的真理、真理又如何维护权力，很少引起人们的深刻反思，福柯正是在细致考察各项制度、学科发展史的基础上，通过分析各项制度运作的“权力谱系”，进而看到了理性对现代社会的塑造力。不过，这些微观的“制度—权力”分析，与“话语表达”的关联仍不够明显，福柯对“话语如何生产、表达”的论述，主要体现在《话语的秩序》一文中。

(二)话语的表达秩序

《话语的秩序》是福柯于 1970 年在法兰西学院就职的演讲稿，涉及控制话语的规则，以及福柯提出的破除控制的方案，主要包括以下内容(见图 1)：

① 参见马汉广：《论福柯的启蒙批判》，黑龙江大学出版社 2014 年版，第 230 页。

② 参见 Michael Karlberg, The Power of Discourse and the Discourse of Power: Pursing Peace through Discourse Intervention, International Journal of Peace Studies, Vol. 10, 2005, p. 4。

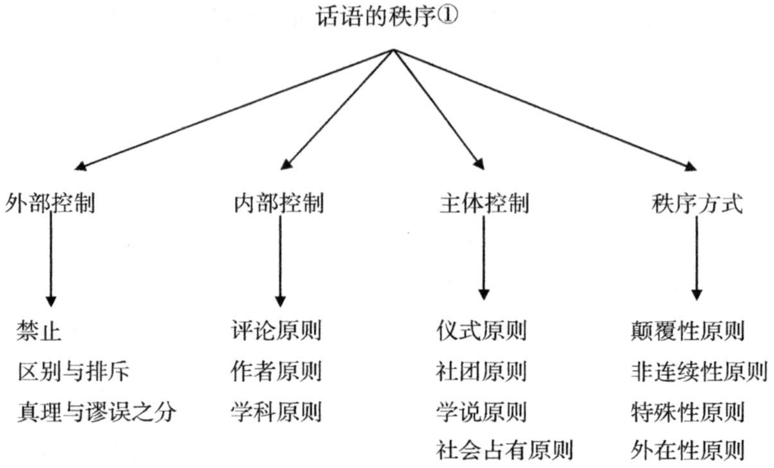

图 1　话语的秩序

首先，外部的力量、制度对“话语”的生产、表达具有重要的影响，导致部分话语处于“边缘地位”，福柯将外部力量的作用方式归纳为“禁止”“区别与排斥”“真理与谬误之分”三种类型。其中，“禁止”，也就是话语主题的禁忌，是最常见的作用形式，福柯认为政治话语与性话语的禁忌最为明显，这种禁忌在中国古代亦是屡见不鲜。无论是知识阶层遭遇的“文字狱”，还是市井阶层“莫谈国是”的传统，无论是程朱理学“存天理、灭人欲”的教义，还是《金瓶梅》等涉性文学作品的边缘化，无一不在显示禁忌力量的强大。即便在当代社会，话语主题的禁忌依然普遍存在。相较而言，“区别与排斥”，也就是理性与疯癫的对立，在现实生活中主要应用于精神病院等特殊的场所，通常情况下大众不会有深切的感受。此外，福柯还提出，真理与谬误的区分，是最不易辨别、却同样也是最重要的形式。② 福柯指出，西方近代社会的“真理意志”，本质

① 参见黄华：《论“话语的秩序”——福柯话语理论的一次重要转折》，载《北京行政学院学报》2006 年第 2 期，第 90~91 页。

② 参见张一兵：《从构序到祛序：话语中暴力结构的解构——福柯〈话语的秩序〉解读》，载《江海学刊》2015 年第 4 期，第 51 页。

上还是依赖“教育、图书、出版、实验室”等构成的知识系统的支持。反过来，一些现代的社会制度，也会寻求“真理意志”的支撑。例如，现代的刑罚制度，往往从正义理论中寻找合法化的依据。[①]换言之，真理的力量来源于隐形的权力，同时真理也有助于权力的稳固，因而话语本身即是一种权力。

其次，探讨内部控制，也就是“话语进行的自我控制”，旨在揭示“话语系统内部的等级秩序”，具体的控制原则包括“评论原则”“作者原则”“学科原则”。评论原则指的是，一些话语不断得到人们的引用、评述，另一些话语则遭到人们的漠视，最终消失在历史的长河中。例如，当讨论国际法的渊源时，《常设国际法院规约》《国际法院规约》所列举的5种形式通常被当做讨论的起点，一些知名学者就这5种形式所作的述评亦会成为“评论”的对象，长此以往，评论“国际法渊源”的路径选择便会受到很大的限制。“作者原则”，并不是指某个具体的作者如何具有才华，而是从功能的角度来理解“作者”制度。在文学、科学作品的创作中，署名本身意味着写作的人需要为作品的统一性、可信性负责，因而作品将受到特定时期内法律、生活经验、创作规则等多种因素的限制。“学科原则”，主要涉及学科的边界范围。当确定某一话语是否属于某一学科时，需要考察该学科的叙事对象、概念术语。例如，对于“一带一路”是否可以纳入国际法的话语体系，需要回答两项最基本的问题，一是“一带一路”是否与“国际法主体之间的交往规则”相关联，二是描述“一带一路”时是否频繁地使用国际法学的术语。此外，学科内的话语内容、真伪命题也并非一成不变。例如，在冷战时期，基于意识形态划分国际法，是一种重要的国际法分类方法，[②] 如今已很少有人讨论资本主义国际法与社会主义国际法究竟有何异同。

① 参见王世洲：《现代刑罚目的理论与中国的选择》，载《法学研究》2003年第3期，第111页。

② 参见眺岳：《资产阶级国际法必须彻底批判》，载《国际问题研究》1959年第S2期，第1页。

复次，主体控制，也就是哪些人能够接触、运用特定类型的话语系统，也是一种常见的话语控制方式。“仪式原则”指的是一个人应当按照约定的方式、使用约定的符号进行陈述，① 这在现代社会普遍存在，很容易为人们所认知。例如，在国际法的学术会议中，学者应当按照规定的时长、运用专业的国际法术语清晰、流畅地表达自己的观点。“社团原则”指的是一部分人通过掌握、学习特定的专业知识，才能进入一个特定的圈子，进而掌握这个圈子里的秘密。② 随着信息化时代的到来，知识的传播速度远非古代所能比拟，除却各国的涉密信息外，知识的封闭性已大幅度降低。以国际法的学习为例，一个人要成为国际法专业的“学徒”，方式多种多样，而一个“学徒”掌握基本的专业知识之后，并不会感受到这个圈子有什么与众不同的“秘密”。“学说原则”指的是某一学说会将信仰它的人联结在一起，这些人也不会宣扬其他的学说，学术研究中的“学派”划分也大多以该原则为标准。当然，“学说”一词的含义并不仅限于学术理论，也可指代大众的“信条”。“社会占有原则”从更深的层次揭示了话语资源分配中的不平等，特别是在当代社会中，并不是所有人都可以分配到同等的教育资源，因而不是每个人都会经受特定的“话语仪式”洗礼，不是所有人都能够真正融入一个“社团”，也不是所有人都有机会充分理解、选择相信各种“学说”。

最后，针对这些或明或暗的话语秩序，福柯提出了自己的“祛序”方案，这些方案十分大胆且富有理想色彩。其中，“颠覆性原则”是祛序的起点，③ 颠覆意味着公认的话语控制规则，无论是外部的、内部的还是主体的，都不再是“真理”，都应当受到质疑乃至否定。“非连续性原则”“特殊性原则”是福柯“知识考古学”方法

---

① 参见 Robert Young, Untying the Text: A Post-Structuralist Reader, Routledge, 1981, p. 62。

② 参见 Robert Young, Untying the Text: A Post-Structuralist Reader, Routledge, 1981, p. 63。

③ 参见 Robert Young, Untying the Text: A Post-Structuralist Reader, Routledge, 1981, p. 67。

的重要特征，指的是不要把一切的话语都当做连续的、必然的，应当研究特定时期内、特定情形下的话语表达。这两项原则，对于部分强调连续性的人文学科(如思想史)来说，存在较大的冲击，也同许多志在发现一般规律的社会科学研究旨趣不符。“外在性原则”指的是话语研究应从“话语内部”走向“话语外部”，从研究话语的隐藏含义、思想意义迈向影响话语表达的外部因素。“外在性原则”表露出福柯的“后结构主义”倾向，显现出与注重文本内部研究的“结构主义”之间的分裂。

如果从辩证唯物主义的角度评判福柯的“话语控制”思想，很多观点并不好理解，特别是福柯的“内部控制原则”，并没有将人当做认识、改造世界的起点，反而展现出一种“话在说人”而非“人在说话”的倾向。同时，尽管福柯试图用这些抽象的原则概括话语的总体秩序，但这种概括显然也并不完美，在现实生活中，祸从口出、话不投机，或者给他人留下“信口雌黄”的印象，往往是出于更深层、更具体的原因，而福柯提出的几项话语祛序方法，恐怕也很难吸引大量的理性社会公民参与到“挑战真理”的探险之中。不过，福柯在《话语的秩序》一文中明确指出了权力与真理之间的关联，这对于探究主权国家追求“权力”的过程也颇具启示作用。

第二节 “现代”视角下的国际法治

在“后结构主义”的视角中，“话语”(Discourse)一词超脱于文本自身，与文本的解构过程相关联，同“语言”“言语”的使用相区分。然而，在更广阔的语言学视域内，“话语”与“语言”又可以作为同义词而相互替换，在经常进行话语分析的政治学、国际关系学中，话语一词的含义更是包罗万象。就“法治话语”而言，有关法治的理论、思想、文化、知识、思维、语言都可以视作“法治话语”,① 这些内容构成了现代“法治”社会建构的基础。结合福柯的

① 参见顾培东：《当代中国法治话语体系的构建》，载《法学研究》2012年第3期，第16页。

“话语权”理论来看，福柯在充分分析了“话语的秩序”之后，却试图对这套秩序进行颠覆，这无疑表露出“后现代”的认知态度。那么，作为现代文明重要思想产品的“法治”与“国际法治”，究竟包括哪些意涵？在现代的国际交往中，又能否对“国际法治”进行解构？

一、“国际法治”的意涵

（一）国际法治的“厚”与“薄”

“法治”一词十分引人注目且极具抽象性，它高度概括了法律在社会治理中的理想形态，世界上多数国家将“法治”作为社会发展与人类文明进步的一项重要标志。如果追根溯源，亚里士多德的“良法之法治”思想可谓如雷贯耳——已成立的法律获得普遍的服从，而大家服从的法律又应该是本身制定得良好的法律。[①] 然而，什么样的法律才是“良好”的法律，在不同的历史时期、不同的法系中含义却不尽相同，各类学术理论亦没有给出统一的答案。

德语中的“法治国家”（Rechtsstaat）一词与法的价值关联更为密切。康德便认为法律最主要的功能在于“确保每个个体实现最大程度的外部自由”[②]，确保个体权利免受官方专断权力的侵害；而法语中的“法律国家”（Etat Legal）一词则更注重“法律”的实际状况。在法国法学家马尔伯格（Raymond Carré de Malberg）看来，法律仅被视作“立法机关制定通过的规则”[③]，行政机关颁布的法令与这些规则相比，效力层级更低。在英语中最早使用“法治”（Rule of Law）

① 参见［古希腊］亚里士多德著：《政治学》，吴寿彭译，商务印书馆1981年版，第199页。

② 参见 Matthieu Burnay, Chinese Perspectives on the International Rule of Law: Law and Politics in the One-Party State, Edward Elgar, 2018, p. 17。

③ 参见 Matthieu Burnay, Chinese Perspectives on the International Rule of Law: Law and Politics in the One-Party State, Edward Elgar, 2018, p. 20。

一词的英国法学家戴雪(Dicey)，则给出了更精密的定义。戴氏认为“法治”一词包含“法律至上”“排除政府的专断权力”“罪刑法定”“法不溯及既往”“法律规则应当清晰”“公民在受罚前有权诉诸司法权力”“法律应在公民之间平等适用”等具体内容。① 随后，经过多位法学家的发展，“法治”的内容更为丰富。例如，富勒在其提出的“法治八原则”中，便对立法的程序与内容提出了更多的要求，包括法律必须是一般性的规则、法律必须公开实施、法律必须可理解、法律义务不得相互矛盾、“法律不能强人所难”等内容；② 宾汉姆(Bingham)亦提出了自己的“法治八原则”，对“法律的公平适用”“法律的人权保障目标”“争端解决机制的效率”等都给出了新的见解。③ 这些列举式的“法治”定义，对描绘“法治”的全貌具有重要的作用，却难以完全阐释各项“法治目标”的内在关联：各项“法治目标”孰轻孰重？在实现各项“法治目标”时有无先后顺序的要求？对此，美国法学家塔玛纳哈(Brian Tamanaha)将各类“法治目标”分为“形式”“实质”两个层面，并认为各项“法治目标”之间存在由薄向厚的递进关系。④（见图2）

---

① 参见 Harish Narasappa, Rule of Law in India: A Quest for Reason, Oxford University Press, 2018, p. 59。

② 参见李步云：《法治国家的十条标准》，载《太平洋学报》2007年第12期，第2~3页。

③ 参见 Robert Mccorquodale, Defining the International Rule of Law: Defying Gravity? International and Comparative Law Quarterly, Vol. 65, 2016, p. 280。

④ 参见 Harish Narasappa, Rule of Law in India: A Quest for Reason, Oxford University Press, 2018, p. 43。当然，也有学者认为，将“法治”分为“厚、薄”，将会割裂法治的整体性。参见於兴中：《“法治”是否仍然可以作为一个有效的分析概念?》，载《人大法律评论》2014年第2辑，第8页。但是，“法治”的整体是什么尚不清楚，又何来割裂一说？“薄”与“厚”的对立，并不是为了消解“法治”的概念，而是为了更好地认知“法治”的含义。从结构主义的角度来看，对法治作二元对立的解释，并不失为描绘“法治”的一条路径。

薄 ——————————————————→ 厚

形式要求：	1.法制 作为政府工具的法律	2.形式合法性 总体的期待可能性 清晰性；确定性	3. 民主立法的合法性 合意决定法律内容
实质要求：	4.个人权利 财产 契约 自治权利	5.人格尊严权与正义	6. 社会福利与正义 实质平等 福利 社区保护

图2 从薄法治到厚法治

塔玛纳哈描述的“法治”递进关系，与马斯洛的“需求层次理论”有几分相似，也大致展现了他心目中“法律大厦”的建造过程，只有先建设“清晰、公平适用且并不强人所难”的一般性法律建筑框架，才能在建筑框架内进行民主、人权、自由乃至集体权利的精致装修。那么，这种由薄至厚的结构，能否从“国内法治”嫁接至“国际法治”？如果继续探究法律大厦的地基建设过程与法律大厦的总体功能，“国际法治”是不是会完全变成一座空中楼阁？

应当承认，如果完全对照“国内法治”的各项标准，现行的国际法律体系很难满足“法治”的标准。就实在国际法而言，除少数由国际组织主持制定的“造法性条约”外，大量的“契约性条约”由各缔约国之间自行签订，非契约方显然不受这些条约的权利义务关系制约，而习惯法作为另一项重要的国际法渊源，既不能全面覆盖各类国际法律关系，也不能对持续反对它的国家产生效力，存在一定的局限性。近年来，国际法的碎片化有所加剧，[①] 各部门法之间、多边法律规则与区域法律规则很容易就同一问题给出不同的答案，导致国际法更加难以实现法度统一。同时，即便是得到广泛认同的多边法律规则，由于各国在协商、谈判过程中反复妥协、商讨，这些规则的表述也往往不是那么清晰，在实践中极易产生争议。

---

① 参见刘衡：《国际法之治：从国际法治到全球治理》，武汉大学出版社 2014 年版，第 171 页。

然而，即便如此，也不能全然否认国际法治的远景。国内法虽然发展得更为成熟，也同样不符合完美“法治”的严苛要求，否则司法机构根本无须就清晰的法律规则再做解释，法官们也无须在错综复杂的个案中辨析公平正义的落脚点，即便是经常向外输出法治话语的西方国家，它们限制专权、实践“法律至上”的机制也各有特点，这些机制能否真正实现启蒙思想家们预设的各项目标，实践中也是存疑的。① 一国形成完备的法律体系，需要经过一个漫长的过程，在这一过程中，人们期待通过民主的立法程序制定这些规则，期待这些规则能够防止公权力的专断、充分保障个体权利与集体权利，即便最终的立法难以完全达成这些目标，但法治的价值取向无疑符合多数人的期望。

国际法亦是如此。没有国家期盼不完备、不统一、不确定、不切实可行、不公平适用、欠缺救济手段、严重侵犯人权的实在国际法规则，多数国家期待通过公正、合理的国际法调整国际关系。尽管现阶段国际法的“弱法”性质仍旧比较显著，但国际法内部也设置了诸多法律形式要求，如条约必须遵守、强行法规则、普遍管辖权等，“人本化”更已成为现代国际法发展的一项重要趋势。② 可以说，从薄、厚两个层面分别对实在国际法的演进提出“法治化”要求，虽不能设计出完美的、事无巨细的路线图，却完全是正当的和必要的，而联合国等重要国际组织对“国际法治”的探讨，也充分体现了形式与价值两方面的要求。

（二）联合国“两级法治”理念的新发展

联合国作为“二战”之后维持世界和平的重要国际组织，与“国际法治”之间的渊源可谓由来已久。联合国刚刚成立不久，美国、

① 参见 Report of the Special Committee to Report as to Proposals for the Organization of the Nations for Peace and Law, Annual Report of the American Bar Association, Vol. 70, 1945, p. 352。

② 参见肖永平、黄志雄编：《曾令良论国际法》，法律出版社 2017 年版，第 42 页。

加拿大、英国的政府首脑便于1945年11月15日共同发表了一项联合声明，对法治的重要性予以高度肯定。[①]《联合国宪章》虽然没有明确将“法治”设定为联合国的宗旨，但《联合国宪章》明确赋予联合国大会“编纂和发展国际法”的重任，序言部分更是“重申基本人权”，这表明联合国的缔造者们很早便意识到国际社会需要建设薄、厚两方面的法治。

随后，《世界人权宣言》《国际法原则宣言》等文件先后通过，从薄、厚两个层面丰富和发展了“国际法治”的概念，而2004年的“冲突中和冲突后社会的法治和过渡司法”秘书长报告，[②] 则更明确地提出了联合国版本的“法治九原则”。自2008年起，联合国每年都会发布“加强和协调联合国法治活动”的报告，[③] 从“国家法治”和“国际法治”两个方面阐述联合国过去一年中采取的“法治”措施，这些措施在“薄”“厚”两个方面都有所兼顾。

年度报告中的“国家法治”板块主要内容包括联合国为加强各国国内法治建设而采取的援助措施，以及联合国对法治建设面临的挑战的总结归纳。联合国每年都会展示法治建设稍显滞后的国家在制宪、完善国内法律体系方面所取得的成就，这些国家所制定的宪法通常会顾及性别平等、儿童保护等方面的国际标准，联合国也会

① 声明指出，“面对将科学技术用于破坏世界的糟糕现实，各国必须认识到，为了清除战争的痛苦根源，各国共同维持法治已成为一项更为紧急和迫切的需要。唯有给予联合国充分的支持、加强和巩固联合国的权威性、创造相互信任的条件，各国人民才会自由地演奏和平的乐章。毫无保留地达成这一目标，是我们三国的坚定决心之所在”。参见 G. G. Fitzmaurice, The United Nations and the Rule of Law, Transactions of the Grotius Society, Vol. 38, 1952, p. 352。

② 参见刘衡：《国际法之治：从国际法治到全球治理》，武汉大学出版社2014年版，第21~22页。

③ 联合国法治栏目的主页收录了2009—2016年的秘书长年度报告，available at https：//www. un. org/ruleoflaw/key-documents/. 刘衡的博士论文详细介绍了2010年年度报告的内容。参见刘衡：《国际法之治：从国际法治到全球治理》，武汉大学出版社2014年版，第24~27页。2008年、2017年、2018年、2019年的报告需在联合国文件系统中另行搜索。

要求各国制定的国内法尽量与国际法保持一致。同时，联合国还会展示这些国家的“司法机构、治理、安全和人权”措施，这些内容十分繁杂，主要涉及国内争端解决的完善，既包括如何完善司法审判系统、如何合理配置司法和警务人员、如何完善监狱及惩戒系统从而更好地改造罪犯，使他们能够最终回归社会，也包括如何增强法律援助、完善出生登记系统，使边缘人群、贫弱人群充分享有诉诸法律的机会。

相较于各国在国内法治建设中面临的复杂情况，联合国过去十年间阐述的“国际法治”内涵相对稳定。在联合国看来，要实现“国际法治”，必须加强国际法的编纂、制定、宣传，必须加强国际司法机构的作用。因此，秘书长的年度报告，会用相当的篇幅介绍各部门法制定的新进展、各类国际法守约机制的新发展，以及各国加入、退出相关国际公约的新情况，还有各国为宣传国际法、促进国际法传播而采取的措施。这部分内容所涉题材非常广泛，包括海洋法、人权法、难民法、反腐败法律、劳工法、司法协作、国际私法等多项议题。

除立法进展外，年度报告还会展示国际法院、国际刑事法院、国际海洋法法庭等多个国际司法机构受理、审判案件的新动态，并不时表露出扩张国际司法机构管辖权、提升国际司法机构实际功能的愿望。同时，联合国对于非司法性质的问责机制也十分重视，在冲突较为严重的地区，联合国建立了各类调查团与监测报告机制，对严重违反人权法、人道法的涉事人员展开问责。此外，联合国的内部法治，亦是国际法治的重要构成部分。年度报告会简要介绍联合国内部司法系统(争议法庭)的案件审理情况，以及联合国对极端组织(如塔利班和基地组织)所采取的制裁措施。与“国家法治”部分相似，联合国对属于“厚法治”的人权实践相当重视，但对于“薄法治”的“有约必守”等要求，联合国似乎并不满意。早在2009年，联合国便对各类条约的实际执行状况表露出担忧，特别是部分国家在当时便试图取消裁军法律机制所施加的限制。① 至2019年，

① 参见联合国：《加强和协调联合国法治活动：秘书长的报告》，A/63/226，联合国2009年报告，第5页。

美国已陆续退出《中导条约》等机制，表明联合国当初的忧虑并非杞人忧天。

纵观过去十年的专题报告，联合国关注的法治问题种类繁多，既包括各国完善国内法治、构建法律体系、恢复法律秩序所面临的挑战与应对措施，也展现了联合国对于完善国际法律体系、构建国际组织内部法治、加强国际司法机构作用的美好愿望。要充分回应这些问题，不仅需要丰富法律文件，需要增强执法、司法力量，还必须对人权、发展问题作出及时的反馈。应当说，秘书长的年度报告充分回应了《联合国宪章》第 1 条便阐明的三项目标，即和平、安全与人权，对法治形式、法治价值的探讨也十分详细、具体。然而，正如各国的国内法治建设策略不尽相同，年度报告所涉及的法律问题也在不断变化，各国的“国际法治”建设方案当然不会千篇一律，各国对秘书长年度报告的不同评论意见、各国向联合国递交的不同法治承诺，以及各国学者对国际法治的不同阐述，都表明国际法治的话语表达存在较大的国别差异。

（三）国际法治话语表达的国别异同

秘书长的年度报告会送交联大第六委员会审议，审议之前各国代表会就法治专题发表意见，每年都有数十个国家，分别代表不同的地区、区域组织进行发言。① 同时，联合国 2013 年邀请各国主动递交“法治承诺书”，先后有 43 个国家和国际组织递交了承诺书。② 从近几年的发言与承诺书的各项内容来看，法治已成为一项极具号召力的口号，但各国的“国际法治”建设方案各有侧重，实现法治的计划也有所不同。

---

① 从 2006 年至今（除 2008 年），我国代表先后十余次进行发言，阐述中国的两级法治理念，且国际法治的内容往往比国家法治更多，详情参见中华人民共和国常驻联合国代表团主页“法律与条约”板块，载中华人民共和国常驻联合国代表使团网站：http：//www. china-un. org/chn/zgylhg/flyty/。

② 递交承诺书的国家，欧洲国家数量较多，available at https：//www. un. org/ruleoflaw/pledging-database/；联合国根据这些承诺书的内容，分类整理出若干表格，中文版翻译详见附录。

各国就法治专题发表意见时，多以国际法治对国际关系的良好塑造开头，或是赞扬多边国际法律机制有益于增强国家行为的期待可能性，或是期待国际法能够稳固国家间的友好合作关系，或是申明法治对于可持续发展、扶贫减贫的重要作用，没有一国在发言中鼓吹“国际人治”、反对国际法治，即便是近年来厉行单边主义的美国，在2017年的发言中也十分注重“国际法的传播”，① 并未完全将多边法律机制弃置一边。甚至，部分欧洲国家代表认为“法治”专题的设置不够精细，应就重点法治议题进行专题研讨，② 足见各国对“国际法治”的高涨热情。然而，正如伊朗代表在2018年的发言中所指出的那样，法治并不存在统一的定义，各国也并非为了辨析东方法治与西方法治、厚法治与薄法治而进行无休止的争论，结合各国的时局，法治的需求并不抽象，反而十分具体。

当各国切身的国家权益遭受威胁时，“法治”中的“争端解决”部分将被突出，“法治”议题的发言也将成为一项斗争工具。在近年的发言中，巴勒斯坦代表一直强调“以色列非法侵占巴国领土”③，伊朗代表不断斥责美国的单边制裁措施，④ 古巴代表持续反对美国对古巴的长期封锁，⑤ 乌克兰代表讥讽俄罗斯的侵略行径，⑥ 毛里求

---

① 参见联合国：《联合国大会第七十二届会议正式记录：第六委员会第6次会议简要记录》，A/C. 6/72/SR. 6，联合国2017年报告，第12页。

② 参见联合国：《联合国大会第七十三届会议正式记录：第六委员会第7次会议简要记录》，A/C. 6/73/SR. 7，联合国2019年报告，第5页。

③ 参见联合国：《联合国大会第七十一届会议正式记录：第六委员会第8次会议简要记录》，A/C. 6/71/SR. 8，联合国2016年报告，第3页。

④ 参见联合国：《联合国大会第七十三届会议正式记录：第六委员会第7次会议简要记录》，A/C. 6/73/SR. 7，联合国2019年报告，第3页。

⑤ 参见联合国：《联合国大会第七十一届会议正式记录：第六委员会第5次会议简要记录》，A/C. 6/71/SR. 5，联合国2016年报告，第6页。

⑥ 乌克兰代表呼吁：俄罗斯联邦代表想想如何向自己的子孙后代解释俄罗斯在过去几年的所作所为。因窃取邻国的一部分领土而沾沾自喜，这真的合适吗？参见联合国：《联合国大会第七十二届会议正式记录：第六委员会第8次会议简要记录》，A/C. 6/72/SR. 8，联合国2017年报告，第6页。

斯代表暗示英国应当遵守相关的国际裁定，[①] 叙利亚代表强烈质疑“联合国国际公正独立机制”的合法性，[②] 苏丹代表认为“国际刑事法院已成为一项政治工具”[③]等。这些发言直指相关国家、国际组织的行为是否合法，表明这些国家对“国际法是否公正适用”产生了质疑，也表达了它们在遭受“违法行为”损害后的不满。对其他国家来说，推动国际法律规则的编纂、传播、实施，推动国际司法争端解决机制的普遍适用，成为了主流的声音。面对日益加剧的全球性普遍威胁，“三个世界”中的国家都希望强化联合国大会第六委员会在法律编纂方面的作用，期待国际法律规则更为清晰、完整、公正，各国、各区域组织也通过建设数据库、视听图书馆、召开研讨会、向私营团体提供资助等多种形式，促使推动国际法为更多的人所熟知。

然而，对于经济发展水平存在差异的各国来说，它们所要重点宣传、研讨的规则仍有不同。就国内法治而言，部分发展中国家长期处于战乱之中，或刚刚结束战乱，迅速恢复秩序、保障国内人民最基本的人权、建立临时性的司法制度，往往是它们最迫切的需要，即便是国内局势较为稳定的国家，巩固政体、打击腐败、提升司法与执法队伍的人员素质，亦是重要的挑战。利比亚、卢旺达、马尔代夫等亚非国家于 2013 年递交的“法治承诺书”、阿富汗代表 2017 年的发言、[④] 伊拉克代表 2018 年的发言，[⑤] 都聚焦于打击人口贩卖、减少人口失踪、禁止酷刑、减轻暴力犯罪、打击恐怖主义

① 参见联合国：《联合国大会第七十二届会议正式记录：第六委员会第 6 次会议简要记录》，A/C. 6/72/SR. 6，联合国 2017 年报告，第 9 页。

② 参见联合国：《联合国大会第七十三届会议正式记录：第六委员会第 7 次会议简要记录》，A/C. 6/73/SR. 7 联合国 2019 年报告，第 12 页。

③ 参见联合国：《联合国大会第七十三届会议正式记录：第六委员会第 7 次会议简要记录》，A/C. 6/73/SR. 7，联合国 2019 年报告，第 11 页。

④ 参见联合国：《联合国大会第七十二届会议正式记录：第六委员会第 6 次会议简要记录》，A/C. 6/72/SR. 6，联合国 2017 年报告，第 7 页。

⑤ 参见联合国：《联合国大会第七十三届会议正式记录：第六委员会第 8 次会议简要记录》，A/C. 6/73/SR. 8，联合国 2019 年报告，第 6 页。

活动等方面，这些议题与一国国内的基本治安状况密切相关。

与之相对应，欧美国家似乎更愿意扮演“法治援助者”的角色，美国及部分欧盟国家2013年递交的“法治承诺书”，更是详细提及发展中国家在法治能力建设方面的具体需要，以及西方国家愿意提供的援助方案。单是美国一国，就提出对东南亚国家、东非、阿富汗、埃及、约旦、巴基斯坦等国提供法官培训等法治援助。与“国内法治”相似，发展中国家的“国际法治”意见也更为传统。伊朗（代表不结盟运动）、乌拉圭、俄罗斯、肯尼亚等国在发言中更强调国家间的主权平等，而荷兰、列支敦士登等欧美国家则表现得更为激进，它们希望充分发挥国际司法机构的作用，使更多的国家通过国际法院解决争端。同时，为了防治严重的国际罪行，它们参与红十字会等国际人道组织的活动更为积极，也希望国际刑事法院更充分地打击“有罪不罚”现象。特别是，对于联合国在叙利亚境内建立的“国际公正独立调查机制”，两国代表与叙利亚代表直接针锋相对。① 如果抛却欧美国家颠覆他国政权、审判他国领导人的政治动机，承认各国在“法治”的旗帜下仍存在谋求共识的空间，那么也必须承认，在部分国家看来十分重要的主权根基，在另外一些国家看来却必须作出更多的让渡。

此外，学者的论述也传递出不同的国际法治认知。2013年，《比利时国际法评论》（Belgian Review of International Law）出版了一期题为“国际法治：欧洲与亚洲视角”的专刊，共由6篇欧洲学者撰写的论文组成。其中，用作“引言”的文章简略考察了法治的词源、要素及分类，②《法治要素向国际法治的输出》一文则直接抨击了“国际法治”的厚、薄分类，提出应通过合法性、有效性、正当

① 参见联合国：《联合国大会第七十三届会议正式记录：第六委员会第7次会议简要记录》，A/C. 6/73/SR. 7，联合国2019年报告，第9页。

② 参见 Matthieu Burnay & Jan Wouters, The International Rule of Law: European and Asian Perspectives, Belgian Review of International Law, Vol. 46, 2013, p. 299。

性三个维度来考察“国际法治”的状况。[①] 与前两篇偏向理论探讨的著述相比，后四篇论文更偏向案例研究，通过探讨欧盟在科索沃危机后的法治应对、中国在联合国安理会中的投票选择、日本在东亚地区的法治能力建设历史、印度签署自贸协定的实践，具体呈现了欧洲学者眼中的国际法治样貌。

其中，欧盟在科索沃开展的“欧盟科索沃法治行动”(The European Union Rule of Law Mission in Kosovo，简称 EULEX)得到了作者的赞许。在该文作者看来，科索沃在欧盟维和行动的协助下恢复秩序，进而与欧盟的法治根基相吻合，并最终符合加入欧盟的各项条件，与法治由“薄”变“厚”的过程相类似。[②] 同样，日本对东亚、东南亚各国的法律援助、法律输出活动也获得了认可。1991 年至 2013 年，日本与其他国家共计开展了 609 项法律能力建设项目，[③] 内容包括法官、警察、律师、大学教师等法律职业共同体的培训。在作者看来，日本援建的法律机构、协助设计的程序法与实体法充分考虑了各国的国情，日本也逐步参与国际司法争端解决机

① 在该文作者看来，国内法是否合乎法治，应从合法性、有效性、正当性三个角度进行评判。合法性是指人们知晓法律规则，而且能够凭借他们对法律的知识，过上他们认为的美好生活；有效性是指法律能够在人与人、人与政府之间的关系中切实发挥作用，且法律确立的政体、具体规章制度及统治形式，不能由其他类型的规则加以修改；正当性是指对处于法律关系之中的人群而言，法律应是恰当的、合乎道德标准的。同样地，评判国际法律规则是否达到了“国际法治”的标准，应当从这三个方面进行递进式的评估。参见 Nicolas Hachez, What Elements of the Rule of Law Can Be Put to Use at International Level, Belgian Review of International Law, Vol. 46, 2013, p. 320。当然，由于“法治”的含义并不全然确定，如同其他各类评判标准一样，作者的这一观点也只能视作分解法治要素的一次有益尝试，而不应视作权威的“法治”定义。

② 参见 Joelle Hivonnet, The EU and the Promotion of Rule of Law in Post-Conflict Situations: The Case of Kosovo, Belgian Review of International Law, Vol. 46, 2013, p. 328。

③ 参见 Vanoverbeke Dimitri, Exporting the Rule of Law in East Asia: Japan's Experiences from the 1990s to Present, Belgian Review of International Law, Vol. 46, 2013, p. 372。

制中，因而日本在国际、国内两国层面都在努力践行法治承诺。① 作为世界上最大的两个发展中国家，中国和印度的国际法治实践未能得到欧洲学者的全面认同。我国虽然积极参与联合国的维和行动，但我国持续强调国家主权的外交政策，在欧洲学者看来却是影响中国安理会表决倾向的重要因素。② 而对于印度在独立之后相当长时间内的法治建设，文章作者也并不看好，认为 21 世纪的印度仍需要对法治改革的导向作出选择。③

显然，本期专刊的欧洲学者更关心法治输出、人权保障，国家主权在他们的“国际法治”方案中并未占据至高无上的地位，这与部分欧洲国家在联合国内的长期表态、实践基本一致。

（四）习近平法治思想中的国际法治要义

无论是西方经典的“法治”理论，还是联合国对“两级法治”理念的创新发展，抑或各国政府、学者对国际法治理念的认知，对于探究“国际法治”的意涵都具有重要的参考价值。然而，具体到中国的国际法治建设，特别是生产富含中国智慧的国际法治话语，仍然必须坚持正确的思想指引。2020 年 11 月，我党正式提出以“十一个坚持”为主要内容的习近平法治思想，其中第 9 项内容明确指出，“坚持统筹推进国内法治和涉外法治，是建设法治强国的必然要求”④，这为我国未来的国际法治建设提供了重要的指引。

---

① 参见 Vanoverbeke Dimitri, Exporting the Rule of Law in East Asia: Japan's Experiences from the 1990s to Present, Belgian Review of International Law, Vol. 46, 2013, p. 375。

② 参见 Matthieu Burnay & Jan Wouters, China in the UN Security Council: What Are the Implications for the International Rule of Law, Belgian Review of International Law, Vol. 46, 2013, p. 355。

③ 参见 Rohini Sen, The Indian Perspective on the International Rule of Law: Through the Lens of International Agreements on Free Trade, Belgian Review of International Law, Vol. 46, 2013, p. 388。

④ 李林：《习近平法治思想的核心要义》，载中国网：http://www.china.com.cn/opinion2020/2020-11/23/content_76940601.shtml。

习近平法治思想的提出，具有深厚的实践逻辑、历史逻辑和理论逻辑。[①] 仅就其中的国际法治要义而言，基于对“世界百年未有之大变局”的准确定位、对国际力量对比“东升西降”的准确研判，[②] 我国将继续推动国际关系民主化、法治化建设，高度重视国际法在国际事务、国际治理当中的作用，[③] 坚决维护联合国宪章宗旨这一国际秩序稳定的重要基石，[④] 这与各国讨论联合国年度报告“法治专题”时的总体态度不谋而合。就具体内容而言，“习近平法治思想”的国际法治意涵亦十分丰富，不仅包括中国参与国际法治建设的总体态度和原则，也包括具体参与的方式和领域。我国参与国际法治建设，既要结合中国自身现实的国家核心利益，维护自身的主权、安全和发展利益，又要着眼于“人类命运共同体”建设，厉行国际法治，共同建设“持久和平、普遍安全、共同繁荣、开放包容、清洁美丽的世界”[⑤]。为消除过往国际秩序中不公正、不合理的成分，习近平总书记在外事活动中十分强调良好法治环境的形成与国际法的公平适用、反对双重标准。习近平总书记在2018年参加APEC第26次领导人非正式会晤时明确指出，“国际规则应由国际社会共同制定，不能合则用、不合则弃”。[⑥] 在秉承正确义利观、价值观的基础上，我国全面参与国际立法、执法与司法活动，

---

① 参见黄惠康：《论习近平法治思想关于国际法治系列重要论述的实践逻辑、历史逻辑和理论逻辑》，载《国际法研究》2021年第1期，第3页。

② 参见柳华文：《论习近平法治思想中的国际法治要义》，载《比较法研究》2020年第6期，第3页。

③ 参见孔庆江：《习近平法治思想中的全球治理观》，载《政法论坛》2021年第1期，第8页。

④ 参见习近平：《在联合国成立75周年纪念峰会上的讲话》，载中共中央党校（国家行政学院）官网：https：//www. ccps. gov. cn/xxsxk/zyls/202009/t20200922_143521. shtml。

⑤ 黄惠康：《习近平关于国际法治系列重要论述的核心要义》，载《武大国际法评论》2021年第1期，第31页。

⑥ 习近平：《习近平在亚太经合组织第二十六次领导人非正式会议上的讲话》，载新华网：http：//www. xinhuanet. com/world/2018-11/18/c_1123730304. htm。

所涉及的合作领域十分广泛，既包括安全、人权等传统领域，还包括深海、太空、网络、极地等新兴领域，甚至还包括一些极具争议的领域。在这一进程中，中国古代的法制思想、西方近代的法治观念以及马克思法学当中的经典观点得以兼收并蓄，最终推动中国国际法治话语不断取得创新与发展。

二、“国际法治”话语的应用

（一）微观层面的“法治话语”

尽管各国政府、学者对于“国际法治”的理解不尽相同，但至少存在“促进国际法规则的完善”“公平适用国际法”等获得高度共识的内容。如果以“法治”的标准考察具体的法律实践，那么“法治话语”的微观应用至少包含以下三个方面：

首先，在国内法中，法学理论、立法议案的提出，必须充分考虑“法治”的精神，如果一项理论违背了“公平正义”等基本的法治价值、一项议案不具备“平等、普遍适用”等基本的法治特征，这样的理论、议案往往难以得到广泛的认同，人们也可以从法治的角度展开话语批评。在国际法中，“话语”也可以指代具体的议案、思想，但这些议案、思想往往同国家的现实利益需要紧密相连。例如，大陆架制度的构建并非一蹴而就，而是经历了“美国内政部长拟定政策提案”“美国政府会同相关国家进行非正式磋商”“美国总统公告美国国内的大陆架制度”“美国政府推进大陆架制度的国际法律谈判”等多个阶段，① 美国内政部长在 1943 年的提案大体上相当于早期的“大陆架制度”话语，但这项提案的诞生，主要考量的是美国的国防、经济、科技利益，而非国际法治的需要。

其次，法学话语、法律话语的解释，也是法治精神与法治思维的生动实践。国内法中的解释方法、解释技巧种类繁多，包括文义解释、系统解释、逻辑解释、论理解释等，在应用这些方法、技巧

① 参见车丕照：《国际法的话语价值》，载《吉林大学社会科学报》2016 年第 6 期，第 40~41 页。

时不存在严格的顺位、次序，需要依据部门法的特点、案件的具体情形加以考量。在一些部门法中，为实现具体的法治目标，解释方法会受到一定的限制。例如，为了严格遵循“罪行法定”原则，刑法中禁止类推解释。国际法中的法律解释，主要体现在《维也纳条约法公约》第31~33条规定的解释方法之中，①这些方法在国际司法判例中有着广泛的应用。然而，有学者指出，当下的国际法解释并未充分考虑语言学理论的最新成果，解释的过程没有充分考虑文本的“共性认知”语境。②

最后，通过司法审判的规则、对话，人们亦可以反思秉承“程序正义”的司法程序能否真正维护“法治”。国内法中的司法程序需要运用一整套严密的规则体系，在缺乏律师协助的情况下，欠缺法律知识的当事人甚至难以理解“管辖权异议”“回避”等基本的法律概念，严格遵循技术性操作规范并非在任何情况下都能推动司法程序的顺利进行，如果审判人员能够换位思考，使用一些文学化的日常语言进行说理，那么当事人对判决、调解结果的理解、认同将进一步增进。③此外，即便严格遵循司法程序，当事人的权益能否得到切实保

① 联合国大会第六委员会通过的《与条约解释有关的嗣后协定和嗣后实践结论草案》间接承认了演变解释的可能性，使得传统的条约解释方法有所发展。参见黄丽萍：《ILC2018〈条约解释结论草案〉述评》，载搜狐网：http://www.sohu.com/a/273051588_652123。

② 例如，在“航行权”案（哥斯达黎加诉尼加拉瓜）中，如何解释圣胡安河的“商业目的”是该案的焦点。国际法院认定，两国都认同1858年条约中的“商业”一词会随着历史发展产生新的含义。这种类似“嗣后惯例”的解释方法，并未充分阐明两国对“商业”一词含义的理解，以及作出这些理解的“认知语境”。从探求两国“真实意思自治”的角度来看，国际法院的解释没有充分地消解疑虑，仍有改进的空间。参见Jennifer Smolka & Benedikt Pirker, International Law and Pragmatics — An Account of Interpretation in International Law, International Journal of Language & Law, Vol. 5, 2016, p. 23。

③ 参见刘星：《司法日常话语的“文学化”——源自中国基层司法经验》，载《中外法学》2010年第2期，第174页。

障、刑事案件受害人是否会受到二次伤害，也存在一定的争议。①

与国内司法相比，国际司法的受众范围更为有限，文学化的司法语言极少出现在国际司法的判例之中，严密的法律逻辑推理是国际司法权威性的重要保证。然而，国际司法机构的管辖权来自当事国的“授权”，它既面临着被指责“越权”的风险，又随时可能遭受“霸权”国家的蔑视，因而即便国际司法话语自身能够描绘“国际法治”的图景，话语的实施却必须和“权力”紧密地联系起来。质言之，国际司法机构的确掌握了一套话语体系，但与国内的司法机构相比，它的“话语权”受到了很大的限制。

（二）宏观层面的“法治话语”

除却法律制度设计、法律解释、法律程序运行等具体的“法治话语”运用外，“法治”的正当性，也就是为什么必须建设“法治”、为什么不能采取“人治”或其他治理模式的问题，是更为宏大的“法治话语”与法治议题。在大力建设社会主义法治强国的今天，“法治”与“人治”孰优孰劣似乎争议不大，但在新中国成立之后、直至改革开放之初，“法治话语”都没有获得充足的生存空间。自我国政府废除“六法全书”之后，法制建设逐渐呈现出革命化、斗争化、政策化的特征，② 意识形态对法律的影响十分强大。在当今看来十分先进的“法治理念”，当时普遍没有得到认可。例如，“法律面前人人平等”是“法治”的重要内涵之一，但是新中国成立之初并未确立“公民”的概念，“人民”对“敌人”的专政体现得十分彻底。在“文革”当中，“法治”的影响近乎荡然无存，“人治”成为主要的治理模式。至 1978 年改革开放进程开启之后的最初几年中，仍有学

① 例如，有美国学者对美国国内强奸案中的审判语言进行了会话分析。他认为，如果律师使用一些高超的语言技巧，含沙射影、旁敲侧击地提起受害人过去的性史，受害人很可能受到二次伤害。参见［美］约翰·M. 康利、［美］威廉·M. 欧巴尔著：《法律、语言与权力》（第二版），程朝阳译，法律出版社 2007 年版，第 45 页。

② 参见周尚君：《中国法学的话语流变考略》，载《法制与社会发展》2012 年第 5 期，第 5~6 页。

者认为“法律不是最根本和最重要的东西”，[①] 直到 1982 年《宪法》明确提出“维护社会主义法制的统一和尊严”，相关的争论才平息下来，随后的配套制度建设及法治观念的传播，则显得更具挑战性。

与“国内法治”不同，“国际法治”的权威性、正当性长期得不到部分学者的认同，联合国也很难如主权国家一般动用强大的行政力量去影响这些观点的传播。在传统的现实主义国际关系学者看来，国际法只能部分地发挥作用，[②] 在法学学科内部，亦有学者指出，“国际法的理论难以阐释不断拓展的国际法实践”[③]“法律的工具性、法律用语的模糊性是质疑国际法治难以实现的主要理由”[④]。那么，并不完备的“国际法治”，能否作为各国交往的主要模式？结合福柯的话语权理论与国际法的发展历程，又是否需要对“国际法治”进行解构，避免国际法过度规训的副作用？

三、难以解构的“国际法治”话语

经过福柯“考古”的知识，大多与欧洲各国的内政有关，福柯本人很少研究国际关系的发展演变，更没有集中论述国际法与权力的关系。众所周知，各国内政的“垂直管理”模式与国际社会的无政府状态存在显著差异，而即便坚持“一元论”，也很难认定国际法与国内法是完全同质的法，[⑤] 那么福柯描绘的“权力谱系”，在国

① 参见周尚君：《中国法学的话语流变考略》，载《法制与社会发展》2012 年第 5 期，第 8 页。

② 参见[美]汉斯·摩根索著：《国家间政治：权力斗争与和平》，徐昕、郝望等译，北京大学出版社 2012 年版，第 343 页。

③ 参见 David Kennedy, Theses about International Law Discourse, German Yearbook of International Law, Vol. 23, 1980, p. 356。

④ 参见 Kostiantyn V. Gorobets, International Rule of Law in a Discourse of Doubts, Lex Portus, Vol. 2, 2016, p. 36。

⑤ 在“国内法优先于国际法”的“一元论”中，国际法作为国家制定的“对外关系法”，是国内法的组成部分。参见杨泽伟：《国际法》(第三版)，高等教育出版社 2017 年版，第 37 页。但是，这种观点与现代的国际法实践有所出入。依照部分国家的法律程序，政府在签订条约后，只有制定专门的国内立法，条约中的相关内容才能在国内施行。在制定专门国内法以前，作为国际法的条约与通常的国内法规定相独立，国际法与国内法的从属关系并不明显。

际问题研究中是否仍然适用?

福柯试图展示现代社会权力弥散的、去中心化的特征，强调真理、理性对现代社会无孔不入的影响，但他并没有否认权力“简单粗暴”的印记。法国国王对达米安的处决、一国政府对政治议题施加的话语禁忌，显然不是“真理”说服教育的结果，也不具备比肩“真理”的正当性。对于治理经验尚显不足的国际社会来说，“真理”尚未完全取代“强权”成为独一无二的权力作用方式，[1] 国家本能追求的“权力”，不仅包含军事、经济、科技等方面的硬实力，也包含塑造国际规则、国际秩序的软实力。[2] 18 世纪，当时欧洲的“俄、英、普、奥”四国掌握了强大的军事资源，创设了“欧洲协作”机制以确保势力均衡，这一机制表面上遵循了“国家主权平等”的原则，但它本质上是四国对其他小国命运的主宰与安排。[3] 当欧洲大国的利益难以均衡，表面的协作也难以为继，在抛弃各项承诺、协议之后，欧洲大国为争夺殖民地爆发了第一次世界大战。时至今日，强权的因素也并未完全消除。过去的苏联、伊拉克政府，现在的伊朗、叙利亚、委内瑞拉政府，似乎都在重复着“颠覆”西方民主制度的活动，而美国及其西方盟国，则一直试图掌控类似法

---

① 有学者主张，当今的国际社会已由“强权即真理”过渡至“真理即强权”。参见张殿军:《硬实力、软实力与中国话语权的建构》，载《中共福建省委党校学报》2011 年第 7 期，第 60 页。然而，这种过渡并非一朝一夕所能实现。

② “话语权”与“软实力”两者之间的关系，常见的表述是“话语权是软实力的核心要素或制高点”。参见蒋新卫:《论国际话语权视角下的中国文化软实力建设》，载《新疆师范大学学报》(哲学社会科学版) 2013 年第 1 期，第 20 页。不过，两者的含义是非常广泛的。依据约瑟夫·奈的定义，“软实力”来源于文化、政治价值观、外交政策三个方面，“话语权”的常见用法也包括“文化话语权”“制度话语权”等。提升中国国际法学的话语权、提升中国在国际法律事务中的话语权，与提升中国国际法学的软实力、增强中国国际法律事务方面的软实力，不存在本质的区别。参见[美]约瑟夫·奈著:《软实力》，马娟娟译，中信出版社 2013 年版，第 15 页。

③ 参见杨泽伟:《欧洲协作对国际组织形成与发展的影响》，载《法学杂志》1995 年第 5 期，第 38 页。

国国王的权威，通过军事威慑、和平演变等多种手段将这些行刺者加以肢解，而肢解的过程，通常也会伴随着“邪恶帝国”“人道主义干预”“隐匿大规模杀伤性武器”等“真理”说教。当然，这些说教并不总是能够得到国际社会的普遍认同，有时甚至会适得其反。例如，美国在伊拉克战争中塑造了过分强势的形象，编造的战争理由却近乎无稽之谈，[①] 因而战争最终导致美国的软实力遭受了较大的损失。不过，除去这些实践中极富争议的内容，就整体而言，国际法依然是人类理性认知的产物，国家的行为选择或多或少地都会遵循理性的国际法。

实在国际法规则的协商、谈判、制定，本身即是一个对相关制度展开理性认知的过程。各国通过提出自身的利益诉求并进行反复磋商，最终得出能够获得普遍接受的条约与习惯法，而即便这些规则难以完全契合“全人类的共同利益”，它至少也反映了人类当前阶段的理性共识，而以“正义”“公平”“平等”“善意”“和谐”为基本原则的自然国际法，同样是人类运用理性智慧发现一般规律的体现。[②] 历史上，人类在经过一系列的战争惨剧之后，最终认识到和平与发展来之不易，《白里安—凯洛格非战公约》《联合国宪章》等一系列法律文件完全否认了侵略战争的合法性，国家合法使用武力的条件也受到了严格限定，而即便爆发了武装冲突，战争手段仍然受到四项《日内瓦公约》的限制，战俘、平民的生存权利也能够得到基本的保障。此外，有关裁军、核武器、生化武器的法律规范取得了较大的发展，“网络战”“太空战”的规则也正在紧锣密鼓地制定当中，这些规则对于保障世界局势的总体和平发挥了重要作用，而即便在这些规则难以覆盖的领域（如“朝核问题”），[③] 自然法规则也能够对相关国家的行为模式发挥评价、指引作用，促进相关国

---

① 参见何志鹏：《硬实力的软约束与软实力的硬支撑——国际法功能重思》，载《武汉大学学报》（哲学社会科学版）2018 年第 4 期，第 110 页。

② 参见罗国强：《国际法本体论》（第二版），中国社会科学出版社 2015 年版，第 303 页。

③ 参见罗国强：《国际法本体论》（第二版），中国社会科学出版社 2015 年版，第 376 页。

家采取有利于和平的行动。

相较于“战争法”规则，“和平法”规则具备更广阔的发展前景，除外交领事法、人权法、领土法等经典的国际法议题外，科技进步推动了海洋法、空间法、环境法等新兴法律规则的发展，[①]“深海、外空、网络、极地”等新兴疆域对于国际规则的需求也十分旺盛。纵观现代国际法的发展史，从废弃战争手段到保障基本人权，从“可持续发展”目标的提出到“人类命运共同体”的构建，每一项理念的提出、规则的制定，无不体现了人类对现状的理性反思、对未来的美好憧憬。可以预见，在未来相当长的一段时间内，制定、发现合乎理性的国际法规则，仍是国际治理的重要手段。

那么，现代的国际法是否变成了颠扑不破的真理？国际法是否对国际社会进行了过度规训，进而导致国际社会遭受了理性的副作用？从国际法制定、发展的现状来看，国际法的确是各国采取行动前普遍寻求的理性依据，即便是采取违法活动的国家，也不得不制造法律原由、争取其他国家的认可；但就具体的国际法规则而言，大量的制度安排即便在设立之初得到了最低程度的共同认可，也不代表这些制度能够获得永久、全面的认同，更不意味着这些制度将成为无可置疑的真理。自 20 世纪 70 年代兴起的“建立国际经济新秩序”运动，便是广大发展中国家质疑国际法律制度公正性的生动实践，我国学者提出“和谐原则”能够对自然国际法原则加以补充，[②] 同样是认识到西方的自然国际法原则有所欠缺。与“有法可依、有法必依”的国内法相比，国际法的完整性仍具有较大的补足空间，距离真正成为各国不加思考、依律行事的“行为习惯”还有很长的路要走。同时，在各国主权形式平等、综合国力差距严重的情况下，部分发展中国家的大众仍旧面临着最基本的生存问题，质疑国际法的理性无疑成为一种奢谈。福柯对理性的质疑建立在法国

① 参见王铁崖：《国际法引论》，北京大学出版社 1998 年版，第 303 页。

② 参见曾令良、冯洁涵主编：《中国促进国际法治报告》(2015 年)，社会科学文献出版社 2016 年版，第 4 页。

全面废除酷刑、建立精神病医疗机构的基础之上，但全球范围内的侵略战争、酷刑、灭绝种族等现象仍未能完全消除，大量的绝对贫困人口不得不为每日的生计发愁，① 建立前南国际刑事法庭与国际刑事法院、投入大量发展援助等举措尚且难以完全保障“人之所以为人”的基本权利，以“后现代”的视角去质疑“现代”的国际法，多少显得有些苍白无力。

此外，除非坚持“同态复仇”的激进思想，建立现代的刑罚机制、废除酷刑、为残障人士增添人文关怀，无论如何都是人道主义的进步，如果以“五十步笑百步”的姿态来质疑现代社会、对现代社会进行解构，只会导致历史的倒退。对理性权力进行深刻的反思与检讨、商讨“国际法治”之后应当采取何种治理方式，将来有可能成为一项国际法前沿议题，但就当代的国际法而言，如果主权国家能够依照理性的指引，运用自己的权力实践，完善、发现更多的国际法规则，可能更有益于当代人类的共同命运。

福柯对理性权力的反思，多少带有理想主义的色彩，当下的国际法运行、国际法学的研究却难以摆脱“话语的秩序”。国际法学人群体并非古希腊时期的封闭团体，但是国际法学作为一门学科，自然也会通过一系列的专业术语同其他学科区隔开来，国际法的教育、科研对专业化程度也有着较高的要求，只有经历一定时长的学术“规训”、遵循相应的话语仪式，才能初步掌握国际法的话语系统。同时，作为一门与国际政治联系较为紧密的学科，国际法受到的政治话语禁忌也较为明显，② 与国家利益相违背的国际法学说、理论几乎不会公开发表，也很难获得响应。此外，西方在国际法话语方面的强势地位也表明国际法话语同样受制于话语的控制规律。

---

① 依据世界银行的统计，2015 年，世界绝对贫困人口占全球总人口的比例达到 9.9%。参见世界银行集团发展研究局：《贫困人口比例，按每天 1.90 美元衡量的(2011PPP)(占人口的百分比)》，available at https://data.worldbank.org.cn/indicator/SI.POV.DDAY?end=2015&locations=1W&most_recent_year_desc=false&start=1981&view=chart。

② 参见杨洁勉：《中国特色大国外交和话语权的使命与挑战》，载《国际问题研究》2016 年第 5 期，第 28 页。

早期的国际法学说、理论，产生于西方“文明”国家之间，这些学说、理论通过西方的殖民进程扩展至全世界，并不断地被引述、评论，最终形成了一股强势的话语力量，湮没了殖民地大众的声音；而早期的主权国家概念，除了西方“文明国家”之间的形式平等之外，也蕴藏着西方国家与殖民地、半殖民地之间的形式不平等，殖民地与半殖民地成为了西方主权国家的附庸。时至今日，西方国家仍旧掌控着大部分的国际法学教育资源，国际法学难以实现均衡的双向话语互动，发展中国家国际法话语生产力、创造力不足的短板较为明显。在这一背景下，我国与广大发展中国家增强国际法治话语权的需求也将日渐突出，在国际社会中提出解构“国际法治”的动议，显然为时尚早。

第三节　中国国际法治话语权：平台与内容的统一

一、国际制度话语权的形式与局限性

谈及国际法对于提升中国国际话语权的作用，似乎只要我国具有更多的国际组织投票权重、能够在国际规则设计中占据优势，便具有了更多的国际制度话语权，能够对国际法律事务产生更为重要的影响。然而，“法治”(Rule of Law)与“法制”(Rule by Law)不同，“法制”强调法律制度的健全与完备，“法治”却在“法制”的基础上提出了“良法善治”的价值要求，[①] 引发了“恶法非法”与“恶法亦法”的迷思。在国际关系与国际法的研究中，中国的国际话语权涉及传媒、学术、意识形态、国际制度安排等多个层面，其中国际制度安排与“国际法制”的联系较为紧密，多数研究成果都强调“国际

① 参见张文显：《中国法治 40 年：历程、轨迹和经验》，载《吉林大学社会科学学报》2018 年第 5 期，第 12 页。

制度话语权”的重要地位,[①] 部分有关“国际法治话语权”的论述，也没有充分关注“国际法治”的价值意涵。[②] 这种“国际法制”或“国际制度”话语权，常见的形式包括一国政府塑造国际规则与国际组织的能力、该国在国际组织中投票权的大小、国际公务员的级别与数量多寡、该国政府举办主场外交活动的频次与规模、该国外交代表在外交会议中的座次与顺位。其中的一些指标具备“零和博弈”的特征。例如，在某一国际组织国际公务员总数相对稳定的情况

① 参见梁凯音:《中国拓展国际话语权的思考》，载《中共中央党校学报》2009 年第 6 期，第 110 页；关雪凌:《全球治理体系变革与“一带一路”话语权构建》，载《人民论坛》2018 年第 8 期，第 89 页；王明国:《全球治理转型与中国的制度性话语权提升》，载《当代世界》2017 年第 2 期，第 60 页；王江雨:《地缘政治、国际话语权与国际法上的规则制定权》，载《中国法律评论》2016 年第 2 期，第 43 页；褚章正:《论中国参与北极环境治理的国际话语权构建》，载《江汉论坛》2018 年第 5 期，第 46 页；蔡高强:《论国际组织表决机制发展中的中国话语权提升》，载《现代法学》2017 年第 3 期，第 148 页；周敏凯:《加强国际关系领域中国话语体系建设——提升中国话语权的理论思考》，载《国际观察》2012 年第 6 期，第 4 页；刘志中:《国际经贸规则重构与中国话语权的提升》，载《现代经济探讨》2016 年第 5 期，第 84 页；王秋彬、崔庭赫:《关于加强“一带一路”国际话语权构建的思考》，载《公共外交季刊》2015 年第 4 期，第 62 页；刘再起、王蔓丽:《“一带一路”战略与中国参与全球治理研究——以话语权和话语体系为视角》，载《学习与实践》2016 年第 4 期，第 70 页；门洪华:《“一带一路”规则制定权的战略思考》，载《世界经济与政治》2018 年第 7 期，第 19 页；刘小三、陈红:《“一带一路”倡议下中国话语权建构的实践创新》，载《当代传播》2017 年第 5 期，第 48 页；张茉楠:《增强与中国实力相称的话语权体系》，载《全球化》2014 年第 8 期，第 45 页；曾文革、党庶枫:《“一带一路”战略下的国际经济规则创新》，载《国际商务研究》2016 年第 3 期，第 26 页；刘威:《“一带一路”倡议与中国参与国际经贸规则重塑》，载《学习与实践》2017 年第 9 期，第 5 页；张乃根:《“一带一路”倡议下的国际经贸规则之重构》，载《法学》2016 年第 5 期，第 100 页；蔡鹏洪:《“主场外交”与中国的全球话语权》，载《人民论坛 · 学术前沿》2014 年第 24 期，第 8 页；赵柯:《提高中国在全球经济治理中制度性话语权的路径》，载《国际视野》2016 年第 4 期，第 7 页；等。

② 参见曾令良:《国际法治与中国法治建设》，载《中国社会科学》2015 年第 10 期，第 146 页。

下，一国国际公务员的数量越多，该国在国际组织内的“声音”有可能越大，但也同时意味着他国国际公务员数量的减少。因此，“国际制度话语权”更强调各国的优劣势划分，即便是将国际话语权界定为“知情权利、表达权利、参与权利”的学者，① 除了希望中国的权利不被剥夺之外，更多的还是期盼中国能够更充分地表达与参与，中国的表达、参与能被更广泛地接受。由于主权国家担心被更强大的国家碾压、肢解，因而谋求“国际法制话语权”可谓是主权国家的天然冲动。不过，也应当看到，各类“国际法制话语权”的重要性并不均等，单纯强调“国际制度话语权”也不能确保国际社会的长治久安。

（一）国际制度话语权的形式标准

我们可以尝试对各类“国际制度话语权”按重要性进行排序。

在创设国际组织、国际规则的过程中发挥主导作用，是一国“国际制度话语权”最重要的体现。国际联盟的创设，反映了“一战”结束初期英、法两国在“凡尔赛体系”下的优势地位；联合国的创设则体现了苏联与美国在“雅尔塔体系”下“第一世界”国家的属性。可以想见，如果不能满足这些处于优势地位的国家的基本利益诉求，国际联盟、联合国根本不会建立，而国际组织、国际规则一经创设，当其他国家要想进入这些机制时，往往需要承担额外的成本。

例如，1971 年我国恢复联合国的合法席位，以美国为首的西方国家显然不会采取积极合作的态度，因而我国不得不寻求广大发展中国家的支持。而冗长的“入世”谈判更是耗费了我国大量的人力、物力。为加快“入世”进程，我国修订、废除了大量的国内法律、规章，承担了一些于我国产业发展不利的“WTO-Plus”义务。②

① 参见王立华、许星杰：《中国国际话语权建构研究》，载《河南社会科学》2015 年第 2 期，第 75 页。

② 参见彭德雷：《“超 WTO 条款”法律适用研究：基于中国“稀土案”的考察》，载《国际经贸探索》2015 年第 1 期，第 89 页。

西方国家却利用创设 WTO 的先发优势，动辄以“市场经济地位”问题向我国提出刁难，展现出正统“市场经济国家”的“优越性”。再如，我国在融入极地法律体系的进程中，先是于 1985 年兴建“长城站”，以达到加入《南极条约》的门槛，后又同北极周边国家反复磋商，于 2013 年取得了北极理事会观察员国的席位。[①] 与之相对应，由于我国早在 1925 年便签署了《斯瓦尔巴条约》，因此在争取北极活动法律权利的过程中获得了些许先机。

在国际法律机制的基本框架确立之后，国际组织内部的投票权分布状况是一国“国际制度话语权”最直观的体现。在“一国一票”的国际组织中(如联合国大会)，由于各国的投票权相同，投票权并不能展现大国与小国之间的话语权差异，但对于采用“加权投票”和“否决权”制度的国际组织来说，各国的话语权显然并不均衡。国际货币基金组织(IMF)等国际经济组织是采用加权表决机制的典型代表，通过分配投票权、确立“特别多数”通过机制等手段，美国取得了组织内部的话语霸权。

除国际经济组织外，一些区域性的国际组织，也不乏采用“加权投票”机制的实例。例如，依据《欧洲煤钢共同体条约》的规定，煤钢议会中，联邦德国、法国、意大利各拥有 18 名议员，比利时和荷兰各拥有 10 名议员，卢森堡拥有 4 名议员，共计 78 人，而议会若想弹劾煤钢联营高级机构的委员并促使他离职，必须得到 2/3 议员的投票通过。[②] 因此，当德、法、意三国的议员赞成弹劾案时，高级委员就必须离职，而无需考虑荷、比、卢三国议员的意见。再如，美国曾提议，数个微型国家(如梵蒂冈)，应在联合国大会中共享一个投票权，[③] 这也是“加权投票”的一种形式，若该方

---

① 参见王晨光：《中国“北极伙伴关系”：现实考量与建设构想》，载《中国海洋大学学报》(社会科学版)2018 年第 5 期，第 13 页。

② 参见 Article 21, Treaty Establishing the European Coal and Steel Community, 1951, available at https://eur-lex.europa.eu/LexUriServ/LexUriServ.do?uri=CELEX:11951K:EN:PDF。

③ 参见梁西著、杨泽伟修订：《梁著国际组织法》(第六版)，武汉大学出版社 2011 年版，第 84 页。

案获得通过，体量较大的国家将获得比微型国家更高的投票权重。

除了此类通过累计投票权比重进而获得“否决权”的实例外，“一票否决”是一种更为明显的加权方式，联合国安理会五大常任理事国由于拥有“一票否决权”，它们显然比非常任理事国享有更大的“投票权限”。因此，“加权投票”与“否决权”制度赋予部分国家更显著的“话语权”，相较于其他国家，这些国家更有能力推动本国的议案获得通过，与本国利益不符的议案却更容易遭到“否决”。

在国际组织内部，除了行使投票权的各国政府代表之外，还有维持国际组织运转的国际公务员。从理论上来说，国际公务员应保持相当程度的独立性，忠于自己供职的国际组织。作为现代国际法中最早的国际公务员，国联秘书处的秘书便被赋予较为独立的国际职责，时任英国枢密院院长贝尔福(Balfour)于 1920 年 5 月向国联作报告时，更是表达了“不得削弱国联秘书国际义务”的殷切希望。① “二战”结束之后联合国颁布的《国际公务员行为标准》同样对国际公务员的独立性提出了要求，国际公务员必须独立于国际组织外的任何权力机构。② 现实中，也的确存在国际公务员行使投票权、与主权国家“讨价还价”的实例。

例如，依照 IMF 董事会 2010 年修订的投票规则，若董事会会员国的投票结果难以决出胜负，董事会的主席，即 IMF 的总裁有权投出制胜的一票。③ 再如，在《深海采矿规章》的制定过程中，国际海底管理局(以下简称“海管局”)自身也是重要的利益攸关方，面对采矿缴费费率等棘手问题，海管局并未完全迁就主权国家，由

① 参见 Edward Newman, The International Civil Service: Still a Viable Concept? Global Society, Vol. 21, 2007, p. 435。

② 参见联合国：《国际公务员行为标准》，available at https://www.un.org/zh/ethics/pdf/standards_conduct.pdf。

③ 参见姚大庆：《加权投票制、投票力与美国的金融霸权》，载《世界经济研究》2010 年第 3 期，第 44 页。

海管局秘书长组织专家编写的“零号草案”①“一号草案”均设置了较高的缴费费率,② 这暴露出海管局加速商业开采进程、增加自身经济收益的意图。

然而，就绝大多数的国际组织来说，国际公务员的职责独立性与其本人国籍之间存在客观的矛盾。一国公民若想担任联合国等国际组织的高级职员，主权国家的支持必不可少。1978 年，时任联合国副秘书长舍甫琴柯叛逃美国之后,③ 作为苏联的“叛国者”，主动放弃联合国的职位便成了他最明智的选择；1997 年，谋求连任联合国秘书长的加利由于受到美国的阻挠，最终未能如愿。④ 因此，主权国家绝不会推荐有可能损害本国利益的本国人士担任国际公务员。此外，作为一项重要的人才储备，国际公务员在创设国际法律机制的过程中亦发挥着重要作用，联合国艾滋病联合规划署的早期职员来自其他六家国际组织、国际机构,⑤ 亚投行的很多职员也拥有丰富的国际组织工作经验。

主场外交，即一国在其境内举办、承办的国际会议，是该国宣传自身理念的重要窗口。主场外交不仅意味着会议的举办地址得以确定，更意味着东道国享有设置议题、展示自我的便利。例如，2016 年我国举办杭州 G20 峰会时，将创新、发展、贸易设置为优

---

① 参见 International Seabed Authority, Developing a Regulatory Framework for Mineral Exploitation in the Area, ISA Reports 2016, available at https://ran-s3. s3. amazonaws. com/isa. org. jm/s3fs-public/documents/EN/Regs/DraftExpl/Draft_ExplReg_SCT. pdf。

② 参见 International Seabed Authority, Draft Regulations on Exploitation of Mineral Resources in the Area, ISA Reports 2017, available at https://www. isa. org. jm/files/documents/EN/Regs/DraftExpl/ISBA23-LTC-CRP3-Rev. pdf。

③ 参见陈鲁直：《联合国的奇闻一桩》，载《世界知识》2001 年第 19 期，第 42 页。

④ 参见骆沙舟、许友滋：《美国为何反对加利连任?》，载《人民论坛》1997 年第 2 期，第 38 页。

⑤ 参见 Tana Johnson, Looking Beyond States: Openings for International Bureaucrats to Enter the Institutional Design Process, Review of International Organization, Vol. 8, 2013, p. 508。

先讨论事项，提升了当年峰会的高度。[①] 再如，2017 年我国举办第 40 届南极条约协商国会议时，张高丽、杨洁篪、王宏、张业遂、刘振民等中央、部委领导分别作主题报告、演讲，充分展示了中国的南极政策。此外，在同南极条约秘书处、其他会员国协商之后，我国举办了“我们的南极：保护与利用”的特别会议，[②] 一定程度上也实现了议题设置的创新。

与这些轮值性的主场外交活动相比，我国主动开展的主场外交活动，是“中国特色”更为明显的主场外交平台。自 2002 年起，我国每年都会举办博鳌亚洲论坛，邀请其他国家领导人共商亚洲的发展前景，而“一带一路”国际合作高峰论坛如果能长期举办，有关“五通”等议题的研讨也将更加深入。不过，主场外交并不总是能实现东道国创新全球治理理念、变革国际制度的目标。联合国总部位于美国境内，但美国在联合国各类会议中遭受批评的情形并不少见，主场外交的话语平台能否真正地为一国利益服务，话语内容本身的作用不可忽视。

国际会议中各国代表的位次，属于外交活动的礼宾范畴，座次安排也往往会考虑双边关系等因素。在部分国际法律实践中，代表座次的确与各国的权利义务密切相关。巴黎和会中，英、法、美、日、意等强国，每国拥有 5 个代表座次，而中国虽是战胜国，却也和其他弱小的国家一样，只拥有 2 个代表座次，由陆征祥、王正廷、施肇基、顾维钧、魏宸组成的中国代表团，只能轮流就座；[③] 东京审判中，梅汝璈经过外交斗争，获得了距离庭长最近的审判席，[④] 由此中国籍法官可以更方便地同庭长交换意见。不过，在多数国际会议中，外交代表的座次问题与各国的实际权益关联不大。

---

① 参见凌胜利：《主场外交、战略能力与全球治理》，载《外交评论》2019 年第 4 期，第 16 页。

② 参见中华人民共和国外交部条约法律司：《中国国际法实践案例选编》，世界知识出版社 2018 年版，第 181 页。

③ 参见顾维钧：《顾维钧回忆录》，中华书局 1983 年版，第 172 页。

④ 参见何其生：《梅汝璈及其国际法思想评述》，载《武大国际法评论》2007 年第 1 期，第 334 页。

有学者指出，“在国际新疆域问题的会议中，我国代表坐在西方国家代表后面，是话语权不足的体现”，[①] 但遍查《深海采矿规章》谈判、BBNJ 谈判、联合国外空法委员会会议、《塔林手册》谈判、联合国打击网络犯罪问题谈判、南极条约协商国会议、南极海洋生物资源委员会会议、北极理事会会议的座次安排，并不存在“西方优先”的做法。与外交代表的座次相比，各国代表是否享有平等的表达权，是更为重要的问题。

此外，领导人在国际会议合影时的站位，似乎也被当做一国“话语权”的表征。2017 年的北约峰会合影时，特朗普一把推开黑山共和国总理占据前排位置，[②] 直观地表达了他“美国优先”的理念，但此举也很快招致批评。事实上，并不是每一次领导人合影，中、美等大国领导人都可以占据最佳位置，部分国际会议依照各国领导人的职务高低、任职年限进行排序，并尽量避免有激烈矛盾的两国代表接触。因此，仅通过外交代表的座次先后来判定各国话语权的大小，无疑是十分片面的。

(二)纯粹研究国际制度话语权的不足

结合上述这些话语权标准来看，似乎我国在综合国力上升之后，只要主导缔造新的国际法律机制，不断提升中国在各类国际组织中的投票权，不断增加各类中国籍国际公务员的数量，不断开展大规模、高级别的主场外交活动，确保每次国际会议合影时中国领导人、中国代表都站在最中央的位置，我国的国际话语权便会全面提升，西方的话语霸权也将得到消解，我国也将不再单纯作为国际法律规则的遵从者。然而，如果只就这些标准实现“东风”压倒“西风”，甚至为了实现这些目标而不择手段，那便忽视了“西风”压倒“东风”的过程中所形成的不公正、不合理的国际秩序，而我们殷

① 参见张新平、庄宏韬：《中国国际话语权：历程、挑战及提升策略》，载《南开学报》(哲学社会科学版)2017 年第 6 期，第 7 页。

② 参见赵灵敏：《大象闯进瓷器店？特朗普访欧槽点多被嫌弃》，载《华夏时报》2017 年 6 月 6 日第 6 版。

切追求的“话语权”，最终有可能成为我们长期反对的“话语霸权”。

现代意义上的“国家主权”，简单概括起来包括“对内的最高权”与“对外的平等权”两层含义，但对于大多数的发展中国家而言，它们或是曾经作为殖民地，接受殖民地总督的行政管理，成为殖民帝国“对内最高权”的一部分，或是作为半殖民地，被迫与强大的西方帝国签订不公正、不合理的不平等条约，难以享有“对外的平等权”，18、19 世纪盛行的“宗主国”“保护国”等术语，更直观地表明各国难以享有平等的“主权”。中国融入西方主导的世界秩序的过程，亦是一个由“二等公民”迈向“一等公民”的过程，西方国家在这一过程中施加的压迫可谓“无微不至”。[①] 由于怀疑中国古文中的“夷”字等同于“野蛮人”(Barbarian)，含有歧视、侮辱西方国家的意味，使用多种威胁手段，英国外交代表不仅强迫晚清政府不得在外交文书中继续使用“夷”字，同时还要求中国国内的公文文书中也不得出现“夷”字。实际上，如果对“夷”字进行充分的词源考究，“夷”字的贬义性并不似英国人认为的那么强烈，[②] 但英国人将其殖民地的子民称为野蛮人(Barbarian)却是不争的事实，[③] 透过这项外交称谓的争辩，英国人霸凌晚清政府乃至统治世界的愿望尽显无余。

在更极端的案例中，法国的传教士甚至可以私自篡改《天津条约》的中文译本，为在中国活动的法国传教士谋求到租用、购买土地和修筑建筑物的权利，[④] 而晚清政府对此却默不作声。及至“一战”结束，为协约国输送 20 万劳工的中国政府仍然没有成为西方国家眼中的平等伙伴，经英、法等国秘密操纵，德国在山东半岛的

---

① 参见何力：《人类命运共同体视角下的国际法史与文明互融》，载《厦门大学学报》(哲学社会科学版)2019 年第 6 期，第 46 页。

② 参见刘禾：《帝国的话语政治：从近代中西冲突看现代世界秩序的形成》，生活·读书·新知三联书店 2014 年版，第 59 页。

③ 参见刘禾：《帝国的话语政治：从近代中西冲突看现代世界秩序的形成》，生活·读书·新知三联书店 2014 年版，第 62 页。

④ 参见刘禾：《帝国的话语政治：从近代中西冲突看现代世界秩序的形成》，生活·读书·新知三联书店 2014 年版，第 190 页。

殖民权益被转让给日本，完全无视中国在“一战”中作出的贡献。而在“新文化运动”之后，如何废除西方国家的领事裁判权则成为中国早期的国际法学者十分关心的议题，① 直至中华人民共和国成立，强加在中国人民身上的一系列的不公正待遇才得以取消。因此，如果说中国的近代史总体上是一部百年的屈辱史，其中也必然包含了“辛亥革命”之后中国政府谋求平等待遇的抗争史。

“二战”结束之后，“非殖民化”运动风起云涌，广大亚、非、拉殖民地终于成为了与西方文明国家同质的“主权国家”，但英、法的话语霸权却被美、苏接管，并淋漓尽致地体现在国际法律机制的确立、执行过程中。詹姆斯·克劳福德曾经指出，除非国际法院有权审查联合国所有机构的政治行为，否则国际法治便不会延伸到国际政治之中。② 这样的观点或许过于激进，却明确指出了国际司法在限制强权政治方面的作用。事实上，在起草《国际法院规约》的过程中，赞成采用“一般性强制管辖权”的国家已多于反对的国家，③ 但美、苏两国出于自身的考虑，最终迫使各国不得不接受折中的方案，即“任择性的强制管辖权”。在《联合国海洋法公约》的谈判过程中，美国更是展示出傲慢的话语权力，当厄瓜多尔代表提出“和平利用海洋意味着全面的非军事化、全面排除军事活动时”，美国代表当即表示，“本次会议不适合讨论这项议题”“任何讨论这项议题的企图都将导致本次会议迅速终结”。④ 这种傲慢，同时也

---

① 参见何其生主编：《珞珈国际法：学人与学问》，武汉大学出版社2011年版，第62页。

② 参见 Robert Mc Corquodale, Defining the International Rule of Law: Defying Gravity? International and Comparative Law Quarterly, Vol. 65, 2016, p. 290。

③ 参见秦一禾：《论国际法院任择强制管辖权》，法律出版社2012年版，第25~27页。

④ Alexander Proelß, Peaceful Purposes, Max Planck Encyclopedia of Public International Law, available at http://iras.lib.whu.edu.cn:8080/rwt/MPEPIL/https/N7ZGT5BPN74YA5DBP6YGG55N/view/10.1093/law:epil/9780199231690/law-9780199231690-e1453?rskey=Fq4yFP&result=1&prd=OPIL.

蔓延到国际组织的日常工作中，每当 IMF 中其他国家的执行董事绞尽脑汁地论证增强特别提款权(SDR)流动性的必要性时，美国的董事只会拿出提前准备好的文件，轻描淡写地否决这些议案。[①] 由美国总统提名美国人担任世界银行行长也成为一种不成文的惯例，而美国在各类国际组织中实施双重标准的案例更是屡见不鲜。

此外，美国近年来频繁退出国际组织、国际条约，[②] 包括“中导条约”“伊核协议”等事关国际和平安全的重要协议，赤裸裸地展示出美国的“法律工具主义”倾向，只要国际形势的发展使得相关的国际法律机制不再符合美国的利益期许，美国可以将当初的承诺、应当遵守的国际义务全然抛之脑后。

西方国家在殖民历史中的种种劣迹、美国在“二战”之后逐步树立的“话语霸权”，都是不足为取的。邓小平曾在联合国大会承诺，万一有一天中国成为了剥削、侵略他国的超级大国，全世界人民应与中国人民一道一起推翻它。[③] 如果说过去中国谋求国际话语权，是为了摆脱“落后就要挨打”的局面，那么如今中国努力追求综合国力的领先，当然不是为了重走西方奴役他国的老路，而是要与世界各国共同建设人类社会的美好前景。因此，中国提升国际话语权的进程，必须反映国际社会对国际法律秩序的理想与追求，通过建设强有力的国际话语平台，不断生产和表达富含中国智慧的国际法治话语。在这一进程中，谋求“国际制度话语权”可以视作话语平台建设的一项成就，但不能作为中国参与国际法治建设的根本评价标准。

二、国际法治话语平台：话语主体的支撑

如果将“中国的国际话语权”抽象为“话语施行者、话语内容、

① 参见刘铁娃：《霸权地位与制度开放性：美国的国际组织影响力探析(1945—2010)》，北京大学出版社 2013 年版，第 11 页。

② 参见苗健：《美国制度霸权的张力》，载《南京邮电大学学报》(社会科学版)2019 年第 2 期，第 63 页。

③ 参见阮涛：《论邓小平爱国主义思想的升华》，载《南方论刊》2017 年第 6 期，第 37 页。

话语对象、话语平台、话语反馈”五项内容，那么良好的话语反馈无疑是“话语权”建构的最终的目标，而话语平台、话语内容是建构进程中最为重要的内容。因为强有力的话语平台能够组织大量的话语主体，不断生产和表达优质的话语内容，进而得到良好的话语反馈。结合福柯在《话语的秩序》中提及的“主体控制规则”来看，在国家层面的法治话语生产过程，话语平台对话语传播的作用是显而易见的。尽管现代国际法的学习已不再需要遵循特定的“仪式”，但发达国家占据的国际法话语团体资源却远非广大发展中国家所能比拟。

纵观世界各国参与国际事务的发展史，西方的国际法治话语之所以能长期在世界范围内具有重要的影响力，除了话语内容本身的普适性之外，更重要的原因是西方国家长期占据了国际法治话语的生产、传播渠道。在第二次世界大战结束之前，国际组织的会员国大都是西方国家，殖民地人民、发展中国家在国际组织、国际会议中阐述意见的机遇并不充分。直至“二战”结束、联合国成立之后，广大发展中国家才获得了充分参与国际事务的权利，但各国参与国际事务的能力，以及产生、推广国际法治话语的能力仍存在较大的差距，国际法人才的数量、质量更是难以相提并论。在全球治理日渐兴起的大背景下，发展中国家在非政府组织、智库等话语平台的建设方面仍较为滞后。因此，广大的发展中国家虽然获得了广泛参与国际法治合作的法律“权利”，但自身的法治话语所能产生的影响十分有限，西方国家法治话语的“权力”属性仍旧十分明显。我国在综合国力取得显著进步之后，发起设立新型国际组织、引领缔造新的国际规则的需求将更为迫切，第二轨道的交流与合作也具备坚实的物质基础。我国应当抓住机遇，加快建设各类国际法治话语平台，吸引更多的国际法主体参与合作，扩大中国国际法治话语的影响力，以争取认同而非胁迫的方式使中国的国际法治话语真正获得“话语权”。

具体来说，我国需要推动建设、改革的国际法治话语平台，既包括国际性的智库合作网络，也包括政府间国际组织，还包括国际争端解决机制。智库作为法治思想的重要源泉，能够有效地组织国际法专家对中国面临的国际法治挑战进行具体的研究，而国际智库合作网络的组建，将有助于各国国际法治理念的交流与融合。政府间国际组织作为传统的合作机制，为各国协调立场、参与国际法律规则谈判提供了关键的平台，对于国际立法的重要性不言而喻。具体到国际争端解决机制，尽管“司法”或“准司法”性质的争端解决方式只能适用于有限的领域，但是争端各方在解决过程中的协商过程，对于法律规则的澄清、发展具有重要的作用，争端能够得到良好的解决、避免发生进一步的冲突，同样符合“国际法治”的要求。因此，如果我国能够在多元化的国际法治话语平台建设方面有所成就，将会有效促进中国和广大发展中国家参与国际法治合作的进程。

三、国际法治话语内容：普适话语的表达

除了话语平台的建设之外，国际法治话语的内容亦是中国提升国际话语权的重要环节，因为唯有生产出高质量的国际法治话语，才能得到广大国家的支持，这样的话语也才具有“话语权”。当然，话语的优劣很难进行简单的判别，但高度的“普适性”应当是我国所有国际法治话语的共同特质。

正如联合国有关国际法治的一般性辩论活动所展示的那样，各国对于“国际法治”的本土化阐述的确广泛存在，而各国的阐述之间也存在着话语冲突。在我国参与国际法治合作的进程中，类似的冲突同样存在。例如，在中国等多数第三世界国家看来，“和平共处五项原则”是维护国际秩序的基本准则，而部分西方国家则采取针锋相对的立场，持续推广“人权高于主权”“保护的责任”等概念，中国长期以来偏向稳健、保守的外交政策，也常被部分西方国家贴上“不负国际责任”“漠视国际公平正义”的标签。基于各国国情与历史发展阶段的不同，这种冲突有可能持续下去，但这是否意味着国际法治话语的本土性应当更为突出？

在我国的国内法治建设进程中，有关“本土化”与“普适性”的争议同样存在。其中最知名的案例莫过于“秋菊打官司”一案所引发的讨论。依照本土化法治话语的分析路径，有关该案的分析往往

沿着这样的逻辑进行：国家的制定法与村民的观念有所冲突→村民的观念根深蒂固、国家提供的法律资源却并不充分→强行推进制定法会产生一些不良后果→所以还是依照农村的“习惯法”治理更好。然而，通过民主立法程序确立的、以权利义务划分为主要内容的国内法，相对于未得到国家认可的“习惯”，总体上更为科学，而这些制定法规则一旦通过，便必须克服重重困难，公正、普遍地予以适用，法律如果得不到国民的信仰、法律的实施如果不能一以贯之，便表明法治社会并未建成。观念的陈旧，可以通过法治教育加以革新，而城乡之间法治资源的不平衡，亦可以通过人力、物力的投入加以改善。事实上，经过多年的努力，我国社会主义现代化法治国家的建设进程已取得了重大成就，而乡村法治资源不足的状况也得到了大幅度的缓解。

推及国际法，亦不能以“观念”“法治资源”为由彻底地改变国际法治的建设路径。习近平主席指出，“一带一路”建设不是中国一家之事。[①] “推进‘一带一路’，需要法治保障。”[②]因此，“一带一路”国际法治合作应体现沿线各国的共同意愿。薛捍勤法官也指出，“不存在中国的国际法、美国的国际法或法国的国际法。法律在适用者、解释者与被适用者、被解释者之间不应存在区分。换句话说，国际法应当具有普遍性”。[③] 国际法作为国际关系中最重要的准则，[④] 应当体现全人类的价值共识。从我国过去十年间在联合国大会第六委员会的发言情况来看，我国政府坚决支持在国际社会中推行国际法治，主要内容包括遵守《联合国宪章》、完善国际立

---

① 参见苏星鸿：《“一带一路”倡议价值问题的多维透视》，载《观察与思考》2019 年第 11 期，第 19 页。

② 参见王晨：《携手推进“一带一路”法治合作——在中国法治国际论坛(2019)开幕式上的主旨演讲》，载全国人民代表大会官网：http：//www.npc.gov.cn/npc/c30834/201911/743d09555f8e4cb9b9e12d8212857125.shtml。

③ Xue Hanqin, Chinese Contemporary Perspectives on International law: History, Culture and International Law, Brill, 2012, p. 16.

④ 参见黄进、鲁洋：《习近平法治思想的国际法治意涵》，载《政法论坛》2021 年第 5 期，第 11 页。

法、坚持国际法的统一适用、避免双重标准、坚持“和平共处五项原则”、促进国际立法的民主参与、保障各国对国际司法争端解决机制的自主选择权、促进国际法的传播教学等；近年来的发言则不断强调“一带一路”倡议与“人类命运共同体”的建设这两大背景。我国代表的历年发言，是中国国际法治话语的重要组成部分，既与我国长期以来表述的国际法治观念相一致，[①] 也展现了我国为促进国际法治而付出的努力，部分年份的发言更及时捍卫了我国当时的国家利益。[②] 在联合国这样一个和而不同的话语平台中，我国阐释的国际法治建设模式并不激进，具备较高的普适性，阐释的过程也并未随着中国国力的强盛而展示出一种咄咄逼人的态度，总体上回应了联合国大会设置法治专题之初所考虑的各项目标。

放眼中国未来参与国际法治合作的进程，国际法治话语内容必须坚持法治的价值导向。福柯对成为真理的那部分话语充满了担忧，因为这些话语最终会变得不容置疑，成为塑造人们生活方式的权力来源。我国表述的国际法治话语短期内虽不会成为真理，但也应当符合全世界多数国家对国际秩序的美好向往。中国融入世界的

① 例如，中国主办的 2011 年亚洲国际法学会双年会、2014 年“和平共处五项原则与国际法的发展”国际研讨会、2015 年“亚洲—非洲法律协商组织”年会中，我国领导人就国际法治的相关问题作出了阐述，2016 年发表的《中国和俄罗斯联合发表关于促进国际法的声明》，也阐明了中国视角下维护国际法治的方案。参见中华人民共和国外交部条约法律司：《中国国际法实践案例选编》，世界知识出版社 2018 年版，第 1、116、142 页。

② 例如，2013 年、2016 年的发言着重强调主权国家有权自主选择国际争端解决机制、各国不应滥用国际司法争端解决机制，是为了应对所谓“中菲南海仲裁案”对我国主权权益的侵害。参见中华人民共和国常驻联合国代表使团：《常驻联合国副代表王民大使在第 68 届联大六委关于“国内与国际法治”议题的发言》，载中华人民共和国常驻联合国代表使团网站：https：//www. fmprc. gov. cn/ce/ceun/chn/zgylhg/flyty/ldlwjh/t1087080. htm；参见中华人民共和国常驻联合国代表使团：《中国代表团李永胜在第 71 届联大六委关于“国内与国际法治”议题的发言》，载中华人民共和国常驻联合国代表使团网站：https：//www. fmprc. gov. cn/ce/ceun/chn/zgylhg/flyty/ldlwjh/t1403894. htm.

过程饱受西方的欺骗、暴力与谎言，签署了一系列不平等条约，[①]国家主权、领土完整遭受帝国主义国家的严重侵害，经过一系列革命斗争与抗击侵略的战争，中国才最终成为一个独立、完整、能够有效回应他国干涉的主权国家。时至今日，国际秩序中不公正、不合理的成分依然广泛存在。我国在综合国力上升之后，话语的影响力、代表发展中国家发声的能力逐步增强，但我国也必须警醒各类形式的大国沙文主义，坚持以互利共赢的方式处理双边、多边关系，不能仅将国际法视作国家行为的辩护策略、政治斗争的工具，不能将国际法律规则表述为赤裸裸的国家利益需求。[②] 具体来说，“完善国际法规则”“推动国际立法民主化”“促进国际法律规则的公平适用”“支持国际组织参与国际法律事务”“支持国际司法机构在争端解决过程中发挥作用”“尊重和保护人权”等内容，具有较高程度的普适性，值得我国在阐述国际法治话语的过程中加以借鉴。

当前，我国虽提出过多项与国际法治有关的主张，但总体来看，现有的话语并不能系统、完整地表述中国特色的国际法治观，未来如何发展，也缺乏明确的体系规划，[③] 丰富并完善中国的国际法治话语体系，仍有待长期的努力。

本章小结

语言学中的话语概念，经历了从“言语”“语言”至“话语”的转变，现在使用的话语一词不仅仅指代结构主义的文义阐释，更包含着人类创造、使用语言的社会实践。话语的创造、传播与权力存在紧密的联系，而得到主流价值认可的话语亦有可能成为具备“话语权”的真理。就国际法治话语而言，单纯将获取“国际制度话语权”

---

① 参见杨泽伟：《国际法史论》，高等教育出版社 2011 年版，第 342 页。

② 参见肖永平：《论法治中国建设背景下的中国国际法研究》，载《法制与社会发展》2015 年第 4 期，第 11 页。

③ 参见何志鹏：《国际法治的中国方案——“一带一路”的全球治理视角》，载《太平洋学报》2017 年第 5 期，第 7 页。

视作国际法治话语的应有之义、发展方向，是十分片面的。“薄厚”国际法治的二元划分、联合国文件中对国际法治的多项界定，虽存在争议，未能获得全面认可，却也大致勾勒出国际法治的粗略图景，展现出国际法治在程序、规则、机制、价值等方面的应有之义。长期以来，我国对国际法治理念的贡献相对不足，在全球法律事务中的作用也并不突出。面对百年未有之大变局，我国参与国际法治合作的需求正急剧增长。作为中国特色大国外交中的重要组成部分，我国阐述的国际法治话语，既要凸显中国的独特智慧，更要充分考量全人类对法治理念的共同需求，在推进“一带一路”倡议的过程中，唯有将“人类命运共同体”的理念落实为各项具体的法治建设方案，才会使中国的国际法治理念广受认同，中国也才会真正获得基于“王道”而非“霸道”的话语权。

第二章 “一带一路”倡议与中国国际法治话语的互动

“一带一路”建设必须以国际法规则为基础、“一带一路”需要国际法治保障，似乎早已成为共识。近年来一系列“一带一路”合作文件、法律文件的签署，也时常被看做“一带一路”建设的重要成果。然而，由于国际社会的平行结构与国内社会的垂直结构迥然不同，国际法究竟是不是法的争议由来已久，因而对于“一带一路”倡议是否真的需要国际法，或者在何种程度上需要国际法，亦存在一些不同的声音。为此，有必要澄清“一带一路”法治建设的理论与现实基础，展示“一带一路”倡议实施七年以来中国为促进国际法治所作出的贡献。当然，“一带一路”倡议，不能完全替代中国的国际法治建设，对于中国国际法治话语的短板与挑战，更不可视而不见。

第一节 “一带一路”倡议的国际法治需求

一、理论争鸣：国际法法律工具主义的再探讨

(一)国际法与“黑社会的法”

国际法究竟是不是法，或者在何种意义国际法才能称之为“法”，是一个争论已久却又历久弥新、缺乏定论的问题。在现实主义国际关系理论、政策定向学派看来，国际法不过是国际政治、国际关系的附庸，在国家制定对外政策时，国际法不过是一种工具

或次要的考虑因素。[1] 如果国家在权衡利弊后选择违背国际法，且承担的后果并不严重，很容易使人产生国际法欠缺拘束力的印象。仅从形式层面进行考量，尽管国际法存在不成体系、欠缺惩戒机制等缺陷，但是国际法也大致符合“法律公开透明”“法不溯及既往”“法不强人所难”等特征，用“国际法”这一语言符号概括现行学科中的研究内容，是比较合适的。然而，随着近年来中国的条法外交遭遇了一些挑战，西方的媒体亦积极抹黑，不断刻画中国“违法者”的形象，因而有学者言辞激烈地指出，国际社会不过是丛林社会，国际法不过是“黑社会的法”“强盗的法”。进而从价值层面否认了国际法作为“法”的可能性。

如果承认《联合国海洋法公约》与“一带一路”倡议下的法律机构、法律文件都属于同样的“国际法”范畴，都是调整国家间各类法律关系的产物，上述的论断，令人难以接受。因为中国外交部的条法司并没有从事“黑社会”性质的法律业务，中国高校的法学院也不是在教授“黑社会”性质的国际法学课程，“一带一路”更不是丛林社会中争权称霸的另一页篇章。

不过，如果对“黑社会”一词进行更细致的词源考究，那么对于国际社会与“黑社会”、国际法与“黑社会的法”之间的关系似乎可以做另一番解读。就各国的内政治理而言，“黑社会”是一国合法政权必须打击的对象。我国作为社会主义国家，虽然不存在“黑社会”，但同样存在“黑社会性质组织”，我国《刑法》第 294 条专门规定了“组织、领导、参加黑社会性质组织罪”，[2] 为掩盖、隐瞒“黑社会性质组织犯罪”的违法所得提供便利，还有可能构成洗钱罪。[3] 就国内“黑社会”的特征而言，组织性、控制某一特定区域或领域使得“黑社会性质组织”区别于单独的犯罪分子或一般的共同

① 参见王铁崖：《国际法引论》，北京大学出版社 1998 年版，第 2～4 页。

② 参见张明楷：《刑法学》（第五版）（下），法律出版社 2016 年版，第 1071 页。

③ 参见张明楷：《刑法学》（第五版）（下），法律出版社 2016 年版，第 794 页。

犯罪，而通过暴力、权钱交易等手段谋求经济利益则是“黑社会性质组织”最重要的目的。[①] 如果刑法中的“黑社会”语义突破一国主权管辖的地域限制，似乎各国合力打击跨国有组织犯罪乃至恐怖主义活动才是国际社会的应有使命，但是如果将各国政府比作“黑社会”的成员，那么“黑社会”一词的含义也应当重新定义——没有合法的“世界政权”去打击各国政府的非法活动，因而“权钱交易”也不可能成为各国实现非法目的的手段，而各成员之间形成组织结构亦并非必要，谋求经济利益则更不可能成为各国唯一的非法目的。如此，黑色的“国际社会”只剩下两项重要的特征：一是部分成员为了实现自身目的而使用暴力等非法手段，二是部分成员通过这些手段控制了一定的地域或领域。

这两项特征，在国际法的发展史上的确广泛存在。战争是国际社会“暴力”的直观形式，在侵略战争的合法性未被全面否认的时代，一国入侵他国的战争，只要披上“正义”的外衣，[②] 似乎就能获得法律层面的正当理由。自《威斯特伐利亚和约》始，欧洲出现了近代意义上的主权平等国家，但永久和平并未实现，大国裹挟着小国参与战争的案例仍比比皆是，小国的主权乃至生死存亡有时只是大国博弈中的棋子，在大国的策略发生变化时，这些棋子便有可能遭到舍弃。直至当代国际社会，战争也不可能从根本上予以杜绝。如果将“暴力”类推至胁迫、欺诈等非法手段，将侵占领土的目的拓展至谋求规则的控制权，似乎超级大国在各个方面都可以为所欲为，国际社会并不能摆脱“黑色”的属性。然而，如果仔细审视“二战”结束以来国际社会的发展史，便会发现这样的论断并不成立，在国际社会的稳定时期，国际法能够更明显地发挥自身的作用。[③]

① 参见郭子贤：《黑社会(性质)组织形成研究》，知识产权出版社 2006 年版，第 32 页。

② 参见杨泽伟：《国际法史论》，高等教育出版社 2011 年版，第 41 页。

③ 参见何力：《纵横国际法——势力均衡与帝国理念》，立信会计出版社 2013 年版，第 37 页。

在“冷战”的多数时期，美国对苏联坚决贯彻实施“遏制”政策，[1] 但战争恐吓、威胁并不是“遏制”政策的全貌，遵守国际法、通过协商谈判解决争端仍是两国外交政策中的重要选项，而国际法律机制的制定、通过，也不全是大国意志的体现。事实上，在美苏争霸的时代，两国也不乏协商确立法律机制的成功案例，《南极条约》的制定便是典型例证，而《联合国海洋法公约》的达成，更充分展示出第三世界国家的话语力量。在十余年的起草与协商进程中，两个超级大国未能扼杀专属经济区制度、大陆架制度与国际海底区域制度的诞生，这些代表广大发展中国家权益的制度最终载入《联合国海洋法公约》的正文，各国的海域管辖海域面积有了较大幅度的提升，美苏两国所追求的海洋自由(包括航行自由、海洋资源开发自由等)受到了较大程度的限制。“冷战”结束之后，美国成为了唯一的超级大国，综合国力曾一度遥遥领先其他国家，但美国政府并没有完全掌控各类国际法律机制，更不可能将美国的国内政策全部转化为国际法律文件；美国在21世纪发起的数次军事行动，并没有获得各国政府的全面认同，也未能全面实现美国政府的预设目标。事实上，美国在过去的几年中不断退出各类法律机制，表明美国在国际法方面的软实力正在减弱，并且很难通过强大的军事力量得到有效弥补。

展望“一带一路”倡议的发展远景，建立“黑社会”式的国际关系，显然并非中国政府的初衷。我国是爱好和平的文明古国，通过友好协作的方式增进我国与世界各国的友好关系，是“丝路精神”的应有之义，发动侵略战争很难成为中国政府的外交政策选项。当前，“一带一路”沿线地区的和平安全形势仍有待改善，我国为方便海运补给而修建的一些港口设施，也时常被他国学者认定为中国的远洋战略节点，甚至被视作潜在的战争威胁。在部分西方智库看来，中国在吉布提修建的海军补给基地、中国在斯里兰卡修建的汉班托塔港(Hambantota)，以及中国在巴基斯坦修建的瓜达尔港，都

---

① 参见[美]乔治·F. 凯南著《美国大外交》，雷建锋译，社会科学文献出版社2013年版，第21页。

是中国在印度洋地区的军力布局，将对印度在这一地区的影响力构成挑战。[①] 这些评述，仍旧遵从零和博弈的冷战思维，将美国、印度在印度洋地区的军事存在视为理所当然，却忽视了中国投资的基础设施建设对沿线地区经济发展的带动作用，更忽视了国际规则在地区秩序构建中的作用。

我国作为“一带一路”倡议的发起国，从未对沿线各国施加战争威胁，也从未将控制某一地区作为“一带一路”倡议的目标，更没有利用发起国的优势地位滥用国际法律机制、干涉别国内政，“一带一路”相关法律规则的构建总体上也遵从共商共建的精神，具体的规则内容也充分顾及人权、绿色发展等现代人类社会的理性价值与发展目标，全然将这些规则贴上大国博弈、丛林法则的标签，失之偏颇。如果说“一带一路”与“黑社会”存在关联的话，强化各国的双边与多边合作、完善打击跨国犯罪与恐怖主义活动的区域规则、多边规则，应当成为“一带一路”沿线国家的共同目标。

总之，“落后就要挨打、强大就要称霸”，并非现代国际关系中理所当然的正确逻辑，至少在当前的“一带一路”推进过程中，中国并未凭借日益强大的综合国力入侵他国，沿线各国通过增强基础设施建设、增进贸易往来等多种方式促进了共同发展。[②] “一带一路”倡议下的各类法律机制，绝非“黑社会”的法或“强盗”的法。

（二）“一带一路”倡议下的国家行动自由

如果说将国际法比做“黑社会”的法，从价值层面否定了实在国际法作为国家政策工具选项的正当性基础，“国际法阻碍国家行动自由”的评述，则更进一步地否定了国际法存在的必要性。由于“一带一路”倡议在国际关系史中很难找到完全相同的模板，其不

---

① 参见 Nicholas Szechenyi, China's Martime Silk Road: Strategic and Economic Implications for the Indo-Pacific Region, CSIS (Center for Strategic International Studies) Reports 2018, p. 14, available at https: //www. csis. org/analysis/chinas-maritime-silk-road。

② 参见刘伟：《读懂“一带一路”蓝图：〈共建“一带一路”：理念、实践与中国的贡献〉详解》，商务印书馆 2017 年版，第 89 页。

设定时间节点、不限定合作领域、不突出意识形态的建设模式，与美国在“二战”结束后复兴欧洲的“马歇尔计划”存在本质的区别，①因而有学者提出“一带一路”的制度框架应是模糊的、弹性的，② 要减少“制度依赖”，避免行动者难以跳出规则框架。③ 结合现代国际法“以诺为则”的特性，④ 以及主权国家捍卫国家利益的天然冲动，似乎挣脱规则束缚、自由竞争才更符合国家交往的逻辑。然而，高效、便捷、稳定的国际交往，同样是国家利益之所在。因此，“一带一路”的持续建设离不开国际法规则的制度引领。

如果将条约、习惯法视为实在国际法最重要的两类渊源，那么与国内法中的自然人、法人等民事、刑事、行政法律关系中的主体相比，国家作为国际法中最重要的主体，在实在国际法规则的制定、实施、修订乃至退出过程中都享有更大的自由度。条约本身即是缔约各方协商一致的结果，缔约国有权评估条约草案（包括其中的退出机制条款）对自身权益可能产生的影响，进而决定是否签署、批准，或者在规则允许的情况下是否作出保留。习惯法更是如此，各国的国家实践、法律确信是形成习惯法规则的基础，一国可以通过持续反对的方式避免某项习惯法规则对自身产生影响。

就条约、习惯法的内容来说，各项具体规则主要是为了明确各国之间的权利义务关系，保障各国的信赖利益，并在各国产生争端时提供部分争端解决机制，即便是一些以“自由”冠名的法律机制（如“公海自由”“航行自由”等），本质上仍是划分各国的权利与义务。当然，制度依赖或者制度惯性的副作用，可能难以避免，为保

---

① 参见国家开发银行丝绸之路经济带的战略性项目实施策略研究——重点国家的战略评估与政策建议课题组：《马歇尔计划对中国“一带一路”倡议的启示》，载《国际研究参考》2017年第1期，第26页。

② 参见高奇琦主编：《“一带一路”倡议与全球治理》，上海人民出版社2017年版，第42页。

③ 参见高奇琦主编：《“一带一路”倡议与全球治理》，上海人民出版社2017年版，第39页。

④ 参见何志鹏：《以诺为则：现代性国际法的渊源特质》，载《当代法学》2019年第6期，第146页。

持法律稳定性而设立的修订条款、情势也往往存在门槛过高之嫌，但这些却绝非多数立法者的本意，更不是否定实在国际法实施状况的主要理由。此外，国际法并非授权性的法律，“法无明文规定即自由”，在实在国际法规则供给相对不足的现状下，“一带一路”沿线各国的行动空间受到的限制总体上较为有限。就“一带一路”的发展成就与发展道路来看，“一带一路”建设不可能脱离国际法律机制的创新与完善，也不可能背离一些普遍性、强制性的国际法规则。

在金融、经贸等与“一带一路”密切相关的领域，精密而成熟的法律机制对于沿线各国的持续合作至关重要。亚、非等地基础设施建设资金的短缺，是制约广大发展中国家经济发展的重要瓶颈。① 为破解这一难题，中国发起设立了亚投行等国际金融机构，为基础设施项目提供了良好而持续的资金保障。亚投行之所以能在短短数年内吸纳一百多个会员国，与其严密的规章制度密不可分。依照《亚洲基础设施投资银行协定》及各类战略、政策文件运转的亚投行，不仅没有使各会员国的行动自由受到严重限制，而且保证了各类基础设施项目能够充分实现经济效益、人权、环保等多项发展目标。同时，中国与“一带一路”沿线既存经贸法律制度之间的对接，亦是不可忽视的问题。无论是中国与中东欧各国在CEEC“17+1”框架下的经贸合作，还是中国与独联体国家之间的边境往来，如果忽视欧盟内部的贸易法令、② 俄哈白关税同盟的关税

① 依据亚开行2017年发布的报告，截止到2030年，亚太地区的基础设施投资缺口将达到26万亿美元。参见 Asian Development Bank, Meeting Meeting Asia's Infrastructure Needs, Asian Development Bank (ADB) Reports 2017, p. 11, available at https://www.adb.org/publications/asia-infrastructure-needs。

② 有欧洲学者曾指出，欧盟在贸易方面十分重视法治，而中国发起的“一带一路”倡议有可能与相关的欧盟贸易法令产生管辖权、执行与法律选择方面的冲突。参见 Henrik Andersen, China's 'One Belt One Road'-Transnational and Multilevel Rule of Law Challenges from a European Perspective (First Draft), Beijing International Studies University (BISU) Reports, 2016, p. 27, available at http://clok.uclan.ac.uk/15289/1/OBOR.%20HAndersen.pdf。

政策,[①] 那么企业的投资风险便难以得到管控，商业运行效率也将十分受限。中国不是欧盟与俄哈白关税同盟的成员国，贸然以一种外来者的姿态打破这些贸易法律框架并不现实，但要想真正实现贸易的互联互通，法律层面的“互联互通”便必须先行。

除却这些法律机制创新、协同的需求外，“一带一路”倡议也不能违背一些广受各国认可、与国际社会利益紧密相连且普遍约束力较强的国际法规则与原则，包括《联合国宪章》、强行法规则、“对一切义务”以及各国对部分犯罪行为的普遍管辖权等。随着“一带一路”合作领域、地域的不断延伸，“互联互通”建设与“联合国2030 年可持续发展目标”之间的联系将更加紧密，即便上述规则、原则中的部分内容因较为模糊而饱受争议,[②] 我国也必须对人权保护、环境保护给予充分的重视，并且支持各国对公海的海盗犯罪活动行使普遍管辖权。[③] 19 世纪，美国曾经依靠“黑奴贸易”获得了充足的劳动力，在 1857 年的“德雷德·斯科特诉桑福德”案(Dred Scott v. Sandford)中，时任美国联邦最高法院首席大法官罗杰·坦尼(Roger Taney)甚至持“美国例外论”，认为“国际法不能干涉人民与政府之间的关系”。[④] 历史的发展证明，美国并不是国际法体系之外的国家，那些支持奴隶制的观点也早已成为无稽之谈。作为一个新兴的发展中大国，我国不仅不能重走老牌资本主义国家掠夺全

---

① 有国外智库报告指出，俄哈白关税同盟成员国与非成员国之间的边境清关效率较低。参见 Alexander Cooley, The Emerging Political Economy of OBOR: The Challenges of Promoting Connectivity in Central Asia and Beyond, Center for Strategic & International Studies (CSIS) Reports 2016, p. 13, available at https://www.csis.org/analysis/emerging-political-economy-obor。

② 例如，有学者主张，因强行法较为模糊，对各国没有拘束力。参见何志鹏:《以诺为则：现代性国际法的渊源特质》，载《当代法学》2019 年第 6 期，第 150 页。

③ 参见郑锦墨:《普遍管辖权基本问题研究》，武汉大学博士学位论文，2017 年 12 月，第 116 页。

④ 参见[美]马克·威斯顿·贾尼斯著:《美国与国际法：1776—1939》，李明倩译，上海三联书店 2018 年版，第 123 页。

球资源的老路，也不应推崇任何形式的“新殖民主义”，唯有充分尊重强行法规则与对一切义务，“一带一路”建设才会顺应世界道义，中国也将充分展示自身负责任大国的形象。

二、现实需要：“一带一路”沿线的法治现状

(一)“一带一路”沿线地区法治状况有待改善

有关国际法属性与价值的争辩，很难在较短的时间内形成定论。“一带一路”沿线各国在外交事务中，究竟将国际法视为哪一层级的考量因素，也很难完全通过外交实践的考证得出答案。不过，“一带一路”合作中的具体事项，包括铁路与港口设施建设、贸易往来、工业园区建设、税收征收、多边金融机构投资等，[①] 却对“沿线”各国的法治状况提出了较高的要求，因为即便各类工程项目与贸易往来不将盈利性作为首要的考虑因素，仍旧需要东道国具备较为良好的法治状况，减轻合作推进的“法外”成本。综合目前世界范围内影响力较大的四类指数，[②] 包括世界银行的营商环境指数(Doing Business Index)[③]、“世界正义工程”(World Justice

① 参见“一带一路”国际合作高峰论坛咨询委员会：《共建“一带一路”：建设更美好的世界“一带一路”国际合作高峰论坛咨询委员会研究成果和建议报告》，“一带一路”国际合作高峰论坛 2019 年报告，第 5 页。

② 有学者指出，世界正义工程的指数政治与意识形态偏见较强，缺乏客观性。参见曾令良：《国际法治与中国法治建设》，载《中国社会科学》2015 年第 10 期，第 137 页。本书的数据源自 4 项指数，尽可能忽略该指数客观性方面的影响。

③ 世界银行的营商环境项目主要关注各国商业法规中的 10 个方面：开办企业、办理施工许可、获得电力、产权登记、获得信贷、保护少数投资者、纳税、跨境贸易、合同执行、破产办理。参见 Lutz-Christian Wolff & Chao Xi, Legal Dimensions of China's Belt and Road Initiative, Wolters Kluwer, 2016, p. 35。最新版本《营商环境指数 2020》(实为 2019 年的数据)来源网址为：https://openknowledge.worldbank.org/bitstream/handle/10986/32436/9781464814402.pdf。

Project，简称 WJP）的法治指数①、“世界治理指数”（Worldwide Governance Indicators，简称 WGI）中的监管质量指数（Regulatory Quality）与法治指数，② 可以直观地刻画“一带一路”沿线国家和地区的法治状况。具体方法如下：③

将各国在 4 项指数的排名分别赋值，排名处于前 25%，赋值 4，处于 25%～50%，赋值 3，处于 50%～75%，赋值 2，处于最后 25%，赋值 1。假设某国的营商环境指数为 4，WJP 的指数为 3，WGI 中的监管质量指数为 2、法治指数为 1，那么该国的综合指数为(4+3+2+1)÷4=2.5。若某国的某项指数为空白，在统计表格中以“？”表示，计算综合指数时予以剔除。

各项数据分组情况如下：（1）营商环境指数共统计了 190 个国

---

① 世界正义工程的 9 项法治因子包括：有限的政府权力、腐败的缺席、开放的政府、基本权利、秩序与安全、监管执行、民事司法、刑事司法、非正式司法。参见孟涛：《法治的测量：世界正义工程法治指数研究》，载《政治与法律》2015 年第 5 期，第 15 页。最新版 2020 年数据来源网址为：https：//worldjusticeproject.org/sites/default/files/documents/WJP-ROLI-2020-Online_0.pdf.

② 世界银行的“世界治理指数”源自 30 多家机构，包括调查机构、智库、非政府组织、国际组织等。参见 Lutz-Christian Wolff & Chao Xi，Legal Dimensions of China's Belt and Road Initiative，Wolters Kluwer，2016，p. 42；最新版 2019 年的数据，来源网址为：http：//info.worldbank.org/governance/wgi/。

③ 该方法为香港中文大学的习超（Chao Xi）教授于 2016 年首创，他将综合后的指数命名为“一带一路”指数（B & R Index），并统计、计算了 2016 年的相关情况。参见 Lutz-Christian Wolff & Chao Xi，Legal Dimensions of China's Belt and Road Initiative，Wolters Kluwer，2016，pp. 45-46。截止到 2021 年 5 月，与中国签订“一带一路合作谅解备忘录”的国家已达 140 个，可以依照该方法对相关数据加以更新。140 国的名单源自“中国一带一路网”。参见《已同中国签订共建“一带一路”合作文件的国家一览》，载中国一带一路网：https：//www.yidaiyilu.gov.cn/gbjg/gbgk/77073.htm。中国香港特区、中国澳门特区分别同中央政府签署了“一带一路”建设的相关安排。另外，由于我国政府未对该指数予以官方认可，我国民政部对未经登记的“一带一路”研究会亦持严厉打击的态度，为避免引起歧义，本书将“‘一带一路’指数”更名为“综合指数”，仅做学术探讨之用。

家和地区的情况，排名第1~47位得4分，第48~95位得3分，第96~143位得2分，第144~190位得1分；(2)WJP的法治指数共统计了128个国家和地区的情况，排名第1~32位得4分，第33~64位得3分，第65~96位得2分，第97~128位得1分；(3)WGI的监管质量指数、法治指数分别统计了209个国家和地区的情况，排名第1~52位得4分，第53~105位得3分，第106~157位得2分，第158~209位得1分。其中，荷属安地列斯群岛、库克群岛、摩纳哥、纽埃、圣马力诺虽在表中列出，但没有数据。(4)纽埃与库克群岛在4项指数中均未被统计。

依据该方法，“一带一路”沿线143个国家和地区的综合指数如表1综合指数统计所示(数据截止到2021年5月)。

表1 **综合指数统计**

国家(地区)	营商环境指数	法治指数(WJP)	监管质量指数(WGI)	法治指数(WGI)	综合指数
苏丹	1	?	1	1	1
南非	3	3	3	3	3
塞内加尔	2	3	3	2	2.5
塞拉利昂	1	1	1	1	1
科特迪瓦	2	2	2	2	2
索马里	1	?	1	1	1
喀麦隆	1	1	1	1	1
南苏丹	1	?	1	1	1
塞舌尔	2	?	2	3	2.33
几内亚	1	1	1	1	1
加纳	2	3	3	3	2.75
赞比亚	3	1	2	2	2
莫桑比克	2	1	1	1	1.25
加蓬	1	?	1	1	1
纳米比亚	2	3	3	3	2.75

续表

国家(地区)	营商环境指数	法治指数(WJP)	监管质量指数(WGI)	法治指数(WGI)	综合指数
毛里塔尼亚	1	1	1	2	1.25
安哥拉	1	1	1	1	1
吉布提	2	?	1	1	1.33
埃塞俄比亚	1	1	1	2	1.25
肯尼亚	3	1	2	2	2
尼日利亚	2	1	1	1	1.25
乍得	1	?	1	1	1
刚果布	1	?	1	1	1
津巴布韦	2	1	1	1	1.25
阿尔及利亚	1	2	1	1	1.25
坦桑尼亚	2	2	2	2	2
布隆迪	1	?	1	1	1
佛得角	2	?	2	3	2.33
乌干达	2	1	2	2	1.75
冈比亚	1	2	2	2	1.75
多哥	2	1	2	2	1.75
卢旺达	4	3	3	3	3.25
摩洛哥	3	2	2	2	2.25
马达加斯加	1	1	1	1	1
突尼斯	3	3	2	3	2.75
利比亚	1	?	1	1	1
埃及	2	1	1	2	1.5
赤道几内亚	1	?	1	1	1
利比里亚	1	1	1	1	1
莱索托	2	?	2	2	2
科摩罗	1	?	1	1	1

续表

国家(地区)	营商环境指数	法治指数(WJP)	监管质量指数(WGI)	法治指数(WGI)	综合指数
贝宁	1	2	2	2	1.75
马里	1	1	2	1	1.25
尼日尔	2	1	2	2	1.75
刚果(金)	1	1	1	1	1
博茨瓦纳	3	3	3	3	3
韩国	4	4	4	4	4
蒙古	3	3	3	2	2.75
新加坡	4	4	4	4	4
东帝汶	1	?	1	1	1
马来西亚	4	3	3	3	3.25
缅甸	1	1	1	1	1
柬埔寨	1	1	2	1	1.25
越南	3	2	2	3	2.5
老挝	1	?	1	1	1
文莱	3	?	3	3	3
巴基斯坦	2	1	2	2	1.75
斯里兰卡	2	2	2	3	2.25
孟加拉国	1	1	1	2	1.25
尼泊尔	3	3	1	2	2.25
马尔代夫	1	?	2	2	1.67
阿联酋	4	3	4	4	3.75
科威特	3	?	3	3	3
土耳其	4	1	3	2	2.5
卡塔尔	3	?	3	4	3.33
阿曼	3	?	3	3	3
黎巴嫩	2	2	2	1	1.75

续表

国家(地区)	营商环境指数	法治指数(WJP)	监管质量指数(WGI)	法治指数(WGI)	综合指数
沙特阿拉伯	3	?	3	3	3
巴林	4	?	3	3	3.33
伊朗	2	1	1	1	1.25
伊拉克	1	?	1	1	1
阿富汗	1	1	1	1	1
阿塞拜疆	4	?	2	2	2.67
格鲁吉亚	4	3	4	3	3.5
亚美尼亚	4	?	3	2	3
哈萨克斯坦	4	3	3	2	3
吉尔吉斯斯坦	3	2	2	1	2
塔吉克斯坦	2	?	1	1	1.33
乌兹别克斯坦	3	2	1	1	1.75
泰国	4	2	3	3	3
印度尼西亚	3	3	3	2	2.75
菲律宾	3	2	3	2	2.5
也门	1	?	1	1	1
塞浦路斯	3	?	4	4	3.67
俄罗斯	4	2	2	2	2.5
奥地利	4	4	4	4	4
希腊	3	3	3	3	3
波兰	4	4	4	3	3.75
塞尔维亚	4	2	3	3	3
捷克	4	4	4	4	4
保加利亚	3	3	3	3	3
斯洛伐克	4	?	4	3	3.67
阿尔巴尼亚	3	2	3	2	2.5

续表

国家(地区)	营商环境指数	法治指数(WJP)	监管质量指数(WGI)	法治指数(WGI)	综合指数
克罗地亚	3	3	3	3	3
波黑	3	3	2	2	2.5
黑山	3	?	3	3	3
爱沙尼亚	4	4	4	4	4
立陶宛	4	?	4	4	4
斯洛文尼亚	4	4	4	4	4
匈牙利	3	3	3	3	3
北马其顿	4	3	3	2	3
罗马尼亚	3	4	3	3	3.25
拉脱维亚	4	?	4	4	4
乌克兰	3	2	2	2	2.25
白俄罗斯	3	2	2	1	2
摩尔多瓦	3	2	3	2	2.5
马耳他	3	?	4	4	3.67
葡萄牙	4	4	4	4	4
意大利	3	4	4	3	3.5
卢森堡	3	?	4	4	3.67
新西兰	4	4	4	4	4
巴布亚新几内亚	2	?	2	1	1.67
萨摩亚	2	?	2	4	2.67
纽埃	?	?	?	?	?
斐济	2	?	2	3	2.33
密克罗尼西亚联邦	1	?	1	3	1.67
库克群岛	?	?	?	?	?
汤加	2	?	2	3	2.33
瓦努阿图	2	?	2	3	2.33

续表

国家(地区)	营商环境指数	法治指数(WJP)	监管质量指数(WGI)	法治指数(WGI)	综合指数
所罗门群岛	2	?	1	2	1.67
基里巴斯	1	?	2	4	2.33
智利	3	4	4	4	3.75
圭亚那	2	2	2	2	2
玻利维亚	1	1	1	1	1
乌拉圭	2	4	3	3	3
委内瑞拉	1	1	1	1	1
苏里南	1	2	2	3	2
厄瓜多尔	2	2	1	2	1.75
秘鲁	3	2	3	2	2.5
哥斯达黎加	3	4	3	3	3.25
巴拿马	3	3	3	3	3
萨尔瓦多	3	2	3	1	2.25
多米尼加	2	2	3	2	2.25
特立尼达和多巴哥	2	3	2	2	2.25
安提瓜和巴布达	2	3	3	3	2.75
多米尼克	2	3	3	3	2.75
格林纳达	1	3	2	3	2.25
巴巴多斯	2	4	3	3	3
古巴	?	?	1	2	1.5
牙买加	3	3	3	2	2.75
中国香港	4	4	4	4	4
中国澳门	?	?	4	4	4

根据表1，可以整理出“一带一路”沿线国家和地区在上述4类指数和综合指数中的分布情况(详见下文5张柱状图，图3—图7)。

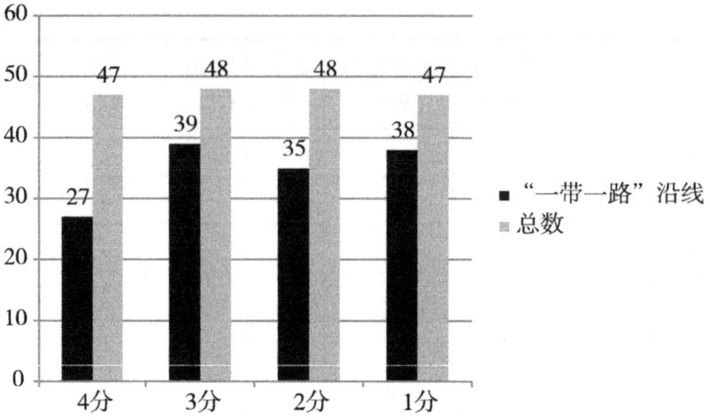

图 3　营商环境指数分布情况

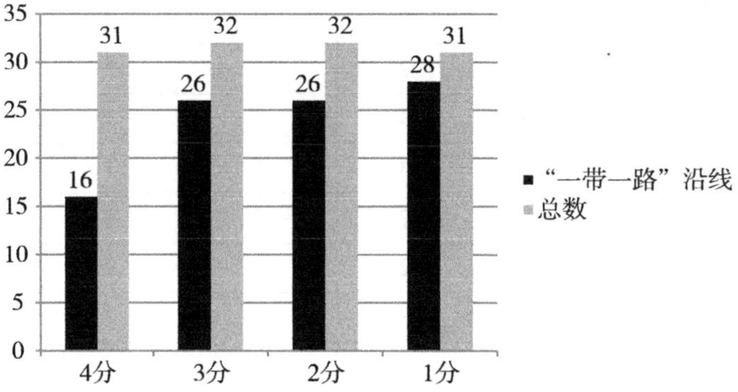

图 4　WJP 法治指数分布情况

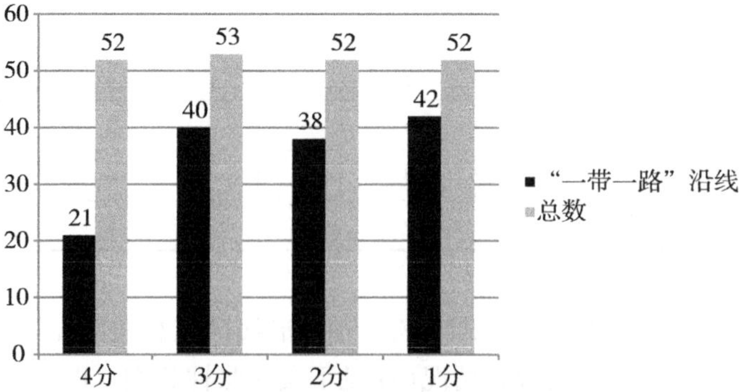

图 5　WGI 监管质量指数分布情况

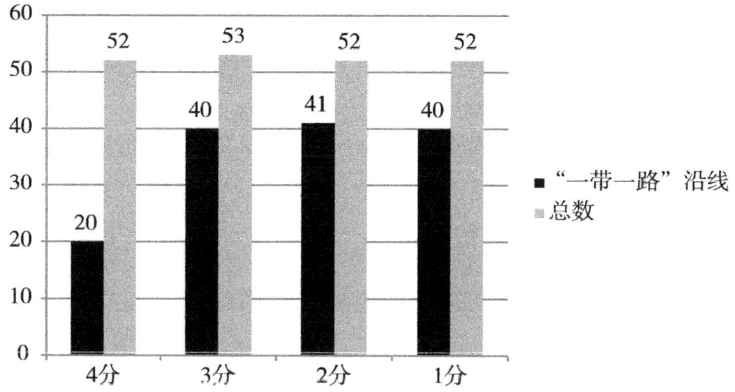

图 6 WGI 法治指数分布情况

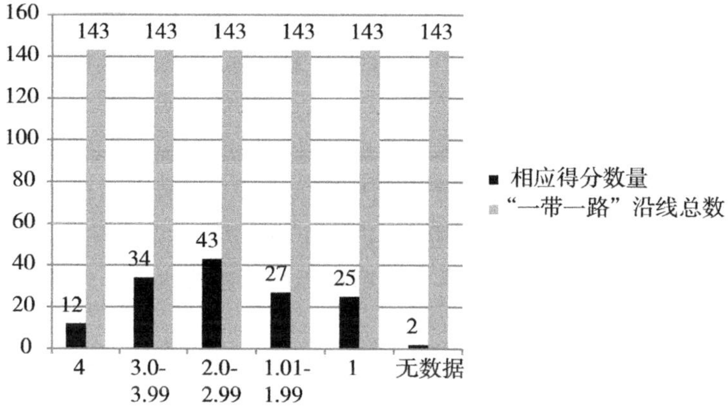

图 7 “综合指数”分布情况

从上述统计结果来看，各类指数中“一带一路”沿线国家和地区得 4 分的比率都是最低的，这表明有相当多的综合评价较好的国家尚未同中国签署“一带一路”合作谅解备忘录；有不少国家和地区得到 1 分，特别是有 25 个国家和地区“综合指数”为 1，即 4 项指数都得到 1 分，这表明有相当数量的国家和地区法治状况有待改善；此外，“综合指数”得到 3 分及以上的国家和地区只占总数的 32%，即便考虑到各项指数的评测存在主观倾向，这也表明多数国家和地区亟须改善法治状况的某些方面；最后，即便去除 WJP 法治指数这一统计样本较为有限的数据，仍有2个国家和地区没有任何统计数据，有4个国家和地区至少缺乏一项数据，这表明对部分“一带一路”沿线国家和地区的法治状况仍有待了解。

总之，尽管综合指数不能全面反映各国及地区的法治现状，也不能完全成为管控企业投资风险的依据，但它直观地表明，“一带一路”沿线的法治状况有待改善。

（二）“国际法治”与“国内法治”的双向互动

随着全球化进程的日益加速，完全属于一国国内管辖的事务正逐步减少，法治交流、法治移植等现象也屡见不鲜。尽管一国的国内法治状况，包括国内法渊源的采用、司法机构的设置、司法官员的任命等，皆系一国内政，不容他国干涉，但“和平、正义与强大机构”已成为联合国《2030年可持续发展议程》中的重要目标，建立公正合理的法律秩序是全世界人民的共同向往。法制健全、营商环境良好的国家，往往能够吸引来自世界各地的投资、保障本国的经济社会繁荣发展；反之，如果一国国内的安全局势严重恶化、法律秩序荡然无存，甚至可能构成安理会采取相应行动的情势。① 对于试图改善国内法治的国家来说，增强国际法治无疑是一条重要的路径，两者之间存在紧密的关联。

作为联合国“两级法治”理念中的两项重要组成部分，“国内法治”与“国际法治”并非相互排斥或毫无联系，国际法与国内法也并非完全割裂的两种法律体系，而是呈现为相互贯通、相互影响的状态。② 一方面，追溯国际法的源头，罗马帝国时期的“万民法”是当代国际法产生的萌芽，各民族在数千年的发展史中积淀的法律文化，为国际法“一般法律原则”的产生提供了充足的思想渊源。同时，在习惯国际法的形成过程中，国家的各类外事活动往往被视为

---

① 参见杨泽伟：《国际法析论》（第四版），中国人民大学出版社2017年版，第57页。

② 参见黄进：《习近平全球治理与国际法治思想研究》，载《中国法学》2017年第5期，第21页。

“国家实践”，而一国的国内立法文件与司法审判文书，则有可能构成“法律确信”的来源，[①] 一国的各类法律实践亦有可能构成条约嗣后解释的渊源。

况且，对于管辖权、人员组成、判决执行机制迥异的国际司法体系与国内司法体系来说，两者也并非完全隔绝。部分区域性的国际司法机构（如欧洲人权法院等），其判决中存在咨询国内法院意见以解决特定法律问题的先例。[②] 全球性的司法机构（如国际法院），尽管长期以来并未明确肯定国内司法判决在习惯国际法形成过程中的地位，多数国际法院法官也不同意直接借用国内司法审判方式，国内司法判决在国际法院审判的过程中往往被当做案件的背景材料而非支持判决的理由，但国际法院与国内法院仍然存在对话与交流的空间。在部分特殊案件中（如涉及外交保护的案件），“用尽当地救济原则”往往是重要的争点，国际法院完全可以就国内法院的判决是否实现了“用尽当地救济”进行法律层面的判断，国内法院在符合本国法律框架的前提下，亦可以依照国际法对相关行为进行修正。[③] 此外，国内法治的实践亦可以为国际法律文件的修订提供充分的借鉴，国际投资协议中“公平公正待遇”条款（Fair and Equitable Treatment）的不断明晰、国际投资者利益与东道国利益的再平衡便是良好的例证。[④]

另一方面，先进的国际法治理念，也可以成为一国国内法治变

① 参见 Machiko Kanetake & André Nollkaemper, The Rule of Law at the National and International Levels: Contestations and Deference, University of Amsterdam Reports 2015, p. 5, available at https://papers.ssrn.com/sol3/papers.cfm?abstract_id=2660815。

② 参见 Andre' Nollkaemper, The Role of Domestic Courts in the Case Law of the International Court of Justice, Chinese Journal of International Law, Vol. 5, 2006, p. 310。

③ 参见 Andre' Nollkaemper, The Role of Domestic Courts in the Case Law of the International Court of Justice, Chinese Journal of International Law, Vol. 5, 2006, p. 316。

④ 参见赵骏：《全球治理视野下的国际法治与国内法治》，载《中国社会科学》2014 年第 10 期，第 94 页。

革的指引。中国改革开放初期，国际法学的教学与研究更早接触了“意思自治”“罪刑法定”“程序正当”等现代法治理念，在我国的法律体系变革中发挥了启蒙作用。① 而我国加入 WTO(GATT)的谈判史，更是生动展示了中国商事法律的变革进程。我国于 1986 年开启谈判进程时，尚处在计划经济向市场经济的转轨阶段，仅能作出“实施市场经济规则”的承诺，难以完全达到 WTO(GATT)“市场经济国家”的要求，因而谈判进程迟滞不前。② 为加速谈判进程，我国不仅在 1992 年公开宣布“建立社会主义市场经济体制”，而且对我国的商事法律法规进行了全面的清理修订，至 2001 年 11 月，国务院先后清理、修订了 2300 余件法律法规，其中不乏《外资企业法》等重要的法律文件。③

成功加入 WTO 之后，我国政府同样积极履行 WTO 的各项义务，并依据 WTO 争端机构的裁决适时修订了《著作权法》等法律。④ 由此，中国法律的透明度、稳定性有了大幅度的提升，改革开放初期存在的“内部文件”等与现代法治理念不符的治理模式也得到了修正。在改革开放进程不断深入、“一带一路”建设稳步推进的时代背景下，我国于 2019 年 3 月通过了《外商投资法》，这既是我国改革开放历史经验的智慧结晶，也充分吸收借鉴了与市场经济密切相关的国际法治理念。为了推进这些理念在“一带一路”沿线国家的交流与传播，⑤ 我国深度参与“亚洲—非洲法律协会”“中国—上

① 参见梁西、宋连斌：《法学教育方法论》，武汉大学出版社 2009 年版，第 6 页。

② 参见武玉辉：《国际法治对中国法治影响分析》，载《国家行政学院学报》2018 年第 6 期，第 96 页。

③ 参见龚雯：《让历史铭记这十五年——中国入世谈判备忘录》，载《人民日报》2001 年 11 月 11 日第 2 版。

④ 参见苏如飞：《WTO 裁决与我国〈著作权法〉的修改》，载《中南林业科技大学学报》(社会科学版)2010 年第 1 期，第 64 页。

⑤ 有学者认为，部分发达国家的规则、理念、原则、制度是国际法治的一部分。参见武玉辉：《国际法治对中国法治影响分析》，载《国家行政学院学报》2018 年第 6 期，第 94 页。的确，这些国家对于国际法治理念的形成作出了重要贡献，但也不应加以盲从。历史上，西方国家也曾炮制出很多与国际法治相背离的国际法律制度。

海合作组织国际司法交流合作培训基地”等平台的构建，既有效推动了中国国际法治观念的传播，也充分实现了各种法律文化的交流互鉴，对于国内法治状况有待改善、国内法律秩序亟待变革的国家来说，不失为一项重要的信息窗口。此外，在一些特殊情形下，国际法治的推进亦有可能对一国国内的分权机制产生影响。①

当然，我们不能期待国际法治在任何时刻都能够对国内法治产生现实而直接的影响，即便是国际司法机构白纸黑字的判决，也不一定能够在“法治评测良好”的欧美国家得到良好的执行。持“一元论”的美国国会将条约分为“可直接适用”与“不可直接适用”两类，美国政府也时常将国际法院的判决朝着符合美国国内法的方向解释，而国内的分权机制则有可能成为持“二元论”的英国法院拒绝接受国际法院判决的理由。② 因此，如果“一带一路争端解决机制”的功能拓展至国家间争端的解决，就促进“一带一路”沿线各国的国内法治进程而言，该机制仍会遭受各国外交政策的影响。此外，如果将涉外经贸法律制度的重构视做“一带一路”沿线各国国内法律变革的重要内容，③ 也不应对这一进程产生过高的期望，因为沿线地区的发展程度、法律文化各不相同，各国在经贸往来中的国家利益仍然有所差别，因而各国的变革路径选择会存在差异。不过，

① 例如，在“尼加拉瓜诉美国案”的判决出炉之后，有美国公民提起了“在尼美国公民诉里根案”(U. S. Citizens Living in Nicaragua v. Reagan)，要求美国法院执行与“禁止使用武力”相关的判决。尽管最终败诉，但是受理该案的哥伦比亚特区上诉法院也不得不指出，一些基本的国际法规范(如强行法)有可能对美国的国内法产生影响，这些规范有可能像美国宪法一样限制美国政府的权力。参见 Antonios Tzanakopoulos, Domestic Courts in International Law: The International Judicial Function of National Courts, Loyola Marymount University and Loyola Law School Comparative Law Review, Vol. 34, 2011, p. 142。

② 参见 Machiko Kanetake & André Nollkaemper, The Rule of Law at the National and International Levels: Contestations and Deference, University of Amsterdam Reports 2014, pp. 13-14。

③ 参见刘敬东：《“一带一路”法治化体系构建研究》，载《政法论坛》2017 年第 5 期，第 130 页。

“一带一路”始终坚持规则法治的导向，[①] 参与“一带一路”国际法律规则构建的各国都将获得促进本国法治进步的机遇。如果中国能够在构建的进程中作出贡献，不仅沿线地区的法治状况有可能得到改善，中国的法治话语也将得到更多的认可。

第二节 “一带一路”倡议对中国国际法治话语权的影响

一、增强了沿线地区实现国际法治目标的物质基础

对多数国家而言，增进国际话语权需要强大的综合国力作为支撑。[②] 回顾“二战”结束之后发展中国家谋求国际话语权的奋斗史，亦是以捍卫经济独立、经济主权作为篇章的起点——《关于自然资源之永久主权宣言》《建立国际经济新秩序宣言》《建立国际经济新秩序行动纲领》《各国经济权利和义务宪章》等文件的陆续通过标志着“经济主权原则”得到了多数国家的认可。[③] 然而，由于发展中国家与发达国家的综合国力差距并未得到实质性的缩减，制约发展中国家进一步增强国际话语权的根本性阻碍也并未消除，因而具体到法治话语，发展与法治之间的关系亦不可忽视。

法治究竟是发展的工具还是发展的目标？抛却“鸡生蛋”还是“蛋生鸡”似的争辩，国内法治与国际法治对于发展的作用不言而喻，因为唯有实施法治，才能营造消除贫困的社会环境，而忽视人

---

① 参见外交部、中国法学会编：《规则与协调——“一带一路”法治合作国际论坛文集》，法律出版社 2018 年版，第 11 页。

② 在个别领域，经济、科技、军事实力并非增进国际话语权的必备要件。斯大林曾有一句名言：教皇有几个师？但是，梵蒂冈在宗教领域具有强大的话语权，却是不争的事实。参见[美]约瑟夫·奈著：《软实力》，马娟娟译，中信出版社 2013 年版，第 13 页。

③ 参见陈安主编：《国际经济法学》(第七版)，北京大学出版社 2017 年版，第 83~86 页。

权保护，便难以实现包容发展。① 一些国家(如韩国)的发展进程也表明，国家在特定的历史时期发布特定的法律文件(包括与国家发展规划相关的公法性文件与保护财产权利的私法性文件)，能够引导国民经济逐步摆脱贫困、加速全国的工业化与城镇化进程，最终进军高附加值产业。②

同样地，“法治”同时也是各国发展的重要目标之一。单纯的法律移植、法律制度构建并不能确保各国的经济一定能够高速发展。“二战”以来的三次大规模法律移植运动，即 20 世纪 50 年的“法律发展运动”(侧重国家的监管能力建设)、20 世纪 80 年代的“法治运动”(以建立自由市场和保护权利为重点)以及“冷战”结束后的“法治运动”(侧重公正与包容发展)，③ 由于未能直面发展中国家的特殊国情，都未能取得预期的效果，甚至导致部分国家的发展陷入停滞。而一旦某个国家的经济状况不佳，法学专业人才的培养、司法力量的活动便会受到经济、技术资源供应不足的困扰，④ 该国培养国际公务员、支持国际组织活动的能力也会受到相应制约，进而导致该国参与国际法律事务的能力受限。此外，国内经济状况的持续恶化，往往会导致失业率上升、暴力犯罪活动丛生等社会问题，严重时还会使该国陷入分裂，此时该国将难以确保国内的“和平与安全”局势，也难以承担更多的国际义务。

回顾 2013 年“一带一路”倡议提出之后的发展史，“一带一路”沿线的发展中国家尽管仍面临诸多的困境，但在贸易、交通运输、

① 参见联合国：《法治与发展》，载联合国网站：https：//www. un. org/ruleoflaw/zh/rule-of-law-and-development/。

② 参见 Yong-Shik Lee, General Theory of Law and Development, Cornell International Law Journal, Vol. 50, 2017, p. 459。

③ 参见 Pilar Domingo, Rule of law, Politics and Development：The Politics of Rule of Law Reform, Overseas Development Institute Reports 2016, p. 6, available at https：//www. odi. org/sites/odi. org. uk/files/resource-documents/10420. pdf。

④ 参见 Yong-Shik Lee, General Theory of Law and Development, Cornell International Law Journal, Vol. 50, 2017, p. 429。

电力设施、投资等方面已经充分享受到“一带一路”倡议的红利，经济发展也具备了更为坚实的基础。仅 2020 年度，中欧班列的开行量便达到了 1.24 万辆，[①] 充分连接了欧亚大陆，中国与沿线各国 2013—2019 年的累计贸易总额也达到 7.8 万亿美元。[②] 同时，中国投资的各类“一带一路”项目，为沿线各国创造了数以万计的工作岗位，[③] 也为各国的社会稳定作出了重要贡献。

此外，中国企业在“一带一路”沿线的投资与项目建设，并没有采取粗放的、背离法治精神的低质量发展路径，而是以充分尊重各国的法规政策为前提。联合国开发计划署（United Nations Development Programme，简称 UNDP）曾将“黑市”“行政合同的执行情况”“银行业务贿赂”“阻碍商业的犯罪与偷盗行为”“遭受犯罪的损失”“司法裁判的不可预期性”视做与发展相关的“法治指标”，[④] 以贿赂、腐败、破坏环境、牺牲人权为代价的经济发展注定不能长久。[⑤] 2015 年以来，UNDP 每两年发布一份中国企业参与“一带一路”可持续发展的报告，从报告的内容来看，中国企业并未向沿线

① 《2020 年中欧班列开行数量同比增长 50%》，载商务部官网：http：//kz. mofcom. gov. cn/article/jmxw/202101/20210103028723. shtml。

② 参见姜雪颖：《商务部：2013 年至 2019 年中国与一带一路沿线国家货物贸易总额超 7.8 万亿美元》，载商务部网站：http：//fec. mofcom. gov. cn/article/fwydyl/zgzx/202005/20200502967083. shtml。

③ 至 2019 年，“一带一路”倡议累计为沿线国家创造了超过 24.4 万个工作岗位。参见杨泽伟：《“一带一路”倡议与现代国际法的发展》，载《武大国际法评论》2019 年第 6 期，第 1 页。

④ 参见 Y. Matsuura, The Rule of Law in Development：Past, Present and Future, Nagoya University Reports 2005, p. 61, available at http：//cale. law. nagoya-u. ac. jp/_userdata/CALE%20Books2. pdf。

⑤ 《环球时报》的一篇社评认为，“中国无法‘根治’腐败，关键要控制到民众允许的程度”“反腐败需要依靠‘发展’”。参见朱大可：《环球时报：要允许中国适度腐败民众应理解》，载《小康：财智》2012 年第 6 期，第 12 页。的确，任何体制都无法做到杜绝腐败，但多数国家都将腐败视为犯罪行为，并采取多项措施防止腐败对自身体制的侵蚀，腐败行为的发生国如此，腐败资金的流入国亦如此。参见黄惠康：《中国特色大国外交与国际法》，法律出版社 2019 年版，第 328 页。

各国政府行贿，多数中国企业积极承担社会责任、促进可持续发展，遵守当地的劳动法规，不断提升自身的环保技术与环保意识，生产、施工水平总体上达到了东道国的环境保护要求，① 为沿线各国的法治建设奠定了物质基础。

二、促进既有国际规则在沿线地区的适用

美国前国防部长马蒂斯曾于2017年不怀好意地评论道：“在全球化的世界中，有‘多带多路’，没有任何一个国家可以发布‘一带一路’的命令。”②然而，在多种参与国际事务中的方式中，美国政府又偏偏选择了“单边主义”模式，置大量成熟的国际法律机制于不顾，一切遵循“美国优先”的原则。与美国形成鲜明对比的是，我国努力维护各类多边法律机制、促进国际规则在沿线地区的公平适用，并吸引各类国际组织充分参与“一带一路”合作。

首先，中国充分履行 WTO 协议中的各项义务，维护全球性的

① 参见联合国开发计划署驻华代表处、商务部国际贸易经济合作研究院、国务院国有资产监督管理委员会研究中心：《2015 中国企业海外可持续发展报告》，联合国 2015 年报告，第 53 页，载联合国开发计划署网站：http：//www. cn. undp. org/content/china/zh/home/library/south-south-cooperation/2015-report-on-the-sustainable-development-of-chinese-enterprise. html；商务部国际贸易经济合作研究院、国务院国有资产监督管理委员会研究中心、联合国开发计划署驻华代表处：《2017 中国企业海外可持续发展报告》，联合国 2017 年报告，第 28～30 页，available at http：//images. mofcom. gov. cn/csr/201708/20170808152340022. pdf；中华全国工商业联合会、商务部国际贸易经济合作研究院、联合国开发计划署驻华代表处：《中国民营企业“一带一路”可持续发展报告 2019》，第 34 页、第 45 页，载联合国开发计划署网站：https：//www. undp. org/content/dam/china/docs/Publications/%E4%B8%AD%E5%9B%BD%E6%B0%91%E8%90%A5%E4%BC%81%E4%B8%9A%E2%80%9C%E4%B8%80%E5%B8%A6%E4%B8%80%E8%B7%AF%E2%80%9D%E5%8F%AF%E6%8C%81%E7%BB%AD%E5%8F%91%E5%B1%95%E6%8A%A5%E5%91%8A. pdf。

② 参见 Steven Brakman & Peter Frankopan, *et al*, The New Silk Roads：An Introduction to China's Belt and Road Initiative, Cambridge Journal of Regions, Economy and Society, Vol. 12, 2019, p. 8。

多边贸易机制。至2021年5月，已有164个国家成为WTO的成员国，涵盖了大部分“一带一路”沿线国家和地区。① 2001年加入世贸组织以来，我国全面遵守WTO协议中有关进出口、服务贸易、知识产权、贸易救济措施的各项规定，充分参与WTO争端解决机制，积极同贸易伙伴展开磋商，直面各国产业竞争与贸易合作中的各类现实问题。然而，自2006年起WTO便先后遭遇多项挑战——“多哈回合”谈判因各方分歧较大最终被迫终止，美国更是于2018年发布了《总统贸易政策议程》，就上诉机构的权限和上诉机构法官的职权提出多项质疑，② 最终导致上诉机构停摆。此外，对于WTO争端解决机构的裁决，美国一直以来仅选择性地执行“符合美国最大利益化”的部分，当美国国会介入执行过程中时，更容易导致不遵守或延迟遵守规则。③ 这实际上是一种“合则用，不合则弃”的立场，与“法治”的统一适用原则严重背离。

与美国相比，我国始终以积极的态度参与WTO争端解决机制。自2002年至2018年12月，我国先后参与了226件WTO争端，其中作为原告的有20件，作为被告的有43件，作为第三方的有163件，④ 涵盖税收、反倾销、反补贴等多种事由的争端，涉及钢铁、能源、金融信息服务、汽车制造业、纺织品制造业、航空航天等多项产业。无论这些案件是以双边或多边磋商达成和解协议而告终，还是通过WTO上诉机构发布裁决的方式宣告终结，中国都全面履行和解协议与裁决规定的义务，通过一系列的国内立法改革措施维护自身的国家声誉。面对WTO上诉机构停摆的困境，中国

---

① 参见 Understanding the WTO: The Organization, Members and Observers, available at https://www.wto.org/english/thewto_e/whatis_e/tif_e/org6_e.htm。

② 参见张玉环：《WTO争端解决机制危机：美国立场与改革前景》，载《中国国际战略评论》2019年第2期，第108页。

③ 参见 Zhou Weihuan, China's Implement of the Rulings of the World Trade Organization, Hart Publishing, 2019, p. 7。

④ 参见 Zhou Weihuan, China's Implement of the Rulings of the World Trade Organization, Hart Publishing, 2019, p. 10。

亦积极会同各国协商解决方案，力求 WTO 争端解决机构尽快回到正轨。贸易与投资是“一带一路”倡议成功的基石，① 随着“一带一路”沿线各国间贸易规模的不断扩大，既存的 WTO 规则也将发挥更为显著的作用，而我国作为“一带一路”倡议的发起国，对 WTO 规则的一贯态度表明 WTO 规则将在沿线地区得到更为公平的适用，WTO 改革中面临的困境也最终将以共同协商的方式加以解决。

其次，我国积极维护以《巴黎协定》为最新成果的气候变化国际法律机制，推动“共同但有区别原则”在沿线地区的适用。与多数非传统安全挑战一样，气候变化问题是全人类共同面对的环境挑战，必须依靠全人类的共同智慧加以应对，但对于广大的发展中国家而言，气候变化同样与本国的发展前景密切相关，各国的碳排放权利，同时也是一项发展权。② “一带一路”作为一项聚焦“绿色发展”核心理念的倡议，③ 同样需要满足《巴黎协定》等国际法律文件提出的各项要求。与更早达成的《京都议定书》等文件相比，《巴黎协定》不再“自上而下”地强制规定各国的碳排放数量，更加强调“国家自主贡献”制度的作用，④ 而我国及时递交了中国版“自主贡献”文本，全方位展示了中国在国家战略、区域战略、能源体系、产业体系以及交通领域的行动计划。

此外，无论是 2015 年的《巴黎协定》谈判，⑤ 还是 2018 年的《巴黎协定》实施细则谈判；无论是总体谈判意见，还是“减缓”“适

① 参见 Zhao Yun, International Governance and the Rule of Law in China under the Belt and Road Initiative, Cambridge University Press, 2018, p. 26。

② 参见杨泽伟：《碳排放权：一种新的发展权》，载《浙江大学学报》(人文社会科学版)2011 年第 3 期，第 40 页。

③ 参见商务部国际贸易经济合作研究院：《中国“一带一路”贸易投资发展报告 2013—2018》，商务部 2019 年报告，第 44 页。

④ 参见季华：《〈巴黎协定〉实施机制与 2020 年后全球气候治理》，载《江汉学术》2020 年第 4 期，第 47 页。

⑤ 参见中华人民共和国国家发展和改革委员会：《强化应对气候变化行动——中国国家自主贡献》，第 12～14 页，载联合国网站：https://www4.unfccc.int/sites/ndcstaging/PublishedDocuments/China% 20First/China% 27s%20First%20NDC%20Submission.pdf。

应”“资金”“技术开发与转让”“能力建设”等具体制度设计议案，我国始终坚持“共同但有区别”原则，为广大发展中国家争取合法利益。在2019年的联合国气候变化峰会上，联合国秘书长古特雷斯对中国的气候变化行动给予了高度评价。而依照联合国环境规划署的预估，我国能够无条件地实现“国家自主贡献”目标。① 2020年9月，我国更是在第75届联合国大会中庄严作出了“2030碳达峰、2060碳中和”的承诺。② 可见，与多边贸易法律机制等公共产品一样，我国也将尽自身所能，在“一带一路”建设过程中推进气候变化机制在沿线地区的公平适用。

最后，“21世纪海上丝绸之路”的建设充分遵循以《联合国海洋法公约》为核心的现代海洋法律体系。海上丝绸之路建设涉及海洋能源、海上通道、海洋环保等多个方面，更与整体的国际海洋法律秩序密切相关，将为中国参与国际海洋法律秩序的变革提供充分的机遇。③《联合国海洋法公约》的谈判历经十年，多项案文系各国妥协的结果，部分规则有待澄清，相关制度也亟需变革。然而，无论是通过召开缔约国大会的方式参与变革，还是通过签订“专门协定”的方式完善《联合国海洋法公约》，我国仍然充分遵守这份有“海洋宪章”之称的多边公约。

2013年“南海仲裁案”启动之后，西方学者批评中国破坏海洋法治的声音不绝于耳，我国亦有部分学者就《联合国海洋法公约》的退约机制进行提议，④ 但事后的发展证明，我国对“南海仲裁案”的反击，具有坚实的海洋法规则基础。而“南海仲裁案”出炉之后，

---

① 参见联合国环境规划署：《2019年〈排放差距报告〉执行摘要》，联合国2019年报告，第7页，载联合国网站：https：//wedocs. unep. org/bitstream/handle/20. 500. 11822/30798/EGR19ESCH. pdf。

② 参见刘振亚：《实现碳达峰碳中和的根本途径》，载新华网：http：//www. xinhuanet. com/politics/2021-03/16/c_1127216053. htm。

③ 参见杨泽伟：《论21世纪海上丝绸之路建设与国际海洋法律秩序的变革》，载《东方法学》2016年第5期，第45页。

④ 参见马英杰、张红蕾等：《〈联合国海洋法公约〉退出机制及我国的考量》，载《太平洋学报》2013年第5期，第24页。

我国秉承《联合国海洋法公约》的“互谅互让与合作精神”，积极参与《南海各方行为准则》的谈判进程，与东盟国家一道，共同确保南海的“和平用途”。此外，对于各类海洋法机构，包括国际海底管理局、大陆架界限委员会、国际海洋法法庭、国际海事组织、各类区域渔业管理组织等，我国长期以来也给予了大力支持，持续数年的BBNJ谈判，我国亦参与其中，为谈判的顺利进行贡献了自身的方案。可以说，建设“21世纪海上丝绸之路”，将为沿线各国海洋经济的发展注入强劲动力，各国在国际海洋法律秩序中享有的各项权益，也将得到充分的维护。

三、推动国际法律机制的协调与互联互通

在充分遵循各类行之有效的多边国际法律机制的基础上，“一带一路”同样对各类法律机制的创新、协调提出了需求，① 涉及“五通”领域的方方面面。由于错综复杂的历史原因，部分国际法律之间存在较为严重的冲突对立，导致人员、资金、货物、信息的流动成本上升，成为制约“互联互通”的规则羁绊。我国制定的“‘十四五’规划与2035年远景目标纲要”明确指出，应“进一步拓宽规则对接领域，加强融资、贸易、能源、数字信息、农业等领域规则对接合作”。② 以贸易规则为例，减少进出口货物过境所需的时间与成本、取消各国政府主动设置的贸易壁垒，③ 应是“一带一路”沿线各国共同努力的方向。为进一步提升“一带一路”沿线的贸易效率，我国与沿线各国积极完善双边与多边贸易机制，并取得了初步成就。

一方面，我国通过签署双边贸易协定、加快自贸区建设等多种措施，提升贸易的便利化程度。在跨境贸易中，政府与商人的利益

① 参见曾文革、党庶枫：《“一带一路”战略下的国际经济规则创新》，载《国际商务研究》2016年第3期，第26页。

② 《中华人民共和国国民经济和社会发展第十四个五年规划和2035年远景目标纲要》第四十一章第一节，载中国政府网：http：//www.gov.cn/xinwen/2021-03/13/content_5592681.htm。

③ 参见Zhao Yun, International Governance and the Rule of Law in China under the Belt and Road Initiative, Cambridge University Press, 2018, p. 104。

总是存在着内在的紧张关系，因为商人总是追求更高的通行效率，而政府却必须确保所有的商贸活动都遵守既定的贸易规则、所有的过境货物都得到准确的申报，① 只有当两者的利益达成微妙的平衡，才会形成稳定、高效的跨境贸易管理秩序。然而，在“一带一路”建设之初，部分国家的贸易效率显然偏低，既存的经贸法律机制也难以有效应对现实的经贸问题。

以“欧亚经济联盟”的成员国哈萨克斯坦为例，有调查结果表明，哈萨克斯坦法定的清关文件种类繁多，且商人实际提交的文件往往要多于法定种类，最终花费大量的时间方能获取官方许可文件。同时，哈萨克斯坦的贸易管理机构存在“多机构重复管理”的弊端，贸易规则的变更也不够透明，② 这些都与“法治”的统一性、清晰性要求格格不入。除却此类国内法治状况不佳的缘由外，多边贸易规则供给不足亦有可能导致贸易畅通受阻，WTO“多哈回合”谈判中止导致包括农产品在内的多种产品的贸易壁垒未能彻底消除。③ 有鉴于此，我国将双边与区域经贸合作视为有力的助推器，不断加速自贸区建设。“中国—东盟自由贸易区”自 2010 年建成之后不断升级，在经过数年的筹备之后，《中华人民共和国与欧亚经济联盟经贸合作协定》也于 2018 年签订，海关与贸易便利化合作成为两项合作机制中的重要内容，④ 中国与哈萨克斯坦、吉尔吉斯斯

① 参见 Julien Chaisse &Jędrzej Górski, The Belt and Road Initiative: Law, Economics, and Politics, Brill, 2018, p. 384。

② 参见 Julien Chaisse &Jędrzej Górski, The Belt and Road Initiative: Law, Economics, and Politics, Brill, 2018, p. 386。

③ 参见 Zhao Yun, International Governance and the Rule of Law in China under the Belt and Road Initiative, Cambridge University Press, 2018, p. 115。

④ 参见《欧亚经济联盟与中华人民共和国经贸合作协定》第六章第 2 条，第 26 页，载欧亚经济联盟网站：http://www.eurasiancommission.org/ru/act/trade/dotp/sogl_torg/Documents/%D0%A1%D0%BE%D0%B3%D0%BB%D0%B0%D1%88%D0%B5%D0%BD%D0%B8%D0%B5%20%D1%81%20%D0%9A%D0%B8%D1%82%D0%B0%D0%B5%D0%BC/%D0%A2%D0%B5%D0%BA%D1%81%D1%82%20%D0%BA%D0%B8%D1%82%D0%B0%D0%B9%D1%81%D0%BA%D0%B8%D0%B9%20%28EAEU%20alternate%29%20final.pdf。

坦、塔吉克斯坦三国的农产品清关时间已减少了90%。① 可以预见，中国的自贸区网络将得到进一步的发展与完善，“一带一路”经贸合作面临的规则阻碍也将逐步减少。

另一方面，我国积极参与跨境交通运输规则的协调与创新，进一步提升运输效率。铁路运输是“一带一路”沿线人员、货物运输的重要方式，行之有效的联运规则将有效提升过境通行效率。然而，受制于历史原因，铁路运输业呈现为《国际铁路货物联运协定》(由铁路合作组织制定，成员国以东欧社会主义国家和亚洲国家为主)与《国际铁路货物运送公约》(由国际铁路运输委员会制定，成员国以西欧国家和中东国家为主)二元对立的格局。② 相较而言，两家铁路运输组织管辖范围内的铁轨宽度并不相同，多数铁路合作组织成员国的轨道宽度为1520毫米，国际铁路运输委员会的轨道宽度为1435毫米，③ 实践中两个组织也采取了不同的运单制式，直至2006年两家组织制定了“统一运单”，过境手续复杂的困局方才得到一定程度的缓解。此外，两项国际铁路运输机制对于承包商的违约责任作出了迥然不同的规定，当发生迟延交货、货物损坏等情形时，承包商将面临不同的商业风险。④

中欧班列是促进“一带一路”贸易畅通的重要载体，多条中欧班列的线路横跨两个铁路组织的管辖地域，我国目前仅加入了铁路合作组织，也不是所有的中欧班列都采用“统一运单”，因而增强

① 参见 Office of the Leading Group for Promoting the Belt and Road Initiative, The Belt and Road Initiative Progress, Contributions and Prospects 2019, Foreign Languages Press, 2019, p. 19。

② 参见曾文革：《论“一带一路”陆上贸易便利化规则体系的构建与完善》，载《法学杂志》2018年第11期，第19页。

③ 参见 Zhu Yan & Vadim Filimonov, Comparative Study of International Carriage of Goods by Railway Between CIM and SMGS, Frontiers of Law in China, Vol. 13, 2018, p. 119。

④ 参见 Zhu Yan & Vadim Filimonov, Comparative Study of International Carriage of Goods by Railway Between CIM And SMGS, Frontiers of Law in China, Vol. 13, 2018, p. 125。

中国与“一带一路”各国的铁路合作便很有必要。2017年，我国同欧洲七国签署了《关于深化中欧班列合作协议》，有效增进了各国服务标准、信息平台的统一，简化了清关手续，[①]提高了中欧班列的通行效率。与铁路运输制度相似，航空运输业也形成了《蒙特利尔公约》与《华沙条约》分庭抗礼的局面，[②]目前两者尚无合并的迹象，航空规则的协调也从未成为“一带一路”国际合作高峰论坛的重要内容，但“空中丝绸之路”的建设对于沿线地区互联互通的意义不言而喻，未来的“一带一路”法治合作也必将延展至航空规则。

四、建立符合“内部法治”要求的国际组织

联合国的相关文件指出，国际组织内部(包括联合国系统本身)的法治建设是国际法治的重要内容。[③]众多的国际组织承担着起草、推广、执行国际法规则的重要职能，也须同主权国家一样遵守和捍卫国际法，甚至必须成为主权国家的“守法”榜样。就当前的发展阶段而言，“一带一路”倡议虽不能称之为一项“机制”，但它的推行却离不开内部法治良好的国际组织与国际机制。2015年，经过紧锣密鼓的筹备，以中国为主要发起力量的亚投行宣告成立，为发展中国家的基础设施建设注入了强劲的资金动力。作为一个“高效、廉洁、环保”的国际组织，亚投行的设计与运营充分体现了中国的国际法治贡献。

首先，亚投行的组织机制设计，兼顾民主协商与高效，充分保障了各成员国的权益。从习近平主席2013年提议筹建亚投行，至2015年亚投行正式成立，亚投行仅用两年时间便完成了从理念向实体的转变，并在随后的几年中吸引了大批会员国加盟，这与亚投行科学的制度设计密不可分。在效仿国际金融机构“理事会—董事

---

① 参见商务部国际贸易经济合作研究院：《中欧班列贸易通道发展报告2019》，商务部2019年报告，第21页。

② 参见王翰主编：《“一带一路”与人类命运共同体构建的法律与实践》，知识产权出版社2018年版，第334页。

③ 参见刘衡：《国际法之治：从国际法治到全球治理》，武汉大学出版社2014年版，第27页。

会—管理层”传统结构的基础上，亚投行也进行了一定的机制创新，推动组织的民主与高效决策：

一是创设了“创始成员票”制度，有效维护了各成员国的发言权。[①] 在亚投行的筹备过程中，中国就框架制度设计同各国坦诚协商，[②] 许多西方国家无视美国的阻挠、冲破意识形态的隔阂，成为亚投行的创始成员国，[③] 不仅享有“创始会员国”的权利，更为亚投行的制度设计及《环境与社会框架》等政策文件的订立作出了贡献，使亚投行真正成为具有代表性的国际组织；二是取消了“常设董事会”制度，避免冗员现象的产生；三是行长的选任不再由少数国家垄断。当前，受限于既定的负责人选举机制，不少国际金融机构的负责人长期由某一国家或地区的人士担任，导致发展中国家的利益诉求难以充分表达。例如，世界银行的行长长期由美国籍人士担任，国际货币基金组织的总裁由欧洲籍人士担任，亚洲开发银行（以下简称亚开行）的行长由日本籍人士担任，即便是部分发展中国家共同推选的候选人，也难以获得公平竞争的机会。[④] 为破除这一垄断惯例，亚投行行长候选人必须获得75%以上的投票权支持才能当选。我国在亚投行中占据26%的投票权，拥有事实上的“一票否决权”，但随着亚投行会员国的不断增多，我国的股本也将不断稀释，最终各国的候选人都会获得相对公平的参选机会。此外，

① 参见顾宾：《亚投行法律解读：从章程到标准》，载《金融法苑》2015年第2期，第167页。

② 参见 Jan Knoerich & Francisco Urdinez, Contesting Contested Multilateralism: Why the West Joined the Rest in Founding the Asian Infrastructure Investment Bank, The Chinese Journal of International Politics, Vol. 12, 2019, p. 336。

③ 德国、英国、法国、澳大利亚都是亚投行的创始成员国。参见 David M. Ong, The Asian Infrastructure Investment Bank: Bringing ‘Asian Values’ to Global Economic Governance? Journal of International Economic Law, Vol. 20, 2017, p. 548。

④ 例如，2012年，非洲国家一致推荐尼日利亚的候选人，但最终仍是美国籍人士当选。参见顾宾：《亚投行法律解读：从章程到标准》，载《金融法苑》2015年第2期，第170页。

为了丰富组织职能，亚投行正组织学者就争端解决模式进行探讨,[1] 亚投行未来有可能建立“以调解为主”的争端解决机制。正是依靠高效、民主的决策，亚投行在短短几年内投资了大批基建项目，包括穆迪、标普在内的知名信用评级公司也对亚投行的债务风险管控能力给予了高度评价。[2]

其次，亚投行采取一系列措施，保障自身的廉洁自律，防止贪污腐败现象的发生。国际组织保持廉洁是其公正履行职能的前提，而多边开发银行作为具有资金审批职能的国际组织，也更应当提防腐败现象的发生。历史上，联合国的多项基金、项目也曾被质疑存在腐败现象,[3] 损害了联合国的声誉。有鉴于此，亚投行在成立之后便于 2016 年颁布了《关于被禁止行为的政策》，严厉打击胁迫、共谋、腐败、欺诈、滥用银行资源、阻碍调查、盗窃等七种行为。[4] 与我国《刑法》的金融犯罪规定相比，亚投行的政策文件不仅扩大了打击范围，也降低了部分行为的主观方面要件(例如，疏忽大意亦可能导致滥用银行资源)。

同时，亚投行于 2017 年签署了《共同实施制裁决议的协议》，同非洲开发银行、世界银行、亚开行、欧洲复兴开发银行、美洲开发银行构建了共同的反腐败网路，并采用了企业“黑名单”制度，这意味着上千家企业不能参与亚投行项目的招投标工。[5] 至 2020

---

① 参见 Peter Quayle & Xuan Gao, International Organizations and the Promotion of Effective Dispute Resolution: AIIB Yearbook of International Law 2019, Brill, 2019, p. 128。

② 参见商务部驻厄立特里亚使馆经商处:《亚投行获标普“AAA/A-1+”评级: 展望为稳定》，载商务部网站: http: //www. mofcom. gov. cn/article/i/jyjl/k/201707/20170702613374. shtml。

③ 参见 Dennis Dijkzeul & Yves Beigbeder, Rethinking International Organizations: Pathology and Promise, Beigbeder, 2002, p. 163。

④ 参见 Asian Infrastructure Investment Bank, Policy on Prohibited Practices, AIIB Reports 2016, p. 4, available at https: //www. aiib. org/en/policies-strategies/operational-policies/prohibited-practices. html。

⑤ 参见 Asian Infrastructure Investment Bank, Financing Asia's Future, Annual Reports 2017, AIIB Reports 2017, p. 24, available at https: //www. aiib. org/en/news-events/news/2017/annual-report/common/pdf/AIIB-Annual-Report-2017. pdf。

年10月，仍有160家中国企业处于制裁期内。① 此外，亚投行在董事会中建立了项目监督机制，② 要求所有工作人员及时报告可能的腐败线索，而结合亚投行历年的报告与媒体报道来看，亚投行的工作人员从未从事过任何的腐败活动，所有的亚投行项目也总体符合“廉洁”的要求。

复次，亚投行为项目的审批、运营建立了高标准的环境规范，充分遵循“可持续发展”的目标与一般国际法规则的要求。多边开发银行以推动世界各地的发展为第一要务，盈利性并非其本质特征，因而多边开发银行经常发放“低息”甚至“无息”的贷款。然而，这种优惠贷款，不能以牺牲自然环境、谋求短期经济利益作为收回贷款的保障，实践中世界银行的一些项目由于忽视环保方面的要求，造成了较为严重的社会经济损失，因而广受批评。③ 1992年《里约环境与发展宣言》通过之后，“环境影响评价”成为一项重要的环境治理工具，“均衡发展与环境保护”的理念也得到推广，20世纪90年代之后，世界各地的开发银行，包括世界银行、欧洲投资银行、美洲开发银行、亚开行等都陆续发布、更新了自身的环境政策文件，④ 在项目的审批中加入“环境影响评价”的环节。

亚投行作为后起之秀，在成立之初便十分重视“基础设施的可持续建设”，致力于能源与水资源的养护、支持土地资源的可持续利用与管理、鼓励低碳技术、可再生能源、清洁生产与可持续交通

① 参见 Debarment List, available at https://www.aiib.org/en/about-aiib/who-we-are/debarment-list/index.html。

② 参见 Asian Infrastructure Investment Bank, Connecting Asia for the Future: Annual Report and Accounts 2016, AIIB Reports, 2016, p. 10, available at https://www.aiib.org/en/news-events/news/2016/annual-report/.content/download/Annual_Report_2016.pdf。

③ 参见顾宾：《亚投行法律解读：从章程到标准》，载《金融法苑》2015年第2期，第172页。

④ 参见 Julien Chaisse & Jędrzej Górski, The Belt and Road Initiative: Law, Economics, and Politics, Brill, 2018, pp. 508-512。

系统的发展,[①] 并先后颁布了《环境与社会框架》与《能源部门战略：亚洲的可持续能源》两份政策文件，不仅规定了项目的评级制度、项目审批的环境事项、项目运行中的定期审查报告、争端发生时的争端解决方式，同时还关注最不发达国家的利益，支持相关研究，以最小的污染代价利用沿线地区的煤炭资源。[②] 实践中，亚投行也十分注重“绿色项目”的投资，如果采用 2016 年 9 月发布的《G20 绿色金融综合报告》中有关“绿色金融”的定义，将减少污染、降低碳排放、提高能源效率、减缓气候变化等方向的项目视为“绿色项目”,[③] 那么亚投行 2015—2018 年 4 月审批通过的 24 个项目中，至少有 9 个绿色项目,[④] 在 2018 年 4 月之后，也有不少的项目符合“绿色项目”的定义，如 2019 年 12 月通过的“尼泊尔：供配电系统升级与扩展项目”“哈萨克斯坦：札纳塔斯 100 兆瓦风力发电厂项目”等。此外，亚投行已经投资的项目，都充分遵照既定的环境规则，未对当地的社会、环境造成损坏。可见，亚投行在规范、实践两个层面都充分遵循国际环境法的相关标准，为人类的可持续发展作出了较大的贡献。

最后，亚投行与其他的多边开发银行充分协作，减少了“国际法”的碎片化现象。中国主导建立亚投行是为了解决亚洲地区基础设施建设资金不足的问题，并不是为了取代亚开行，但仍然有众多的西方评论员将亚投行视为亚开行与世界银行的竞争对手，认为亚

---

① 参见 Asian Infrastructure Investment Bank, Connecting Asia for the Future: Annual Report and Accounts 2016, AIIB Reports 2016, p. 6, available at https://www.aiib.org/en/news-events/news/2016/annual-report/.content/download/Annual_Report_2016.pdf。

② 参见 Julien Chaisse &Jędrzej Górski, The Belt and Road Initiative: Law, Economics, and Politics, Brill, 2018, p. 521。

③ 参见 G20 绿色金融研究小组：《G20 绿色金融综合报告》，2016 年 9 月，第 1 页，载联合国网站：http://unepinquiry.org/wp-content/uploads/2016/09/Synthesis_Report_Full_CH.pdf。

④ 参见宋杨：《从传统多边开发银行经验看亚投行的绿色金融之路》，外交学院硕士论文，2018 年 6 月，第 40 页。

投行的设立标志着中国在同美国的全球金融竞争中取得了胜利。[①] 如果遵从这种观点，将多边开发银行单纯视为大国斗争的工具，那么各银行之间将互不往来乃至相互拆台，各银行的行业规范也将千差万别，国际金融法规范的“碎片化”将进一步加重。

然而，正如联合国法律顾问苏亚雷斯(Miguel de Serpa Soares)所指出的那样，“国际组织的合作值得引发所有国际公务员的关注并为之奋斗”[②]。联合国系统同各区域组织之间的合作如此，各多边开发银行之间亦是如此。曾有学者将亚投行“东盟10+3机制”“上合组织”比作“一带一路”倡议的三驾马车，[③] 但亚投行的合作对象并不局限于此。亚投行充分借鉴了其他多边开发银行的制度设计，世界银行在亚投行的筹备阶段给予了大量的人力支持，[④] 亚投行在成立之后，先后同亚开行、世界银行签署了谅解备忘录，在数据调研等方面开展合作，在具体的项目运营中，亚投行与亚开行、世界银行、欧洲投资银行的投融资合作亦十分常见，即便是在招投标过程中存在竞争关系，各银行之间也并未采取不正当竞争手段，这种有益的竞争也将提高资金的使用效率。[⑤] 可以说，亚投行是国

① 参见Xiaohui Wu, Friendly Competition for Co-Progressive Development: The Asian Infrastructure Investment Bank vs. the Bretton Woods Institutions, Chinese Journal of International Law, Vol. 16, 2017, p. 46。

② Peter Quayle & Xuan Gao, Good Governance and Modern International Financial Institutions: 2018 AIIB Yearbook of International Law, AIIB 2018 Reports, p. 150, available at https://www.aiib.org/en/about-aiib/who-we-are/yearbook/_download/2018-AIIB-Legal-Yearbook.pdf.

③ 参见Li Xing, Mapping China's “One Belt One Road” Initiative, Palgrave Macmillan, 2019, p. 104。

④ 参见朱杰进、艾敏：《“与对手合作”：中国与世界银行在筹建亚投行中的合作》，载《复旦国际关系评论》2017年第1期，第54页。

⑤ 参见The Asian Infrastructure Investment Bank, Project Document of the Asian Infrastructure Investment Bank, Sovereign-Backed Financings, People's Republic of Bangladesh Dhaka and Western Zone Transmission Grid Expansion Project, AIIB Reports 2020, p. 8, available at https://www.aiib.org/en/projects/approved/2020/_download/bangladesh/document/Bangladesh-Dhaka-and-Western-Zone-Transmission.pdf。

际金融秩序的维护者而非破坏者，认为亚投行缺乏规则基础的观点并不成立，多边开发银行之间的法治合作、投资合作亦是大势所趋。

第三节 中国国际法治话语权面临的挑战

一、国际制度话语权有所欠缺

我国在国际法律制度中的话语权欠缺，是我国国际话语权不足的重要表现。尽管国际制度话语权并不等同于国际法治话语权，因为掌握制度话语权的国家并不一定具有发展国际法、公平适用国际法、维护人权的决心与意志，但如果我国在国际法律制度安排中拥有更强的话语力量，我国推广自身国际法治理念的机遇也会增多。当然，国际制度话语权的刻画标准并不统一，也很难称得上“准确”，但结合“规则制定权”“联合国机构分布情况”“国际公务员数量”“议题设置能力”四项指标，[①] 仍可以大致刻画我国国际制度话语权的现状，特别是与美国的制度话语权对比情况：

一是将中美两国的安理会、世界银行与国际货币基金组织投票力量的比值进行加权，粗略显示中美两国“国际规则制定权”的情况。这一模型最早由阎学通老师采用。以 2007 年的情况为例，[②] 中美两国在常任理事会中的投票力量比值为 2∶3(中、俄∶美、英、法)，世界银行投票权的比值为 17.1∶100(2.81%∶16.41%)，国际货币基金组织投票权的比值为 21.8∶100(3.66%∶16.79%)。那么中美两国国际政治规则话语权对比为 66.7∶100，国际经济规则话语权为(11.7+21.8)∶200=16.75∶100，再将两项数据综合，中

① 各国代表在国际会议中的座次、各国领导人在国际会议中的合影位置，并不当然代表各国话语权的分量，故不采用这两项指标。

② 参见阎学通、徐进：《中美软实力比较》，载《现代国际关系》2008 年第 1 期，第 28 页。当然，该模型比较简单，存在一定的缺陷，既未考虑中美两国在其他国际组织中的投票权，也未讨论国际组织的封闭性与开放性。

美两国国际规则话语权的比值为(66.7+16.75)∶200≈1∶5。假设国际政治规则话语力量的比值不变，那么这一结果主要由中美两国在世界银行与国际货币基金组织中的投票权决定。由于这两个组织最近的投票权改革方案分别于2010年、2015年生效，中国的投票权大幅度上升，两国的投票权也正在接近，2019年两项比值分别为：31∶100(4.8%∶15.49%)、[①] 37∶100(6.09%∶16.52%)，[②] 加权后为(31+37)∶200=34∶100，再同安理会的投票力量比值进行加权，结果为(34+66.7)∶200≈1∶2。十余年间，从1∶5缩减至1∶2，当然是一项巨大的进步，但也应当看到，中国在增加国际货币基金组织投票权的过程中，受到了美国国会长达数年的阻拦，美国在世界银行与国际货币基金组织中的一票否决权，仍然是一股强大的话语力量。

二是对比联合国主要机构、专门机构中的地理分布情况，粗略展示中国的多边主场外交能力。自1997年起，我国先后成为世界竹藤组织、亚投行等国际组织的东道国，但尚无一家联合国机构在中国落户。与之相对应，包括联合国总部在内的6家联合国机构办公地点都位于美国境内，[③] 中国的这一项数据全面落后。

三是对比联合国机构中中美两国国际公务员的数量。联合国的组织体系十分复杂，包括6个主要机构、18个专门机构，[④] 主要机构又下设多个机构。长期以来，我国在联合国系统中的职员数量、

① 参见IBRD Subscriptions and Voting Power of Member Countries, available at https://finances.worldbank.org/Shareholder-Equity/IBRD-Subscriptions-and-Voting-Power-of-Member-Coun/rcx4-r7xj/data。

② 参见IMF Members' Quotas and Voting Power, and IMF Board of Governors, available at https://www.imf.org/external/np/sec/memdir/members.aspx。

③ 参见United Nations Organizations Headquarters, available at https://www.mapsofworld.com/un-hq.htm。

④ 参见联合国全球传播部：《联合国系统》，载联合国网站：https://www.un.org/zh/inc/chart2019.pdf。

级别与西方国家存在较大的差距,① 至 2018 年中国籍职员总人数达到 450 人，仍与我国所占的会费比例不相匹配。② 当然，如果对比 6 个主要机构、18 个专门机构负责人的国籍(见表 2)，我国占有些许优势，现任国际粮农组织总干事、国际民航组织秘书长、国际电信联盟总干事、国际工业发展组织总干事都是中国籍的国际公务员，而世界银行行长与国际法院院长则由美国籍国际公务员担任，这一比值为 2∶1。然而，这并不能掩盖中国在众多国际组织中职员人数过少的现状，培育、推荐更多的中国学生投身国际组织的工作，也将成为我国政府持续关注的一项工作。

表 2　**联合国主要机构与专门机构现任负责人国籍(2021.05)**

序号	主要机构/专门机构	负责人	国籍
1	大会	VOLKAN BOZKIR	土耳其
2	安理会	无	
3	经济及社会理事会	Munir Akram	巴基斯坦
4	秘书处	António Manuel de Oliveira Guterres	葡萄牙
5	国际法院	Joan E. DONOGHUE	美国
6	托管理事会	无	
7	粮农组织	屈冬玉	中国
8	国际民航组织	柳芳	中国
9	农发基金	Gilbert Fossoun Houngbo	马里
10	劳工组织	Guy Ryder	英国
11	基金组织	Kristalina Georgieva	保加利亚
12	海事组织	Kitack Lim	韩国

① 参见万经章:《联合国里的中国人》，载国际网：http：//memo.cfisnet.com/2013/0930/1297172.html。

② 参见关照宇:《联合国里的中国人还是太少了》，载环球网：https：//opinion.huanqiu.com/article/9CaKrnKbv1S。

续表

序号	主要机构/专门机构	负责人	国籍
13	国际电联	赵厚麟	中国
14	教科文组织	Audrey Azoulay	法国
15	工发组织	李勇	中国
16	世旅组织	Zurab Pololikashvili	格鲁吉亚
17	万国邮联	Bishar Hussein	肯尼亚
18	世卫组织	Tedros Adhanom Ghebreyesus	埃塞俄比亚
19	知识产权组织	Francis Gurry	澳大利亚
20	气象组织	Petteri Taalas	芬兰
21	国际复兴开发银行	David Robert Malpass	美国
22	国际开发协会	Kristalina Georgieva	保加利亚
23	国际金融公司	Philippe Le Houérou	法国

四是对比中美两国在安理会中起草决议的频次，粗略刻画两国的"议题设置能力"。以 2020 年 1 月至 2021 年 1 月起草决议的情况为例(见表 3)，① 在近一年的时间内，联合国安理会共通过了 57 份决议，广泛讨论了也门、中非、几内亚比绍、阿富汗、伊拉克、达尔富尔、索马里、刚果等地的局势，涉及联合国维和部队的派遣、武装冲突中的人道主义救援等多项议题，其中多数决议的起草都有联合国安理会常任理事国的参与，美国单独或与其他国家共同起草 17 份决议，我国参与起草了 2 份决议，似乎有些过度谨慎。当然，这并不意味着我国自 1971 年恢复联合国合法席位之后全面"韬光养晦"，当部分事项与我国的国家利益相关时，我国同样会采取"一票否决"等方式维护自身的利益。然而，作为一个负责任

① 依照联合国安理会投票汇总情况制表，available at https://digitallibrary.un.org/search? ln=en&cc=Voting+Data&p=&f=&rm=&ln=en&sf=&so=d&rg=50&c=Voting+Data&c=&of=hb&fti=0&fct__2=Security+Council&fti=0。

的大国，安理会不只需要中国在投票环节一锤定音，更需要中国积极出谋划策，为维护和平、缓解紧张局势贡献智慧。

表3　**联合国安理会决议起草国统计(2020.01—2021.01)**

提案编号	决议号	决议起草国	表决时间
S/2020/24	2504	比利时、德国	2020-01-10
S/2020/27	2505	英国	2020-01-13
S/2020/78	2506	英国	2020-01-30
S/2020/79	2507	法国	2020-01-31
S/2020/110	2508	美国	2020-02-11
S/2020/111	2509	英国、德国	2020-02-11
S/2020/113	2510	英国	2020-02-12
S/2020/146	2511	英国	2020-02-26
S/2020/155	2512	尼日尔	2020-02-28
S/2020/191	2513	美国	2020-03-10
S/2020/197	2514	美国	2020-03-12
S/2020/216	2515	美国	2020-03-30
S/2020/218	2516	英国	2020-03-30
S/2020/222	2517	德国、英国	2020-03-30
S/2020/240	2518	安哥拉、中国等43国	2020-03-30
S/2020/387	2519	美国	2020-05-14
S/2020/445	2520	英国	2020-05-29
S/2020/453	2521	美国	2020-05-29
S/2020/449	2522	美国	2020-05-29
S/2020/446	2523	英国、德国	2020-05-29
S/2020/485	2524	英国、德国	2020-06-03
S/2020/486	2525	英国、德国	2020-06-03
S/2020/500	2526	德国	2020-06-05

续表

提案编号	决议号	决议起草国	表决时间
S/2020/562	2527	英国	2020-06-22
S/2020/578	2528	法国	2020-06-25
S/2020/579	2529	越南	2020-06-25
S/2020/595	2530	美国、俄罗斯	2020-06-29
S/2020/600	2531	法国	2020-06-29
S/2020/607	2532	法国、突尼斯	2020-07-01
S/2020/684	2533	比利时；德国	2020-07-11
S/2020/679	2534	英国	2020-07-14
S/2020/680	2535	安道尔、美国等 84 国	2020-07-14
S/2020/738	2536	法国	2020-07-28
S/2020/741	2537	英国	2020-07-28
S/2020/838	2538	中国、美国等 97 国	2020-08-28
S/2020/844	2539	法国	2020-08-28
S/2020/846	2540	索马里	2020-08-28
S/2020/850	2541	法国	2020-08-31
S/2020/896	2542	英国	2020-09-15
S/2020/903	2543	德国、印度尼西亚	2020-09-15
S/2020/910	2544	英国	2020-09-18
S/2020/937	2545	英国	2020-09-25
S/2020/957	2546	法国等 26 国	2020-10-02
S/2020/1011	2547	美国	2020-10-15
S/2020/1039	2548	美国	2020-10-30
S/2020/1080	2549	美国	2020-11-05
S/2020/1098	2550	美国	2020-11-12
S/2020/1100	2551	英国	2020-11-12
S/2020/1106	2552	法国	2020-11-12

续表

提案编号	决议号	决议起草国	表决时间
S/2020/1158	2553	安哥拉等 31 国	2020-12-03
S/2020/1160	2554	美国	2020-12-04
S/2020/1241	2555	法国	2020-12-18
S/2020/1241	2556	法国	2020-12-18
S/2020/1242	2557	美国	2020-12-18
S/2020/1246	2558	圣文森特和格林纳丁斯	2020-12-21
S/2020/1270	2559	英国、德国	2020-12-22
S/2020/1285	2560	美国、印度尼西亚	2020-12-29

上述四项指标的对比可以粗略展示出中国与美国国际制度话语权的差距。我国应进一步提升在联合国等国际组织中的参与程度，进而为推广中国的国际法治理念创造更为便利的条件。

二、国际法治话语主体单一

国际法规则的完善、推广是实现“国际法治”的重要途径，但参与这些活动的主体除了各国政府之外，自然人、企业、NGO 亦是不可忽视的参与方，特别是一些具有较大跨国影响力的 NGO，在现代国际立法中享有较大的专业话语力量。NGO 的起源可以追溯至 17 世纪，① 随着市民社会的不断兴旺而日益发展壮大，涉足的领域、活动的地域范围亦不断拓展。至 20 世纪后期，大量的 NGO 开始涌现，并最终参与到现代的国际法律机制之中。以环境、人权、贸易、国际安全等领域的国际立法活动为例，在《防治荒漠化公约》《生物多样性公约》《儿童权利公约》《罗马规约》《与贸易有关的知识产权协定》《集束炸弹公约》等公约的谈判进程中，多家 NGO 先后发表了大量的专业意见，在一定程度上影响了各参与国

① 参见黄志雄主编：《国际法视角下的非政府组织：趋势、影响与回应》，中国政法大学出版社 2012 年版，第 93 页。

的立场与观点，联合国经社理事会亦建立了专门的非政府组织委员会，为 NGO 参与联合国系统的日常工作创造了便利条件，在部分国际法规则的执行环节与国际争端解决过程中，NGO 的监督与调解作用亦能够得到体现。当然，NGO 自身的合法性也并不是无懈可击，特别是 NGO 难以独立获取经济收入，① 因而它的意见是否独立公正、不受捐赠者的影响，便很容易招致怀疑。然而，现实的情况是，NGO 除了为国际法律文件提供合法性背书之外，也实质上改变了部分国际立法进程。因此，如果一国仅重视政府层面的规则制定权而忽视非政府话语力量的培育，那么该国的国际法治话语力量也会大打折扣。

NGO 在我国的活动历史，可以追溯到清末，1844 年《望厦条约》签订之后，英、法、美等西方国家先后取得了保教权与传教权，中国与 NGO 的互动由此开始。② 在 20 世纪的部分重要立法进程中，亦不乏中国 NGO 的身影。③ 然而，历经百余年的动荡与发展，中国 NGO 的数量、影响力仍然较为有限。依照联合国非政府组织委员会 2019 年公布的数据，取得咨商地位（含一般咨商地位、特别咨商地位、列入名册的咨商地位三类）的 NGO 共有 5451 家，注册地位于中国境内的共有 54 家，④ 占比约为 1%。如果将智库视为另外一股重要的法治话语力量，⑤ 我国智库的影响力同样有待提

① 参见盛红声、贺兵著：《当代国际关系中的“第三者”——非政府组织问题研究》，时事出版社 2004 年版，第 144 页。

② 参见黄志雄主编：《国际法视角下的非政府组织：趋势、影响与回应》，中国政法大学出版社 2012 年版，第 259 页。

③ 例如，2002 年在南非举办的“可持续发展世界首脑会议”，中国 40 多个 NGO 的 150 余名代表参会，这是中国的 NGO 首次登上国际舞台。参见霍淑红：《国际非政府组织（INGOs）的角色分析——全球化时代 INGOs 在国际机制发展中的作用》，中央编译出版社 2011 年版，第 136 页。

④ 参见 Consultative Status with ECOSOC and Other Accreditations, available at https://esango.un.org/civilsociety/displayConsultativeStatusSearch.do。

⑤ 不是所有的智库都是 NGO，如果一个智库归属于政府部门管辖，那它显然不符合 NGO“非政府性”的定义。当然，一些由非政府实体组建、不以盈利为目的且专业性较强的民间智库，亦可归属于 NGO 的范畴。

升。依据宾夕法尼亚大学公布的全球智库研究报告，2020 年我国有 6 家智库进入“外交与对外政策方向智库”前列(共计 156 家)，① 与欧美国家存在着不小的数量差距。此外，在“海空网极”等新兴国际法领域，我国 NGO、智库的参与程度亦略显不足。

一方面，我国的 NGO 未能取得相关国际组织的观察员地位。例如，国际民航组织在航空法和外空法的立法进程中发挥着重要作用。目前有 46 家 NGO 成为了国际民航组织的观察员，② 涉及航线、空难救助、工程、地理、法律等多个方面，但这些组织的办公地点或注册地点全部都位于西方国家(见表 4)，其中美国 13 家，西班牙 2 家，加拿大 7 家，英国 4 家(含百慕大)，荷兰 2 家，法国 5 家，瑞士 3 家，比利时 5 家，意大利 1 家，奥地利 1 家，澳大利亚 1 家，葡萄牙 1 家，没有一家的办公地点在中国。当然，我国的机构也可以成为这些 NGO 的成员，如中国民航总局的空中交通管理局是世界机场协调小组(World Wide Airport Coordinators Group)的成员，但这并不意味着我国的工作人员负责该组织的核心工作。

再如，南极生物资源养护委员会是制定南极法律规则的重要机构，其下辖的科学委员会为规则的制定提供科学依据，但与该委员会合作的 3 家 NGO 联盟，分别是南极和南大洋联盟(Antarctic and Southern Ocean Coalition)、负责任磷虾捕捞公司协会(Association of Responsible Krill Harvesting Companies)、犬牙鱼合法经营者联盟(Coalition of Legal Toothfish Operators)，它们的办公地点也都不在中国境内，③ 甚至组成南极和南大洋联盟的 18 家 NGO(包括地球之友、绿色和平、世界野生动物基金会等，见表 5)的注册地点也都

① 参见 James G. McGann, 2020 Global Go to Think Tank Index Report, University of Pennsylvania Reports, 2020, pp. 167-175, available at https://repository.upenn.edu/cgi/viewcontent.cgi?article=1019&context=think_tanks。

② 参见 Organization Able to be invited to ICAO Meetings, available at https://www.icao.int/about-icao/Pages/Invited-Organizations.aspx。

③ 参见 Cooperation with Others, available at https://www.ccamlr.org/en/organisation/cooperation-others。

不在中国境内。① 同样，中国具备“绿色和平”等 NGO 的会籍，并不意味着这些 NGO 可以算做中国的 NGO，也不意味着中国的科学家全面参与了南极的科研项目。

表 4　“国际民航组织”NGO 观察员办公地或注册地统计

序号	NGO 观察员	办公/注册地
1	Aeronautical Radio Inc.（ARINC）	美国
2	Aerospace Medical Association（AsMA）	美国
3	Air Crash Victims' Families' Federation International（ACVFFI）	西班牙
4	Airports Council International（ACI）	加拿大
5	Air Transport Research Society（ATRS）	美国
6	Aviation Working Group（AWG）	英国（百慕大）
7	Civil Air Navigation Services Organisation（CANSO）	荷兰
8	European Organisation for Civil Aviation Equipment（EUROCAE）	法国
9	Flight Safety Foundation（FSF）	美国
10	Global Express Association（GEA）	瑞士
11	Institute of International Law（IDI）	比利时
12	Inter-American Statistical Institute（IASI）	美国
13	International Academy of Aviation and Space Medicine（IAASM）	美国
14	International Aeronautical Federation（FAI）	法国
15	International Air Transport Association（IATA）	加拿大
16	International Association for the Physical Sciences of the Ocean（IAPSO）	意大利

① 参见 Coalition Members, available at https://www.asoc.org/about/coalition-members。

续表

序号	NGO 观察员	办公/注册地
17	International Association of Aircraft Brokers and Agents (IABA)	法国
18	International Association of Institutes of Navigation (IAIN)	英国
19	International Business Aviation Council (IBAC)	美国
20	International Chamber of Commerce (ICC)	法国
21	International Commission on Illumination (CIE)	奥地利
22	International Committee for Airspace Standards and Calibration (ICASC)	比利时
23	International Coordinating Council of Aerospace Industries Associations (ICCAIA)	加拿大
24	International Council of Aircraft Owner and Pilot Associations (IAOPA)	西班牙
25	International Federation of Aeronautical Information Management Associations (IFAIMA)	葡萄牙
26	International Federation of Airline Dispatchers' Associations (IFALDA)	加拿大
27	International Federation of Air Line Pilots' Associations (IFALPA)	加拿大
28	International Federation of Air Traffic Controllers' Associations (IFATCA)	加拿大
29	International Federation of Air Traffic Safety Electronics Associations (IFATSEA)	比利时
30	International Federation of Helicopter Associations (IFHA)	美国
31	International Geographic Union (IGU)	美国
32	International Law Association (ILA)	比利时
33	International Maritime Radio Committee (CIRM)	比利时
34	International Organization for Standardization (ISO)	瑞士

续表

序号	NGO 观察员	办公/注册地
35	International Society of Air Safety Investigators (ISASI)	美国
36	International Statistical Institute (ISI)	荷兰
37	International Transport Workers' Federation (ITF)	英国
38	International Union of Aerospace Insurers (IUAI)	英国
39	International Union of Geodesy and Geophysics (IUGG)	澳大利亚
40	International Union of Railways (UIC)	法国
41	Royal Aeronautical Society (RAeS)	英国
42	RTCA, Inc.	美国
43	Société internationale de télécommunications aéronautiques (SITA)	瑞士
44	Society of Automotive Engineers (SAE) International	美国
45	The International Air Cargo Association (TIACA)	美国
46	World Wide Airport Coordinators Group (WWACG)	加拿大

表 5　**"南极和南大洋联盟"NGO 成员办公地或注册地统计**

序号	NGO 观察员	办公/注册地
1	Agenda Antarctica	阿根廷
2	Centro de Consevación Cetacea	智利
3	Cetacean Society International	美国
4	Conservation International (Pacific Islands and New Zealand)	美国
5	ECO (Environment and Conservation Organisations of Aoteara, New Zealand)	新西兰
6	Frank Fenner Foundation	澳大利亚
7	Friends of the Earth — Australia	澳大利亚
8	Friends of the Earth — Japan	日本

续表

序号	NGO 观察员	办公/注册地
9	Great Whale Conservancy	美国
10	Greenpeace	美国
11	Humane Society International	美国
12	International Fund for Animal Welfare	美国
13	Korea Federation for Environmental Movements	韩国
14	Meet the Ocean	美国
15	The Pew Environment Group	美国
16	Sierra Club	美国
17	Whale and Dolphin Conservation	美国
18	WWF	瑞士

另一方面，即便是我国的专家、智库、NGO 参与了部分国际立法议程，也存在参与不足的情况。例如，《塔林手册》与《网络空间信任和安全巴黎倡议》对于网络安全的国际立法进程具有重要意义，尽管我国的专家、企业分别参与了这两项进程，但参与的力度仍有待提升，其中《塔林手册》(第一版)主要体现了西方国家专家的意见与智慧，多数发展中国家的学者没有充分参与第一版的起草工作。这种状况在《塔林手册》(第二版)的起草过程中有所改观，我国学者为《塔林手册》(第二版)的出炉作出了较大的贡献。而《网络空间信任和安全巴黎倡议》共得到了 633 家企业的支持，我国仅有华为与数盾科技两家公司参与了这一进程，① 与我国日渐兴盛的互联网产业相比，参与力度仍略显不足。

当然，我国在部分产业也具备一定的“先发优势”。例如，我国的大洋协会是国际海底“区域”采矿的“先驱投资者”，上海交通大学、中南大学、中国海洋发展战略研究所等中国智库也积极参与

① 参见 The Supporters, available at https://pariscall.international/en/supporters。

“深海采矿规章”的制定进程。自2016年以来，国际海底管理局先后公布了6份草案，分别是2016年的“采矿规章0号草案”“采矿规章环境草案”，2017年第一版统一的“采矿规章草案”，2018年6月的草案、2018年7月的草案以及2019年的草案，有4份草案收到了各方的评论意见，其中我国对2017年草案的参与最为积极，① 中国政府、大洋协会、五矿集团、上海交通大学分别提交了评论意见，全面展示了中国政府、企业与智库的立场。但是，针对2019年的草案，仅有中国政府递交的评论意见，智库与企业的参与力度似乎有所减弱。

造成我国国际法治话语主体单一的原因是多方面的，其中我国“大政府、小社会”的治理方式是不可忽视的因素。20世纪80年代以来，大量国外的NGO参与到中国改革开放的进程，但我国政府对这些NGO的活动一直采取“实用主义”的立场，仅欢迎特定领域的NGO开展在华活动。② 此外，与我国企业实施“走出去”战略的生动实践相比，我国NGO的外向发展并不顺利。相关研究表明，我国NGO对发展中国家的影响十分有限，③ 未来的对外活动仍将面对政策、资金以及专业技能等多方面的瓶颈。不过，“一带一路”智库合作正日益深化，沿线的民间组织合作网络也不断完善，这些都为“民心相通”目标的实现提供了有力支撑，也为中国国际法治话语主体的多样性提供了动力。

① 参见 Stakeholder Submissions to the draft Regulations on exploitation for mineral resources in the Area, available at https://ran-s3.s3.amazonaws.com/isa.org.jm/s3fs-public/files/documents/list-1.pdf。

② 参见黄志雄主编：《国际法视角下的非政府组织：趋势、影响与回应》，中国政法大学出版社2012年版，第293页。

③ 参见 Xiaoyun Li & Qiang Dong, Chinese NGOs are “Going Out”: History, Scale, Characteristics, Outcomes, And Barriers, China Development Brief Reports, 2018, p. 4, available at https://www.degruyter.com/view/j/npf.2018.9.issue-1/issue-files/npf.2018.9.issue-1.xml。

三、国际法治话语的司法阐述不足

联合国将推广国际司法争端解决机制视做国际法治的重要目标，希望改变当前国际司法机构管辖权受限严重的现状，颇具理想主义色彩。应当承认，国际司法能够有力推动国际法的发展。① 在不忽视争端政治背景的前提下，国际司法也确实能够产生一定的约束力。当然，国际司法争端解决机制并不是国际法治的唯一维度，一国不参与国际司法机构的诉讼案件，并不代表该国就是国际法治的破坏者。然而，在我国的外交实践中，双边协商是最常用的争端解决方式，我国参与、运用国际司法争端解决机制的意愿并不强烈，主要体现在以下几个方面：

一是对国际司法机构诉讼管辖的全面拒绝。国际法院、国际海洋法法庭、国际刑事法院是三大国际司法机构，自我国政府 1971 年恢复联合国合法席位以来，从未参与过三大机构的诉讼案件。其中，我国对国际刑事法院的拒绝是最为彻底的，由于我国对国际刑事法院的普遍管辖权、受案范围、案件调查启动程序等问题的重要关切不能得到满足，因而我国认为《罗马规约》并不公正，最终拒绝加入该规约。②

相较而言，我国对国际法院和国际海洋法法庭给予了更积极的评价，先后有多位中国籍法官在两家法院任职，史久镛法官一度担任国际法院的院长，但我国政府自签署《联合国海洋法公约》之后，从未作出接受国际海洋法法庭诉讼管辖权的书面声明，在 1971 年“重返”联合国后，也迅速撤销了国民党伪政府接受国际法院任择强制管辖的声明，并在随后签署的诸多国际条约中作出“不接受国际法院管辖”的保留。总之，在不改变既定外交政策的前提下，我国参与国际司法诉讼比较困难。

---

① 参见何志鹏：《国际司法的中国立场》，载《法商研究》2016 年第 2 期，第 45 页。

② 参见段洁龙主编：《中国国际法实践与案例》，法律出版社 2011 年版，第 373~374 页。

二是对国际司法机构的咨询案件仅做有限的参与。自1984年倪征日奥当选国际法院法官始，国际法院先后受理了11件咨询意见案件，我国仅就“依据国际法单方面宣布科索沃独立案”与“1965年查戈斯群岛从毛里求斯分裂的法律后果”两案递交了报告，这两件案件同民族自决原则、国家的分离与分立密切相关，我国递交的报告以简短的篇幅阐述了我国在这些问题上的立场。然而，我国就科索沃问题的评论意见对国际法院产生的影响较为有限，① 最终没有得到国际法院较多的采纳。剩余的九件案件同样或多或少地与我国的国家利益存在联系。例如，就“使用核武器的合法性”问题而言，虽然我国的核武器政策早已公诸于世，但面对国际法院的公开讨论，也应当进行简单的陈述，即便是单纯地质疑世界卫生组织提请案件的合法性、就国际法院的管辖权问题进行一番论述，亦可以展示我国的正面态度。

与国际法院的案件相比，我国充分参与了国际海洋法法庭的两件咨询案件，分别就“区域”矿产资源开发中的担保国责任问题和IUU捕鱼问题充分发表了意见，展现了我国勇于承担海洋环保义务、资源养护义务的态度，其中的部分实体意见也得到了法庭的采纳，但我国仍然希望限制国际海洋法法庭的扩权倾向。在“次区域渔业委员会请求发表咨询意见案”中，我国对案件的提起方和受理方都提出了质疑，认为次区域渔业委员无权提请发表咨询意见，国际海洋法法庭全庭无权发表咨询意见，② 国际海洋法法庭的管辖权扩张应通过修订《联合国海洋法公约》的方式实现。③

三是中国籍法官较少发表独立意见或反对意见。除担任某一诉讼案件中的专案法官等特定情形外，国际司法机构的法官应当秉持不偏不倚的立场，认真履行国际公务员的职责，不受主权国家指

① 参见罗国强、于敏娜：《国际法庭咨询管辖权的扩张倾向与中国策略》，载《学术界》2019年第10期，第144页。

② 参见罗国强、于敏娜：《国际法庭咨询管辖权的扩张倾向与中国策略》，载《学术界》2019年第10期，第145页。

③ 参见陈思静：《新西兰海洋法的实践及其对中国的启示》，载《山西大学学报》(哲学社会科学版)2018年第5期，第141页。

示，因而某国法官的观点不能代表该国在相关国际法议题上的立场，法官发表意见或声明也不能增强其观点的权威性。然而，作为各国国际法实务界、理论界的精英，各国法官对法院活动的参与程度，特别是发表意见或声明的频次，又或多或少能够反映出各国法律文化的差异。

自1985年倪征日奥法官参与《申请复核和解释1982年2月24日大陆架一案的判决书》始，至2019年12月，除法官补选期间和少量专庭审理的案件外，倪征日奥法官、史久镛法官参与了绝大多数诉讼案件审判和咨询意见案件，但发表声明、独立意见、反对意见的频次较为有限。据统计(见表6)，[①] 至2021年5月，倪法官发表了3份声明和意见，与同时代的小田、詹宁斯等经常发表意见的法官相比，这样的频次相对较低；史法官发表了17份意见和声明，但10件“使用武力的合法性问题”案系前南斯拉夫分别向美国等10国起诉，因而这10份意见和声明具有较高的相似度；薛法官发表了19份意见和声明，发表频次与前两任中国籍法官相比有大幅度提升。同样地，至2021年5月，国际海洋法法庭的中国籍法官先后就临时措施命令和实体判决发表了4份意见和声明，与欧美国家的法官相比，这样的频次并不高。

表6　**国际法院中国籍法官发表意见或声明情况统计**

中国籍法官	判决/命令/咨询意见	案　　件	声明/意见类型
倪征日奥	1986.06.27	在尼加拉瓜和针对尼加拉瓜的军事和准军事活动案(尼加拉瓜诉美国)(实质问题)	个别意见

① 统计来源为《国际法院判决、咨询意见和命令摘要：1948—1991》《国际法院判决、咨询意见和命令摘要：1992—1996》《国际法院判决、咨询意见和命令摘要：1997—2002》《国际法院判决、咨询意见和命令摘要：2003—2007》《国际法院判决、咨询意见和命令摘要：2008—2012》，载国际法院网站：https：//www.icj-cij.org/ch，以及国际法院案件的案件列表页面，available at https：//www.icj-cij.org/en/cases。

续表

中国籍法官	判决/命令/咨询意见	案件	声明/意见类型
倪征È	1991.11.12	1989年7月31日仲裁裁决案(几内亚比绍诉塞内加尔)	个别意见
倪征È	1992.04.14	洛克比空难事件引起的1971年《蒙特利尔公约》的解释和适用问题(利比亚诉美国)(临时措施)	声明
史久镛	1996.07.08	以核武器相威胁或使用核武器的合法性(咨询意见)	声明
史久镛	1996.07.11	关于《防止及惩治灭绝种族公约罪》的适用案(波黑诉南斯拉夫)(初步反对意见)	声明
史久镛	1999.06.02	关于使用武力的合法性(南斯拉夫诉比利时)(临时措施)	反对意见
史久镛	1999.06.02	关于使用武力的合法性(南斯拉夫诉加拿大)(临时措施)	反对意见
史久镛	1999.06.02	关于使用武力的合法性(南斯拉夫诉法国)(临时措施)	声明
史久镛	1999.06.02	关于使用武力的合法性(南斯拉夫诉德国)(临时措施)	声明
史久镛	1999.06.02	关于使用武力的合法性(南斯拉夫诉意大利)(临时措施)	声明
史久镛	1999.06.02	关于使用武力的合法性(南斯拉夫诉荷兰)(临时措施)	反对意见
史久镛	1999.06.02	关于使用武力的合法性(南斯拉夫诉葡萄牙)(临时措施)	反对意见
史久镛	1999.06.02	关于使用武力的合法性(南斯拉夫诉西班牙)(临时措施)	声明
史久镛	1999.06.02	关于使用武力的合法性(南斯拉夫诉英国)(临时措施)	声明

续表

中国籍法官	判决/命令/咨询意见	案　　件	声明/意见类型
史久镛	1999.06.02	关于使用武力的合法性(南斯拉夫诉美国)(临时措施)	声明
史久镛	2001.06.27	拉格朗案(德国诉美国)	个别意见
史久镛	2007.02.26	《防止及惩治灭绝种族罪公约》的适用案(波黑诉塞黑)	反对意见+声明
史久镛	2008.10.15	《消除一切形式种族歧视国际公约》的适用案(格鲁吉亚诉俄罗斯)(临时措施)	反对意见
史久镛	2008.11.18	《防止及惩治灭绝种族罪公约》的适用案(克罗地亚诉塞尔维亚)(初步反对意见)	声明
薛捍勤	2011.03.08	尼加拉瓜在边界地区开展的某些活动(哥斯达黎加诉尼加拉瓜)(临时措施)	声明
薛捍勤	2011.07.18	请求解释1962年6月15日对柏威夏寺(柬埔寨诉泰国)案所做判决(柬埔寨诉泰国)(临时措施)	反对意见
薛捍勤	2011.11.30	艾哈迈杜·萨迪奥·迪亚洛案(几内亚诉刚果民主共和国)	声明
薛捍勤	2012.02.01	国际劳工组织行政法庭就针对国际农业发展基金案的指控作出的第2867号判决(咨询意见)	反对意见
薛捍勤	2012.07.20	有关或起诉或引渡义务的问题(比利时诉塞内加尔)	反对意见
薛捍勤	2012.11.19	领土争端和海洋划界案(尼加拉瓜诉哥伦比亚)	声明
薛捍勤	2013.11.11	请求解释1962年6月15日对柏威夏寺(柬埔寨诉泰国)案所做判决(柬埔寨诉泰国)	反对意见
薛捍勤	2014.01.27	海洋争端(秘鲁诉智利)	联合声明
薛捍勤	2014.03.31	捕鲸案(澳大利亚诉日本)	个别意见

续表

中国籍法官	判决/命令/咨询意见	案　　件	声明/意见类型
薛捍勤	2015. 02. 03	《防止及惩治灭绝种族罪公约》的适用案（克罗地亚诉塞尔维亚）	个别意见
薛捍勤	2016. 10. 05	停止核军备竞赛和实行核裁军的谈判义务（马绍尔群岛诉巴基斯坦）	声明
薛捍勤	2016. 10. 05	停止核军备竞赛和实行核裁军的谈判义务（马绍尔群岛诉印度）	声明
薛捍勤	2016. 10. 05	停止核军备竞赛和实行核裁军的谈判义务（马绍尔群岛诉英国）	声明
薛捍勤	2016. 12. 07	刑事程序与豁免（赤道几内亚诉法国）（临时措施）	个别意见
薛捍勤	2018. 02. 02	波蒂略岛北部的陆地边界（哥斯达黎加诉尼加拉瓜）	个别意见
薛捍勤	2018. 02. 02	加勒比海和太平洋海洋划界（哥斯达黎加诉尼加拉瓜）	个别意见
薛捍勤	2018. 06. 06	刑事程序与豁免（赤道几内亚诉法国）（初步反对）	反对意见
薛捍勤	2019. 06. 14	适用《消除一切形式种族歧视的国际公约》（卡塔尔诉阿拉伯联合酋长国）（临时措施）	声明
薛捍勤	2020. 12. 11	刑事程序与豁免（赤道几内亚诉法国）	反对意见

四是对部分“准司法争端解决机制”持回避态度。我国对 WTO 争端解决机制的深度参与，是我国学习并运用“准司法争端解决机制”的成功案例，但对于其他的类似机制，我国仍然持较为强烈的回避态度。例如，自我国加入世界银行集团之后，至 2021 年 5 月，中国政府仅参与过 5 起“投资者—国家争端”的解决，分别是“伊佳兰有限公司诉中国案”（Ekran Berhad v. People's Republic of China）、“韩国安城住房株式会社诉中国案”（Ansung Housing Co. , Ltd v. People's

Republic of China)、“罗德与施瓦茨科技有限公司诉中国案”(Hela Schwarz GmbH v. People's Republic of China)、“日本远大贸易公司诉中国案”(Macro Trading Co., Ltd. v. People's Republic of China)与“新加坡商人 Goh Chin Soon 诉中国案”(Goh Chin Soon v. People's Republic of China),① 但这五起案件最终都未能进入实体裁决阶段。再如，“南海仲裁案”的结果显失公正，对于管辖权问题与实体问题的论断存在多处错误，严重侵犯了我国的国家利益，但我国在该案过程中的态度也展示出对此类仲裁程序的回绝。在该案的初始阶段，参与管辖权抗辩的程序是一种可选的策略，但我国最终作出了彻底“不接受、不参与、不承认、不执行”的决策，从始至终没有参与仲裁庭的任何程序。在案件结束之后，中国国际法学会撰写的《南海仲裁案裁决之批判》也认为“信息交换义务”应当具备较高的门槛,② 假定未来他国试图启动《联合国海洋法公约》的附件七仲裁程序，再度试图对我国提起仲裁程序，在争端的具体磋商过程中，怎样的“信息交换”才能达到我方认为的充分程度，仍是未知数。

国际司法诉讼案件除了最终的胜负划分与权利义务的定型之外，也为各国提供了表述国际法话语的机遇，即便是败诉的一方，亦可以通过诉讼程序向国际社会阐述自身的立场,③ 而咨询意见案件也可以成为解决特定争端解决的选项。④ 因此，国际司法未来有可能成为我国的争端解决方式之一，我国也应当充分做好各项准备工作。

四、中西方“厚法治”观念差异中的人权话语冲突

我国国际制度话语权欠缺、非政府主体失声、国际司法参与不

① 参见 https://icsid.worldbank.org/cases/case-database。

② 参见中国国际法学会:《南海仲裁案裁决之批判》，外文出版社 2018 年版，第 141~151 页。

③ 例如，日本在“捕鲸案”中最终败诉，但日本充分的诉讼准备工作，客观上推动了各国对《国际法院规约》第 63 条的关注。参见何田田:《国际法院“南大洋捕鲸”案评析》，载《国际法研究》2015 年第 1 期，第 108 页。

④ 参见张丽娜、王崇敏:《国际海洋法法庭咨询管辖权及其对中国的启示》，载《学习与探索》2013 年第 12 期，第 84 页。

足的现状表明我国形式层面的国际法治话语力量有待提升。而对照“良法善治”的要求，我国在参与国际法治的建设中同样需要展现正确的价值判断，因为如果一国出于加剧国际争端、破坏国际社会基本准则的目的推动国际机制的修订与重构，那么修订或重构后的机制很难称为“良法”。历史上，《慕尼黑协定》《苏德互不侵犯条约》等侵犯甚至牺牲中小国家主权利益的条约，自然不能称为国际规则体系的有益补充，更不能视作英、法、德、苏等国为完善世界秩序所作的贡献。当然，这种价值判断的标准并不明确，除去“公平”“正义”“和谐”等较为抽象的价值判断标准外，“维护国际和平”“保障人权”等《联合国宪章》规定的宗旨亦可作为参照。在国内法治中，一项法律是否尊重并保护人权，是评判“良法”与“恶法”的指标之一。就国际法治而言，自 1945 年第二次世界大战结束以来，为避免大屠杀等惨剧的重现，尊重和保障人权已构成国际共识，一国是否积极践行国际人权法律机制，可以视作该国政府推进“善治”的表征，即便是人权状况堪忧的国家，也不会公开蔑视或否认人权保障的价值；而人权保障本身，也不能概括性地称作“国际事务”或“专属国际管辖”的事务。

仅就法学研究来说，“人权”一词的含义十分广泛，包括但不限于以下情形：一是作为一项道德准则，指代人与人之间相处的方式；二是指代政府与个人之间的关系，限定“善治”与“恶治”的标准；三是指代国际社会的人权保障机制，特殊情形下会成为干预他国内政的借口；四是指代人权法在国际公法中的重要性。[①] 自 1948 年《世界人权宣言》公布以来，作为“道德准则”的人权淡化了基督教的色彩，[②] “人之所以为人的权利”不止源于“上帝赋予”，全世界都可接受的世俗性人权体系逐步形成，但各国对各类人权的优先

① 参见 Steven Wheatley, The Idea of International Human Rights Law, Oxford University Press, 2019, p. 17。

② 参见常健、殷浩哲：《人权概念的不断丰富和发展——兼论〈世界人权宣言〉的历史意义和中国对人权事业的重要贡献》，载《红旗文稿》2018 年第 22 期，第 8 页。

性排序仍有所不同。实践中，一国的人权内政与他国的“人道主义”干预，极易形成人权话语的冲突，而现实中的中西人权理念差异，包括“集体人权的正当性”“公民、政治权利与经济、文化权利的优先性”之争，似乎会给西方留下“欧洲尊重人权而中国不尊重人权”的印象。① 这种争论也同样体现在国家政策、国际人权机制乃至各国的民情调查之中。

中美的人权政策斗争是这种争论的典型例证。长期以来，美国政府按年度发布所谓“中国人权报告”，无端指责中国的人权状况。为应对美方的无端指责，中国于2000年起发布了《美国的人权纪录》，② 对美国的人权状况加以点评。以2019年度的所谓“中国人权报告”与《美国的人权纪录》为例，2019年所谓“中国2019年人权报告”充斥着对中国少数民族政策、刑事司法程序以及“公民权利与政治权利”的无端抹黑；与之相对应，2018年《美国的人权纪录》则更加关注美国的民生问题，该报告提到的枪支泛滥、贫富差距加大、仇恨犯罪加剧等状况旨在表明美国民众的生存权、经济权利受到了较大的损坏。③ 中美两国对于“公民权利与政治权利”的分歧，同样反应在《公民权利和政治权利公约》的签约进程中。在意识形态斗争较为激烈的年代，西方国家一度将意识形态分歧作为攻击中国人权状况的工具。④ 在冷战结束后的20世纪90年代初，美国也曾将人权问题与贸易问题相关联，向中国政府施压。

除了政府层面的人权斗争外，中西方之间的国民价值观差异同样可以反映出人权理念的不同。依照最新的世界银行“世界价值观”调查结果，选取中国与西方国家国民对“人权受尊重情况”“签

① 参见[比]邓肯·弗里曼、[比]古斯塔夫·盖拉茨著：《欧洲与中国的人权观差异》，朱鸣译，载《欧洲研究》2011年第2期，第74页。

② 参见邱昌情：《中国在国际人权领域话语权：现实困境与应对策略》，载《人权》2018年第3期，第74页。

③ 参见中华人民共和国国务院新闻办公室：《2018年美国的人权纪录》，载《人民日报》2019年3月15日第17版。

④ 参见张永和主编：《国家人权行动计划(2016—2020年)解读》，法律出版社2017年版，第294页。

署请愿书”“首选目标”等问题的答案统计数据，中西方之间的回答差异较大，但很难据此贴上孰优孰劣的标签(具体情况见表7—表9，其中中国采用的是2013年公布的数据、美国采用的是2011年公布的数据、澳大利亚采用的是2012年公布的数据、德国采用的是2013年公布的数据、西班牙采用的是2011年的数据)。

表7 **中国和部分西方国家对人权的尊重情况**

国家	总数	非常尊重	比较尊重	不太尊重	根本不尊重	未作答	不知道
中国①	2300	17.9%	51.4%	12.5%	1.9%	5.8%	10.5%
美国②	2232	13.5%	48.0%	32.9%	4.0%	1.5%	
澳大利亚③	1477	16.2%	56.1%	24.7%	2.5%	0.4%	
德国④	2046	30.1%	56.3%	11.4%	1.0%	0.3%	0.9%
西班牙⑤	1189	8.5%	43.3%	39.4%	6.5%	0.2%	2.1%

① 参见 The Research Center for Contemporary China (RCCC) at Peking University, WV6_Results_China 2013_v20180912, World Values Survey Reports, 2013, p. 66, available at http://www.worldvaluessurvey.org/WVSDocumentationWV6.jsp。

② 参见 Institute for Social Research at University of Michigan, WV6_Results_United States 2011_v20180912, World Values Survey Reports, 2011, p. 86, available at http://www.worldvaluessurvey.org/WVSDocumentationWV6.jsp。

③ 参见 Deparment of Political Science Australian National University, WV6_Results_Australia 2012_v20180912, World Values Survey Reports, 2012, p. 66, available at http://www.worldvaluessurvey.org/WVSDocumentationWV6.jsp。

④ 参见 Ipsos, WV6_Results_Germany 2013_v20180912, World Values Survey Reports, 2013, p. 77, available at http://www.worldvaluessurvey.org/WVSDocumentationWV6.jsp。

⑤ 参见 Análisis Sociológicos Económicos y Políticos, WV6_Results_Spain 2011_v20180912, World Values Survey Reports, 2011, p. 72, available at http://www.worldvaluessurvey.org/WVSDocumentationWV6.jsp。

表8 **政治活动：签署请愿书**

国家	总数	签署过	可能签署	永不签署	未作答	不知道
中国①	2300	4.5%	37.7%	53.4%	4.0%	0.5%
美国②	2232	60.1%	30.7%	8.0%	1.1%	
澳大利亚③	1477	70.1%	24.9%	3.5%	1.5%	
德国④	2046	42.7%	32.2%	23.9%	0.2%	0.7%
西班牙⑤	1189	22.1%	38.4%	32.4%	1.7%	5.5%

表9 **被调查者的目标：首选**

国家	总数	保持国家秩序稳定	政府决策广纳民意	抑制物价上涨	保障言论自由	未作答	不知道
中国⑥	2300	27.2%	9.4%	52.1%	2.5%	2.6%	6.2%

① 参见 The Research Center for Contemporary China (RCCC) at Peking University, WV6_Results_China 2013_v20180912, World Values Survey Reports, 2013, p. 34, available at http://www.worldvaluessurvey.org/WVSDocumentationWV6.jsp。

② 参见 Institute for Social Research at University of Michigan, WV6_Results_United States 2011_v20180912, World Values Survey Reports, 2011, p. 44, available at http://www.worldvaluessurvey.org/WVSDocumentationWV6.jsp。

③ 参见 Deparment of Political Science Australian National University, WV6_Results_Australia 2012_v20180912, World Values Survey Reports, 2012, p. 34, available at http://www.worldvaluessurvey.org/WVSDocumentationWV6.jsp。

④ 参见 Ipsos, WV6_Results_Germany 2013_v20180912, World Values Survey Reports, 2013, p. 39, available at http://www.worldvaluessurvey.org/WVSDocumentationWV6.jsp。

⑤ 参见 Análisis Sociológicos Económicos y Políticos, WV6_Results_Spain 2011_v20180912, World Values Survey Reports, 2011, p. 35, available at http://www.worldvaluessurvey.org/WVSDocumentationWV6.jsp。

⑥ 参见 The Research Center for Contemporary China (RCCC) at Peking University, WV6_Results_China 2013_v20180912, World Values Survey Reports, 2013, p. 24, available at http://www.worldvaluessurvey.org/WVSDocumentationWV6.jsp。

续表

国家	总数	保持国家秩序稳定	政府决策广纳民意	抑制物价上涨	保障言论自由	未作答	不知道
美国①	2232	20.9%	26.6%	34.1%	16.8%	1.6%	
澳大利亚②	1477	47.2%	9.1%	35.0%	7.1%	1.7%	
德国③	2046	19.2%	31.1%	26.8%	22.1%	0.1%	0.7%
西班牙④	1189	30.4%	19.7%	37.3%	11.2%	0.4%	0.9%

从上述三组数据的对比可以看到，我国的被调查者对中国的人权状况整体感到满意，因而西方将中国视作人权落后国家的认知缺乏依据。但是，我国公民参与公共政治事务的热情不如西方国家，对于物价上涨指数的重视程度却远高于其他四国，这两项数据也直观地反映出经济权利在中国公民的人权认知中具备优先地位。究其原因，中国的人口、资源状况与自然条件是最为重要的因素，这些因素决定了生存权与发展权必须成为中国的首要人权。⑤

当然，上述人权理念方面的差异并不一定时时刻刻反映到各国的人权外交之中，这些差异也并非完全没有弥合的空间。例如，在小布什任美国总统期间，美国政府的外交政策并不完全契合以往的

① 参见 Institute for Social Research at University of Michigan, WV6_Results_United States 2011_v20180912, World Values Survey Reports, 2011, p. 31, available at http://www.worldvaluessurvey.org/WVSDocumentationWV6.jsp。

② 参见 Deparment of Political Science Australian National University, WV6_Results_Australia 2012_v20180912, World Values Survey Reports, 2012, p. 24, available at http://www.worldvaluessurvey.org/WVSDocumentationWV6.jsp。

③ 参见 Ipsos, WV6_Results_Germany 2013_v20180912, World Values Survey Reports, 2013, p. 26, available at http://www.worldvaluessurvey.org/WVSDocumentationWV6.jsp。

④ 参见 Análisis Sociológicos Económicos y Políticos, WV6_Results_Spain 2011_v20180912, World Values Survey Reports, 2011, p. 24, available at http://www.worldvaluessurvey.org/WVSDocumentation WV6.jsp。

⑤ 参见张国斌：《求同存异中的中西方人权探讨》，载《公共外交季刊》2015 年第 4 期，第 72 页。

人权目标，① 在应对达尔富尔问题等具体情势时，美国也没有过多采取“人道主义干预”措施。再如，尽管中西方的人权话语冲突由来已久，但“中美人权对话”“中欧人权对话”等机制仍在发挥功效。有资料表明，“中欧人权对话”在2003年、2004年一度进入蜜月期，中欧代表在对话机制的具体设计方面进行了探索，2003年11月的会谈对于修订中国的教育立法、保障中国公民的受教育权也发挥了积极作用。②

回顾人权法的诞生历史，“人权保障”最初也只是一种应然的构想而非实然的状态。1948年，美国国内的种族隔离问题、英国的殖民地问题、苏联的“古拉格政治犯”问题显然都与“人权保障”的理念格格不入，③ 但这并不妨碍《世界人权宣言》的诞生。因此，即便中西方之间相互发现了对方的人权短板，也不意味着这些人权问题将永远无法改观，我国过去数十年间的人权建设也取得了举世瞩目的成就。自2009年起，我国已先后公布了三份《人权行动计划》，每一项计划都得到了良好的实施，对于已经签署的《禁止酷刑公约》等人权条约，我国亦积极履行义务，及时向联合国递交国别报告，得到了国际社会的总体肯定。这些都为增进中西方之间的人权对话、人权合作奠定了基础。然而，由于人权问题极易成为干涉他国内政的借口，也存在同各类外交决策捆绑的可能，中西方之间的人权分歧注定长期存在，我国也不得不面对持续的人权话语挑战。

五、国际法治话语阐述缺乏总体规划

如果我国国际法治话语面临的上述挑战未能有所改观，将对“一带一路”倡议带来一定的负面影响。例如，由于中国主动参与

① 参见 Jan Hancock, Human Rights and US Foreign Policy, Routledge, 2007, p. 53。

② 参见 Katrin Kinzelbach, The EU's Human Rights Dialogue with China Quiet Diplomacy and Its Limits, Routledge, 2015, p. 126。

③ 参见 Steven Wheatley, The Idea of International Human Rights Law, Oxford University Press, 2019, p. 68。

国际法院相关活动的能动性并不高，与“一带一路”相关的争端便很难通过国际法院加以解决。再如，我国 NGO 的发展较为滞后，国际法治话语主体较为单一，在“一带一路”国际法治话语的生产环节面临一定的短板。此外，由于“一带一路”倡议涉及大量的工程建设活动，如果中国与沿线国家的人权冲突不能得到完善的解决，那么“一带一路”倡议的推进也将面临相应的阻碍。

除上述挑战外，另外一项值得关注的问题是“我国是否需要对话语表达加以规划”。由于中国政府并未就“一带一路”倡议相关的国际制度构建作出明确的安排，现阶段的“一带一路”国际法治合作也并非依照严密的路线图行军，因而有学者指出，中国的国际法治应采取“摸着石头过河”的方式，缺乏规划也往往意味着应变能力的提升。①

的确，预判一国国际法治建设的方向、进而制定详尽的建设规划，面临的困难不言而喻。自国际法学在中国近代的高等教育体系中落地生根之后，历代国际法学人在旧中国取消“治外法权”、新中国妥善处理条约继承关系、恢复联合国合法席位、恢复行使香港、澳门主权等重要议题上积极贡献自己的力量，② 为中国政府公平适用国际规则提供了诸多有益的方案。然而，每一个时代重点关注的法治议题，往往与一国当时所处的国际环境密切相关，并非国际法学者乃至政府所能预设，甚至对于部分现实问题(如中国是否/何时接受国际法院的管辖等)，也很难在获得充分共识的基础上规划解决方案。此外，在特定的历史时期，全面的意识形态斗争会掩盖国际法治层面的是非判断，因而即便一国能够描绘美好的前景，导致规划夭折的诸多因素亦难以充分预见。

然而，我国仍有必要就国际法治建设进行宏观规划，因为尽管“非体系化”的探索方式能够在一定程度上增强“适应性管理”的能

---

① 参见何志鹏：《国际法治的中国方案——“一带一路”的全球治理视角》，载《太平洋学报》2017 年第 5 期，第 2 页。

② 参见杨泽伟：《新中国国际法学 70 年：历程、贡献与发展方向》，载《中国法学》2019 年第 5 期，第 179 页。

力，但这样的灵活性不能脱离我国对国际法治的总体态度，在经济社会稳定发展阶段，我国短期内大幅度改变国际法治层面的关切，终究弊大于利，而部分便于长期执行的措施，也应当在规划中予以考量：

一是传承新中国成立之后形成的国际法治理念。“国际法治”不仅仅是“薄”“厚”层面的抽象意涵，更具体体现在一国的国际法理念之中，其中符合时代潮流的部分仍然值得传承。美国国务院的法律咨询办公室每年会公布一份《美国国际法实践摘要》(Digest of United States Practice in International Law)，其中有部分评述他国法治状况的内容,[①] 展示出美国较为激进的国际法理念；欧洲则更为注重区域内部的法治，欧盟委员会于2019年颁布了《增强欧盟内部法治》的政策文件，试图促进更为一致的欧洲法治文化的形成。[②]由于我国经历了长期的“半殖民地半封建”社会，与多数发展中国家一同处于“第三世界”，我国的国际法治观更偏向“主权平等”“包容互鉴”“公正有效”“合作共赢”[③]；“和平共处五项原则”以及《中国和俄罗斯联合发表关于促进国际法的声明》中阐述的诸多理念，都应当加以传承和发展，为“人类命运共同体”的构建提供法治思想源泉。

二是增强国际法治议题的设置能力。布热津斯基曾将大国间国际关系比作棋手间的对弈,[④] 形象地展示出国际关系中可能存在的

① 参见 CarrieLyn D. Guymon, Digest of United States Practice in International Law, United States Department of State Office of the Legal Adviser Reports, 2018, p. 38, available at https://www.state.gov/wp-content/uploads/2019/10/2018-Digest-Final-Draft.pdf。

② 参见 European Commission, Rule of Law, EU Reports, 2019, p. 1, available at https://ec.europa.eu/commfrontoffice/publicopinion/index.cfm/survey/getsurveydetail/instruments/special/surveyky/2235。

③ 何志鹏：《“一带一路”：中国国际法治观的区域经济映射》，载《环球法律评论》2018年第1期，第148页。

④ 参见[美]布热津斯基著：《大棋局：美国的首要地位及其地缘战略》，中国国际问题研究所译，上海人民出版社1988年版，第55页。

斗争关系。国际法治是一项更强调合作的国际议题，一国要提升国际法治领域的话语权，当然不能以牺牲他国正当的国家利益为代价，但这并不妨碍部分国家率先提出议案并广泛寻求各国的支持，进而在符合“平等、公平、正义”等自然国际法原则的前提下通过变革国际法律机制的方式维护自身的利益。我国政府自恢复联合国合法席位之后，加入了很多重要的国际法律机制，也较为全面地参与了各项重大的国际立法议程，却从未主导这些机制或议程的发展方向，独立的议题设置能力更是一项短板。在全面建设“一带一路”的大背景下，我国更应提早谋划法律机制建设的前景以及国际法治合作领域可能存在的发展方向，因为“适应性学习”主要是应对难以预料的风险，而国际法的发展史是各国政府、国际组织、学者共同作用的结果，并非完全不可预料，如果完全不去探索我国可能主导的新兴法治议题，那么我国作为“一带一路”倡议的发起国，仍将处于被动学习的地位，我国提升国际话语权的进程也将十分缓慢。

三是适时作出力所能及的国际法治承诺。在联合国 2013 年组织的递交“法治承诺”活动中，我国并未积极参与，错失了一次表达中国国际法治话语的良机。结合各国最终递交的相关承诺来看，很多国家当时计划签署或加大国内实施力度的国际条约，我国已经签署并采取了配套措施，在保障儿童与残障人士权利、禁止酷刑等方面已属于“先行者”，而对于打击恐怖主义活动、有组织犯罪、海盗活动、腐败行为、遵守联合国的制裁系统等，我国也一贯持支持态度，采取了多方面的国内措施。此外，近年来我国对国际法的推广与能力建设项目也投入了大量的人力物力，为“一带一路”沿线国家培养了大批的法律外交官员与国内司法人员。因此，我国进一步作出相关的法治承诺，甚至在国际法治合作中扮演“援助者”的角色，具备坚实的基础。当然，部分国际法律机制（如“国际刑事法院”等）由于同我国的外交政策相去甚远，我国短期内难以加入，但对于未来有可能加入的国际条约、开展的国际法治合作项目，我国不仅应当提早谋划，更应在适当的时机予以公开承诺，体现我国维护国际法治的决心与力量。

本章小结

无论是从形式层面回顾国际法的发展脉络，还是从实质层面理解国际法的功能与价值，都不应将国际法视作恶法或国际社会的行动阻碍。“一带一路”沿线的法治状况不容乐观，亟待各国增强国际法治建设，共同营造繁荣稳定的发展环境。过去七年的“一带一路”建设为增进国际法治奠定了坚实的物质基础，推动了 WTO、《巴黎协定》等重要国际机制与规则在沿线地区的适用，促进了国际规则的协调与创新，亚投行等符合国际法治要求的国际组织得以建立，表明我国在“一带一路”倡议的实施过程中为增进国际法治贡献了大量的中国智慧。当然，我国的国际制度话语权仍略显不足，培育的非政府主体数量较为有限，国际司法实践相对匮乏，来自西方的人权话语挑战也将长期存在，这些都是我国必须面临的国际法治挑战。因此，我国有必要制定战略性的国际法治建设规划，为提升我国的国际法治话语权准备更多的计划与方案。

第三章　“一带一路”国际法治话语的价值指引：构建人类命运共同体

应对我国国际法治话语面临的诸多挑战，既需要坚持“国际法治”的总体要求，也需要充分体现中国智慧与中国的时代特色。2013年9月至10月，习近平主席在出访中亚地区和东南亚地区的过程中，分别发出构建“丝绸之路经济带”与“21世纪海上丝绸之路”的倡议，① “一带一路”建设的伟大征程就此启动。同样在2013年，习近平主席在造访莫斯科的演讲中指出，“世界越来越成为你中有我、我中有你的命运共同体”②，构建“人类命运共同体”的伟大设想由此提出。两项倡议与构想，高度概括了中国参与全球治理的方案与智慧，共同写入了联合国的相关决议，③ 具备广泛的国际影响力。随着时间的推移，两者之间的联系也越发紧密。多数学者认为，“人类命运共同体”更侧重观念阐述，“一带一路”倡议则更贴近于中国参与全球治理的实践范本，④ 即两者的关系类似于“思想”与“器物”；更精确地说，在“人类命运共同体”的建构进程中，

---

① 参见张博畅：《论“一带一路”倡议在人类命运共同体中的若干理论问题》，载《沿海企业与科技》2019年第5期，第8页。

② 习近平：《论坚持推动构建人类命运共同体》，中央文献出版社2018年版，第5页。

③ 参见杨泽伟：《新时代中国国际法观论》，载《武汉科技大学学报》(社会科学版)2020年第5期，第468页。

④ 参见孙灿：《人类命运共同体与新时代中国的全球治理逻辑》，载《湖北行政学院学报》2020年第2期，第24页。

“一带一路”倡议有可能发挥激励性作用。[1] 显然，两者在文化渊源、治理理念、合作领域等方面都存在诸多的相似之处。而“一带一路”法治话语的阐述，更应当彰显“人类命运共同体”的时代价值，进而提升“一带一路”法治话语的价值高度。

第一节 “一带一路”与“人类命运共同体”的同质性

一、相近的传统文化渊源

（一）“以和为贵”的和平观

论及人类追求和平、预防战争的漫长进程中，康德的“永久和平”理论被视作重要的理论渊源。该理论强调国与国之间的互助与朋友关系，为国际联盟和联合国的创设提供了重要的理论基础。[2] 与之相比，“人类命运共同体”思想也并非凭空产生，而是有着深厚的中国传统文化渊源，早于“永久和平”理论的中国“和”文化，同样具备“爱好和平、追求和谐”的思想内涵，[3] 能够为“人类命运共同体”的构建提供文化源泉。

美国学者费正清指出，中国爱好和平的传统，体现在中国的军事史中，[4] 中国古代诸学百家的论述，同样也可以展现中国“爱好

① 参见王玉主：《中国的国际社会理念及其激励性建构——人类命运共同体与“一带一路”建设》，载《当代亚太》2019年第5期，第6页。

② 参见罗国强、徐金兰：《人类命运共同体的国际法价值研究》，载《新疆大学学报》（哲学·人文社会科学版）2020年第2期，第17页。

③ 参见马忠法、葛淼：《论“和”文化语境下的国际法治建设》，载《河北法学》2020年第1期，第12页。

④ 参见徐敏：《中西法律文化冲突与中国国际法实践及其价值认同》，武汉大学博士学位论文，2017年12月，第159页。

和平”的民族特质以及中国“和平崛起”的文化基因。[①] “敬民”“尚仁”“贵和”是儒家学说中的重要观点，[②] 其中“贵和”不仅指家庭成员、邻里之间的和睦，同时也具有国与国之间和平相处的内涵。孔子、孟子等儒家都普遍厌恶战争，反对使用武力。孔子提出“有国有家者，不患寡而患不均，不患贫而患不安。盖均无贫，和无寡，安无倾。夫如是，故远人不服，则修文德以来之。既来之，则安之”[③]，明确表达了以财富平均、修治文德而非战争攻伐作为安邦定国之策的观点；孟子提出“争地以战，杀人盈野；争城以战，杀人盈城”[④]，展现了战争导致的惨剧，暗含反对战争的理念。而“善战者服上刑”[⑤]的学说明确谴责了春秋战国时期经常发动战争的诸侯，[⑥] 表达了孟子惩治战争罪犯的愿望。除儒家思想外，墨家、道家等百家学说同样不赞同战争攻伐。墨子对战争本身的合法性提出了质疑，认为攻取别国领土的战争是非正义的，“今至大为不义攻国，则弗知非，从而誉之，谓之义，此可谓知义与不义之别乎”[⑦]。道家的学说虽没有直接探讨战争的合法性问题，但是在老子设想的“小国寡民”的社会中，也并不需要战争与兵器，[⑧] 这些都与自然的生活状态格格不入。

我国古代先贤开辟“陆上丝绸之路”、打通“海上丝绸之路”的壮举，无疑是中国和平思想的最佳实践。古代中国政府探索丝绸之路的历程最早可以追溯到张骞出使西域的活动，“海上丝绸之路”

① 参见李赞：《建设人类命运共同体的国际法原理与路径》，载《国际法研究》2016 年第 6 期，第 66 页。

② 参见谢霄男：《人类命运共同体对儒家“礼治”思想的传承与超越》，载《江汉大学学报》(社会科学版)2020 年第 3 期，第 57 页。

③ 《论语·季氏》。

④ 《孟子·离娄下》。

⑤ 《孟子·离娄上》。

⑥ 参见曹关群：《孟子和平思想探析》，载《泉州学院学报》2017 年第 1 期，第 109 页。

⑦ 《墨子·非攻上》。

⑧ 参见蔡德贵：《道家道法自然的和平论》，载《安徽大学学报》(哲学社会科学版)2002 年第 5 期，第 4 页。

的探索进程更是可以追溯到周王朝时期对东海航线的探索，[①] 直至明清时代采取“闭关锁国”的政策之前，中国与古代丝绸之路的沿线国家保持着持续的往来，而中国使节探索丝绸之路的进程始终以和平往来为主旨，这些传播中华文化、促进商品往来的活动从未与沿线地区兵戎相见，为沿线地区的繁荣发展带来了希望，充分了体现了我国“和而不同”却又“以和为贵”的相处之道。[②] 因此，“和平合作、开放包容、互学互鉴、互利共赢”的丝路精神，[③] 既表明了我国参与“一带一路”建设的基本态度，也同样反映了古代先贤开拓“丝绸之路”时所坚持的理想信念，更与“人类命运共同体”理念“普遍安全”的设想密切相关。可以说，“丝路精神”与“人类命运共同体”理念，都深刻反映了中国传统文化中追求和谐的有益成分，具备较高程度的“普适性”。而我国长期以来爱好和平的传统，也必将体现在中国对《联合国宪章》等国际法律文件的遵守之中，中国也将为“一带一路”沿线地区的安全稳定作出新的贡献。

（二）“天下大同”的天下观

儒学倡导中国古代的知识分子胸怀“修身、齐家、治国、平天下”的理想，遵循“穷则独善其身、达则兼济天下”的操守，为天下苍生的事业而孜孜不倦地奋斗。在国家治理之外仍然存在平定天下的设想，表明中国古代的哲学思想中也不乏普适的因素，在个体利益和单个国家的利益之外能够考虑世界整体的利益与秩序。[④] 对于如何实现“天下大同”或“天下一家”，中国古代的思想家也有所探

---

① 参见刘虹飞、刘瑜等：《浅论“一带一路”与人类命运共同体建设》，载《宏观经济管理》2019 年第 8 期，第 86 页。

② 参见陈霞：《和合文化：人类命运共同体的思想溯源》，载《新疆大学学报》（哲学 · 人文社会科学版）2020 年第 3 期，第 68 页。

③ 参见王远启：《人类命运共同体思想引领新时代——统一战线服务“一带一路”建设的思考》，载《统一战线与“一带一路”：2019 统一战线前沿问题研究文集》，第 57 页。

④ 参见徐敏：《中西法律文化冲突与中国国际法实践及其价值认同》，武汉大学博士学位论文，2017 年 12 月，第 159 页。

讨。周朝时期的先贤提出“观乎人文，以化成天下”[1]，强调了道德教化在世界秩序形成中的作用；孟子提出“立天下之正位，行天下之大道”[2]，提倡以合乎公平正义的方式行事。[3] 作为一项由来已久的政治世界观，“天下一家”的政治世界观也得到了部分国外学者的赞同。一位芬兰的学者便指出，提出“人类命运共同体”的灵感或许源自“天下一家”的理念，中国的外交政策也正受到该理念的影响和激励。[4] 纵观中国先贤探索古代丝绸之路的实践，虽不完全是基于“天下大同”的理想，但客观上促进了沿线地区的互通往来，为“天下”的发展作出了贡献。

当然，从“去其糟粕、取其精华的”角度而言，一些带有时代印迹的内容已不再适合作为阐释“一带一路”倡议与“人类命运共同体”的渊源，一些专制、反人道、与现代法治理念格格不入的内容，[5] 应将其摒弃。具体到中国古代的“天下观”，尽管“天下”的层级位于“国家”之上，但反映至中国古代的外交政策，其中的部分内容带有显著的“尊王攘夷”色彩，这显然与《威斯特伐利亚和约》签订之后的“主权平等原则”格格不入。而中国古代“天朝上国”的思想也导致西方的近代自然科学难以在明清时代的中国广泛传播，“夷夏之防”与中西学理的正邪之争，[6] 使得中国融入现代文明世界的脚步有所迟滞。直至晚清修订新法，中国的知识分子才普遍

① 《易经》。

② 《孟子·滕文公(下)》。

③ 参见张敏、杨晓兵：《立天下之正位，行天下之大道》，载《解放军报》2017 年 8 月 25 日第 7 版。

④ 参见殷文贵：《动机·前景·理路：人类命运共同体理念的国外认知与评价》，载《云南民族大学学报》(哲学社会科学版) 2020 年第 2 期，第 19 页。

⑤ 参见马忠法、葛淼：《论“和”文化语境下的国际法治建设》，载《河北法学》2020 年第 1 期，第 12 页。

⑥ 参见刘再复、林岗：《传统与中国人》，中信出版社 2010 年版，第 359 页。

认同中国需要融入“大同”的世界之中，① 与“各国”平等。当然，诸多语义学上的考证结果能够证明“夷”字并不具有歧视的意味，反倒是西方在殖民进程中对殖民地的统治充满了歧视的意味。但中国古代的统治者长期维持的“朝贡体系”，将中国视为“天朝上国”、将周边的国家视为藩属，这仍然是一种不平等的外交观。在“主权平等原则”深入人心的今天，唯有充分尊重沿线各国的主权平等，以主权国家而非“天朝上国”的姿态同沿线国家进行平等交往，“一带一路”倡议与“人类命运共同体”建设才有可能取得成功，最终得到沿线国家的广泛认同。

（三）“重义轻利”的义利观

除崇尚和平、天下大同之外，我国“重义轻利”的传统对中国的外交政策同样具有深远的影响。在探讨物质利益与道德规范的关系时，中国的古代先贤普遍轻视前者、重视后者。例如，孔子提出“君子喻于义，小人喻于利”②，便是对“重利轻义”者提出了道德批判；而孟子提出“舍生而取义者也”③，将“义”置于生命之上，显示出“义”在儒学中的崇高地位；墨子提出“兼相爱、交相利”④，同样是在提倡相互关爱、维护共同的利益。虽然先贤们在提出这些观点时主要着眼于人与人之间的相处之道，并没有考虑到国与国之间的义利关系，但中国古代政府依托陆上丝绸之路与海上丝绸之路开展的外交活动，却同样遵循“重义轻利”“厚往薄来”的原则，从未将获取经济利益作为外交活动的出发点。在“朝贡体系”下，中国的赏赐往往多于朝贡的礼品，从而让周边的藩属国感受到“天朝上国”的大义。

当然，中国古代政府不计经济成本的外交方式并非无可挑剔，

① 参见梁治平：《礼教与法律：法律移植时代的文化冲突》，上海书店出版社2013年版，第116页。

② 《论语·里仁》。

③ 《孟子·告子上》。

④ 《墨子·兼爱》。

古代丝绸之路开拓进程中的一些做法并不适合当代“一带一路”的实践。早在张骞出使西域时期，随着汉朝往来西域各国的使者增多，外国人对汉朝的布料财物不再感到贵重，① 而“郑和下西洋”作为中国历史上最大规模的“海上丝绸之路”开辟活动，虽然停航的原因扑朔迷离，并没有人知道明代皇帝最终采取禁海政策的确切原因，② 但“郑和下西洋”对明国库的巨大消耗，却是不争的事实。③ 明朝官方对沿线国家的赏赐是主要的政治与外交活动，真正的民间贸易只占很小的一部分。推及当今的国际法律体系，由发达国家单方面给予发展中国家优惠的“普惠制”在部分合作领域中的确能够展现出一定的优势，但各国之间的关系仍然需要朝着“平等互利”的方向发展。我国作为世界上最大的发展中国家，与“一带一路”沿线各国同属平等的主权国家，应当“以义为利”，④ 不能以不计经济成本的援助作为推进“一带一路”建设的主要方式，更不能将中国视作“厚往薄来”的中央大国。在“人类命运共同体”的构建过程中，当然不能只看重经济利益而忽视世界各国的友好合作，但只有真正实现“平等互利”，“一带一路”沿线的经济社会才会实现可持续发展，单纯地“以利换义”也并不符合国际法治的要求。

不过，瑕不掩瑜，“丝路精神”与“人类命运共同体”理念仍然彰显了中华民族的品质，中国传统文化中的优良价值，仍然值得“一带一路”法治话语加以借鉴。我国所倡导的和平发展、绿色发展理念与共同繁荣的愿景，也不只是中国自身的发展道路。这些理念与愿景值得全世界各国人民共同为之奋斗。

---

① 参见逯宏：《白话史记》(下册)，哈尔滨出版社 2019 年版，第 228 页。

② 参见[美]斯塔夫里阿诺斯：《全球通史：从史前史到 21 世纪》(第 7 版修订版上册)，吴象婴、梁赤民等译，北京大学出版社 2005 年版，第 267 页。

③ 参见李向飞：《对郑和下西洋目的的思考》，载《才智》2011 年第 3 期，第 174 页。

④ 参见吴晓燕：《推动构建人类命运共同体 引领中国国际法学新发展》，载《新疆财经大学学报》2018 年第 2 期，第 14 页。

二、相同的全球治理形势

“当治理跨域国界上升到全球层面时，就产生了全球治理。”①我国的传统文化，可以为我国的外交政策提供充分的理念借鉴，但外交政策的具体制定，同样必须充分考虑现实的国际局势与跨越国界的全球治理形势。至2020年，参与“一带一路”合作的国家已达139个，占全球200多个国家中的70%，② 这表明“一带一路”倡议得到了全世界多数国家的认同与支持，中国与全球多数国家维持着较为良好的双边关系。然而，覆盖139个合作国家的沿线地区，也存在纷繁复杂的风险与挑战，③ 这便意味着中国所面临的全球治理议题将更加多元，需要应对的全球治理挑战将更为复杂。

对于这些议题与挑战，我国政府有着清醒的认识。自冷战结束之后，和平与发展仍然是时代的主题，但随着全球化进程的加速，各类“黑天鹅事件”与非传统安全威胁层出不穷，全球或局部的经济危机、政治动荡、军事冲突、文化冲突一定程度上反映了全球治理的失灵，④ 一系列的全球性威胁对各国的发展造成了严重困扰。早在2014年，习近平主席便明确指出，人类面临的传统安全威胁与非传统安全威胁呈现出相互交织的状态；⑤ 在2015年联合国总部的一般性辩论活动中，习近平主席同样强调了“恐怖主义、环境危机”等全球性挑战存在愈演愈烈、愈加突出的趋势；⑥ 对于全球

① 王阳：《全球海洋治理法律问题研究》，武汉大学博士学位论文，2019年12月，第18页。

② 参见马忠法：《构建人类命运共同体理念的国际法实践》，载《贵州省委党校学报》2019年第6期，第17页。

③ 参见晓彦：《“一带一路”：构建人类命运共同体的伟大实践》，载《文汇报》2019年9月12日第6版。

④ 参见陶林：《全球治理的中国方案：人类命运共同体论略》，载《武汉理工大学学报》(社会科学版)2020年第1期，第9页。

⑤ 参见习近平：《习近平总书记系列重要讲话读本》，学习出版社/人民出版社2014年版，第147页。

⑥ 参见习近平：《习近平总书记系列重要讲话读本》(2016年版)，学习出版社/人民出版社2016年版，第265页。

经济发展中的一系列困境，包括贸易保护主义、贸易规则碎片化等，① 我国领导人也在2016年的G20峰会中予以关注，呼吁国际社会共同应对这些挑战。直至近两年来的一系列外事活动，我国领导人仍然没有忽略复杂的全球治理形势。在2019年的中法全球治理论坛中，习近平主席明确指出了当前多边机制与全球治理体系遭遇的非传统安全威胁，包括气候变化、难民危机、网络安全等。② 2019年年底“新型冠状病毒疫情”暴发之后，全球生产力与需求遭遇到的全面的冲击也引起了我国政府的高度重视。③

因此，当我国于2013年提出“一带一路”倡议与“人类命运共同体”理念之后，全球治理的困境与挑战并未衰减，我国仍需提升自身的治理能力。那么，面对这些困境，全球各国究竟是应当“各自为政”甚至“以邻为壑”，还是增进互利合作，共同应对挑战？显然，无论是“一带一路”倡议，还是“人类命运共同体”理念，都更为强调国际合作，也都欢迎更加多元的主体参与到全球治理的进程中。两相比较，两者展现的中国全球治理观十分接近，都共同提倡合乎公平正义的治理理念，不仅对中国参与国际法治合作起到了一定的指导作用，更能够有效回应一些来自西方的理论质疑。

三、相似的西方理论质疑

我国领导人在外事活动中传播的“人类命运共同体”理念以及“一带一路”国际法治合作所取得的成就，充分展现了中国互利合作的和平发展道路，也表明中国将继续尊重和维护体现人类共同价值的国际法规则。然而，由于部分西方学者的现实主义权力观根深蒂固，对中国也缺乏全面的了解，他们对“人类命运共同体”理念

---

① 参见习近平：《习近平谈“一带一路”》，中央文献出版社2018年版，第125页。

② 参见习近平：《习近平谈治国理政》（第三卷），外文出版社2020年版，第460页。

③ 习近平：《携手抗疫 共克时艰——在二十国集团领导人特别峰会上的发言》，载中国政府网：http：//www. gov. cn/gongbao/content/2020/content_5501017. htm。

产生了偏见。[①] 传统的“中国威胁论”“中国崩溃论”“中国责任论”不仅没有消失，[②] 甚至还演变出“中国渗透论”这样的新变种。[③]

自20世纪90年代日本学者村井友秀首次阐述“中国威胁”的概念之后，[④] 这一话语随着中国综合国力的提升在西方的政商界广为流传。直至我国启动“一带一路”倡议之后，这种质疑并未随之消减。部分西方学者早已将“一带一路”贴上新殖民主义的标签，[⑤] 或者将“一带一路”倡议视作中国版的“马歇尔计划”，[⑥] 仿佛中国推进“一带一路”建设，就是为了恢复往日的“朝贡体系”[⑦]，为中国称霸全球的计划增砖添瓦。甚至有部分国家公开表示，西方国家不应融入“一带一路”倡议之中。[⑧] 这些论调，显然与事实相背离。中国推进“一带一路”建设的努力，得到了沿线国家、各类国际组织的大力支持与认可，“一带一路”倡议并未沦为地缘政治斗争的工具，[⑨] 也没有刻意

---

① 参见殷文贵：《动机·前景·理路：人类命运共同体理念的国外认知与评价》，载《云南民族大学学报》(哲学社会科学版)2020年第2期，第27页。

② 参见梁玉杰：《“一带一路”背景下中国的国家形象传播》，载《青年记者》2020年第14期，第31页。

③ 参见林建成：《讲好中国故事 应对“中国渗透论”》，载《人民论坛》2019年第24期，第24页。

④ 参见孙宝国、沈悦：《以“污名”为视角探究中国形象的生成与传播机制》，载《东岳论丛》2019年第8期，第138页。

⑤ 参见周文、赵方：《中国“一带一路”倡议下的中非合作是“新殖民主义”吗?》，载《马克思主义研究》2017年第1期，第129页。

⑥ 参见蔡淳：《“一带一路”绝非“中国版马歇尔计划”》，载《经济时报》2015年6月17日，第4版。

⑦ 参见李国强：《古代丝绸之路的历史价值及对共建“一带一路”的启示》，载《大陆桥视野》2019年第2期，第38页。

⑧ 参见何志鹏：《人类命运共同体理念中的底线思维》，载《国际法学刊》2019年第1期，第34页。

⑨ 《中国驻英大使：“一带一路”不是任何国家的地缘政治工具》，载中国共产党新闻网：http：//theory. people. com. cn/n/2015/0522/c136457-27040490. html？rsv_upd=1。

制造所谓的“修昔底德陷阱”。[1] 而中国作为世界上最大的发展中国家，更不需要通过“一带一路”建设承担过度的国际责任。同样，基于自身的高度普适性，“人类命运共同体”理念得到了全世界多数国家的认可与支持，但这种普适本身，本质上是人类社会基本价值的反映，而不是对他国主权的干预与渗透。

我国领导人对“人类命运共同体”理念的不断阐述，正是对“中国威胁论”等谬论的有力驳斥。[2] “一带一路”倡议实施以来所取得的重大成就，也表明中国的经济社会发展持续进步，并没有处在崩溃的边缘。中国是否对既有的国际秩序、他国的主权与安全产生了威胁，中国的发展是否面临崩溃的困局，事实早已给出了答案。不过，中国的国际话语表达，也必然会经历从失声、发声、听懂直至认同的过程。[3] 面对来自西方的种种质疑，只要不断地创新和发展“人类命运共同体”理念，[4] 在充分考量全人类共同价值的基础上，吸引更多的国际法主体参与到“一带一路”国际法治合作之中，不断拓展“一带一路”的国际法治合作领域，这些质疑乃至污蔑最终也会不攻自破。

第二节 “一带一路”进程中的“人类命运共同体”法治构建

一、多元的国际法治参与主体

正如联合国指出的那样，高效的全球治理离不开有效的国际合

① 参见国纪平：《世上本无“修昔底德陷阱”——评美国一些人战略迷误的危险（中）》，载《人民日报》2019 年 6 月 18 日第 1 版。

② 参见王雪瑜、王建：《“人类命运共同体”全球治理理念的话语建构》，载《华侨大学学报》（哲学社会科学版）2020 年第 4 期，第 14 页。

③ 参见陶林：《全球治理的中国方案：人类命运共同体论略》，载《武汉理工大学学报（社会科学版）》2020 年第 1 期，第 12 页。

④ 参见邹克渊：《国际海洋法对构建人类命运共同体的意涵》，载《中国海洋大学学报》（社会科学版）2019 年第 3 期，第 13 页。

作，各国有必要在规则、政策、程序等方面进行协同，共同应对跨越国界的挑战。① 当然，自冷战结束之后，不仅各类全球性挑战日渐多元，主权国家之外的国际主体所能发挥的作用也日渐突出，② 能够参与全球治理的主体也呈现出多元化的趋势。作为我国在新时期提出的最为重要的国际倡议，“一带一路”倡议应当继续展现自身的包容性，吸引多元的主体参与“法治命运共同体”的构建。

追溯“共同体”概念的起源，德国学者斐迪南·滕尼斯(Ferdinand Tonnies)于1887年指出，表面而暂时的共同生活并不能称作“共同体”，唯有持久的、生机勃勃的生活，才会形成超越“社会”形态的“共同体”。③ 如果将这种持久性或生机移植到国际交往中，那么“国际共同体”也应当比“国际社会”具备更多的价值意涵，④ 只有当众多的主权国家不再是孤立存在，而是存在着广泛的共同利益与应当共同遵守的规则时，⑤ 才会形成“国际共同体”。随着“全球化”进程的不断加快，世界各国之间的联系日渐紧密、共同利益日渐增多，共同遵守的国际规则也日渐完善，国际社会越来

---

① 参见 The Department of Economic and Social Affairs of the United Nations Secretariat, Global Governance and Global Rules for Development in the Post-2015 Era, UN Reports 2014, p. 3, available at https://www.un.org/en/development/desa/policy/cdp/cdp_publications/2014cdppolicynote.pdf。

② 参见 Jinseop Jang & Jason McSparren, *et al*, Global Governance: Present and Future, Humanities and Social Sciences Communications, Vol. 2, 2016, p. 1。

③ 参见肖永平：《论迈向人类命运共同体的国际法律共同体建设》，载《武汉大学学报》(哲学社会科学版)2019年第1期，第135页。转引自[德]费迪南·滕尼斯：《共同体与社会：纯粹社会学的基本概念》，林荣远译，北京大学出版社2010年版，第46~47页。

④ 参见 Andreas Paulus, International Community, Max Planck Encyclopedia of Public International Law, available at https://webvpn.whu.edu.cn/https/77726476706e69737468656265737421ffe74890693f7d4072099ee29b5a2e/view/10.1093/law:epil/9780199231690/law-9780199231690-e1422?rskey=nYJf5E&result=1&prd=MPIL。

⑤ 参见车丕照：《“人类命运共同体”理念的国际法学思考》，载《吉林大学社会科学学报》2018年第6期，第16页。

越成为“你中有我，我中有你”的命运共同体，[①] 而“人类命运共同体”概念的提出，无疑对共同体的建设与“一带一路”倡议的具体实践具有重要的指导作用。

我国推进两项倡议的具体举措，与国际社会的构成基本保持一致。国家是“国际共同体”建设中最为重要的成员，[②] 国际组织、非政府组织、跨国公司乃至个人同样能够作出自身的贡献。[③] “一带一路”倡议将“政策沟通”视作“五通”目标之首，正是充分考虑到主权国家的政策协同在维护共同利益、遵守共同规则方面的重要作用。在参与全球治理、应对全球挑战时，国家所能调动的资源、发挥的作用远非其他主体所能比拟。过去十年间，“一带一路”沿线国家在遵守共同规则的前提下，充分协调立场、不断加速“互联互通”建设，充分增进了全球的共同利益，为全球各国的持久交往作出了贡献。当然，其他的主体也充分发挥了自身的作用。“亚投行”等多边开发银行为“资金融通”创造了诸多便利，中国的跨国公司在“设施联通”的建设中充当了中坚力量，广大的非政府组织也为中国与沿线各国的“民心相通”作出了贡献。这些“硬联通”与“软联通”方面的建设成就，对于构建“共同体”的利益根基发挥着重要的作用，也正是通过各类主体的广泛参与，“一带一路”与“人类命运共同体”的建设前景才会更加美好。

① 参见习近平：《顺应时代前进潮流 促进世界和平发展——在莫斯科国际关系学院的演讲》，载中共江苏省委新闻网：http：//www. zgjssw. gov. cn/yaowen/201303/t20130324_1171115_1. shtml。

② 有学者指出，“人类命运共同体”的成员只能是国家。参见车丕照：《“人类命运共同体”理念的国际法学思考》，载《吉林大学社会科学学报》2018年第6期，第17页。这一观点虽较为绝对，但国家在“共同体”的建设中无疑发挥着最为重要的作用。

③ 参见 Ulrich Fastenrath & Rudolf Geiger, *et al*, From Bilateralism to Community Interest: Essays in Honour of Bruno Simma, Oxford University Press, 2011, p. 327。

二、合乎正义的国际法治合作理念

面对日渐严重的全球挑战，美国和中国作为全球治理中举足轻重的参与方，采取了截然不同的做法。自特朗普于2016年当选美国总统之后，美国的“单边主义”做法日渐突出，① 美国政府在国际事务中大力推行“美国优先”的政策，对全人类的共同利益造成了损害。与之相对应，我国政府大力推进“人类命运共同体”建设，捍卫国际社会的公平正义。习近平主席明确指出，构建人类命运共同体，必须抛弃“零和博弈”的冷战思维，因为继续遵循“你输我赢、赢者通吃”的逻辑，② 必然会损害中国与世界各国的发展根基。唯有坚持“对话协商”“共建共享”“合作共赢”“交流互鉴”“绿色低碳”，③ 才会促进人类社会的共同进步与繁荣。

将“人类命运共同体”的内涵与“三共”原则加以对比，可以发现两者存在异曲同工之妙。④ 因为“共建共享”的表述不仅与“三共”原则的表述基本相一致，其他的几项要求也同样适用于“一带一路”的各项合作领域。唯有增进沿线各国有效参与、开放合作的进程，充分发挥沿线各国的潜力、强化沿线各国的共同价值，“一带一路”倡议的开放性才能够得到彰显。⑤ 具体到国际法治话语的

---

① 参见高石、胡泽曦：《美国在单边主义道路上越走越远（记者观察）》，载《人民日报》2018年8月23日第22版。

② 参见习近平：《习近平谈治国理政》（第三卷），外文出版社2020年版，第434页。

③ 参见赵国华：《“一带一路”文化交流对构建人类命运共同体的作用》，载《统一战线与“一带一路”：2019统一战线前沿问题研究文集》，第96页。

④ 有学者将“共商、共建、共享”视作“人类命运共同体”的原则。参见刘晓红主编：《“一带一路”法律研究》（第一卷），知识产权出版社2020年版，第17页。这一表述虽有待商榷，但“三共”原则与“人类命运共同体”的紧密联系是不容忽视的。

⑤ 参见郭倩玉、刘曙光：《“一带一路”合作实践与人类命运共同体构建》，载《统一战线与“一带一路”：2019统一战线前沿问题研究文集》，第41~42页。

阐述，“对话协商”“共建共享”“交流互鉴”突出了国际立法的民主程序，这些原则要求各国在坚持主权平等的前提下，充分参与国际立法活动。“合作共赢”“绿色低碳”则指明了国际法治合作所需要达成的部分目标。我国在推动沿线各国法治合作的进程中，既需要尊重沿线各国的“民族法治”，增强各类法治文化的交流互鉴，又需要充分汇聚沿线各国的共同智慧，促进沿线各国共同制定国际规则，为打造“人类命运共同体”提供外化条件。①

可以说，与“人类命运共同体”理念，既源于中国的传统文化，也传承了“和平共处五项原则”等中国长期坚持的外交政策，② 更描绘了全球共同发展、共同繁荣的美好愿景，符合全人类的共同价值，③ 与全世界对公正的国际秩序的向往相一致。与国际规则体系中原有的丛林价值相比，④ “人类命运共同体”理念显然更加强调合作，而“一带一路”倡议也同样蕴藏着“人类命运共同体”意识。⑤ 我国在“一带一路”建设进程中所采取的一系列措施，对于推进国际关系的法治化、民主化、合理化发挥了重要的作用。⑥ 当然，“一带一路”法治话语的阐述，也必须遵循同样的价值理念，通过

① 参见卫跃宁、廉睿：《“一带一路”、法律多元化与人类命运共同体构建》，载《青海民族研究》2019 年第 4 期，第 6 页。

② 参见张玥：《从“中华文明”到“全球治理”——试论“一带一路”背景下“人类命运共同体”的构建与巩固》，载《统一战线与“一带一路”：2019 统一战线前沿问题研究文集》，第 118 页。

③ 参见王雪瑜、王建：《“人类命运共同体”全球治理理念的话语建构》，载《华侨大学学报》(哲学社会科学版)2020 年第 4 期，第 6 页。

④ 参见张相君：《论国际秩序规则供给的路径选择——基于人类命运共同体理念》，载《国际观察》2019 年第 5 期，第 62 页。

⑤ 参见王远启：《人类命运共同体思想引领新时代——统一战线服务“一带一路”建设的思考》，载《统一战线与“一带一路”：2019 统一战线前沿问题研究文集》，第 57 页。

⑥ 参见杜焕芳、李贤森：《人类命运共同体思想引领下的国际法解释：态度、立场与维度》，载《法制与社会发展》2019 年第 2 期，第 184 页。

具体的、具有可操作性的法律机制，① 将“人类命运共同体”理念落实到国际法治合作之中。

三、不断拓展的国际法治合作领域

尽管多数学者将“一带一路”视作“人类命运共同体”的实践、路径或平台，② 但“人类命运共同体”的构建并非空洞的宣传口号，需要落实到具体的国际合作之中，转化为具体的法律原则与规则。③ “法者，治之端也”④，将“人类命运共同体”理念转化更为具体的国际法语言、国际法律制度，进而规范各国之间的交往，⑤ 将有助于进一步提升“人类命运共同体”理念的共识度。在“人类命运共同体”的建构过程中，“和平共处”“普遍安全”“共同繁荣”“开放包容”“可持续发展”等原则发挥着重要作用。⑥ 与之对应的国际安全合作、经贸合作、发展援助合作、人权合作、环保合作等也值得关注。这些合作领域，与全人类的生存、发展目标息息相关，需要世界各国遵照既有的制度、着眼于共同的利益，进一步加深具体的合作。

与之相比，尽管最初规划的“一带一路”合作领域仅限于“五通”领域，基建、经贸、金融合作似乎成为了“一带一路”合作的主要方向。但随着时间的推移，“一带一路”合作已不再局限于“陆地”或“海洋”的划分，沿线国家的数量不断增多，“五通”的含义得以拓展，“廉洁丝绸之路”“绿色丝绸之路”“空中丝绸之路”等概念

---

① 参见马忠法：《构建人类命运共同体理念的国际法实践》，载《贵州省委党校学报》2019 年第 6 期，第 17 页。

② 参见国纪平：《构建人类命运共同体的伟大实践——写在习近平主席提出“一带一路”倡议 5 周年》，载《人民日报》2018 年 10 月 4 日第 1 版。

③ 参见何驰：《“一带一路”倡议与中国国际法话语的构建：以供给公共产品为视角》，载《国际法研究》2019 年第 2 期，第 72 页。

④ 《荀子 · 君道》。

⑤ 参见马志强、张梓良：《人类命运共同体理念的国际法阐释》，载《河南工业大学学报》(社会科学版)2020 年第 3 期，第 60 页。

⑥ 参见“人类命运共同体与国际法”课题组：《人类命运共同体的国际法构建》，载《武大国际法评论》2019 年第 1 期，第 15~24 页。

不断提出。“一带一路”国际合作高峰论坛的分论坛主题不断增加，“一带一路”合作的广度得以提升。

以“绿色丝绸之路”之路的建设为例，尽管2015年公布的“一带一路”《愿景与行动》文件明确指出绿色低碳发展对基础设施建设、贸易投资具有重要意义，① 但环保合作似乎并不如“五通”合作显著。然而，沿线各国的环保合作却在过去几年中呈现不断上升的趋势。针对这一情况，我国采取了一系列行动。环保部于2017年公布了《“一带一路”生态环境保护合作规划》，中国银行等中国的商业机构也先后签署了《“一带一路”绿色投资原则》，我国同联合国环境署建立的“一带一路”绿色发展国际联盟也得到了积极的响应，我国同意大利等国签署的“一带一路”合作谅解备忘录也将“绿色发展”明确规定为合作内容之一。② “绿色丝绸之路”建设得以稳步推进。同样，安全合作、人权合作等并非过去两届“一带一路”国际合作高峰论坛分论坛的主题，但沿线国家在这些领域存在客观的合作需求，实际的“一带一路”合作也不可能忽视不断涌现的人权与安全挑战，否则与“一带一路”相关的各类建设项目，将面临诸多的阻碍。

此外，正在建设中的“海洋命运共同体”与“人类卫生健康共同体”，对于“海上丝绸之路”与“健康丝绸之路”的建设，也具有重要的指导意义。“人类共同继承财产原则”包含“共有”“共同管理”“共同参与”“共同获益”“共同保护”等重要意涵，与“三共”原则存

① 参见李丹、李凌羽：《“一带一路”生态共同体建设的理论与实践》，载《厦门大学学报》(哲学社会科学版)2020年第3期，第72页。

② 参见 Memorandum of Understanding between the Government of the Italian Republic and the Government of the People's Republic of China on Cooperation within the Framework of the Silk Road Economic Belt and the 21st Century Maritime Silk Road Initiative, Italian Government Reports 2019, p. 5, available at http://www.governo.it/sites/governo.it/files/Memorandum_Italia-Cina_EN.pdf。

在诸多的相似之处，[①] 有可能对“一带一路”海洋法治合作产生借鉴意义。而“新冠肺炎疫情”作为目前最为严重的“黑天鹅”事件，导致多项产业遭受重创。[②] 我国有必要加强与沿线国家的公共卫生合作，共同应国际卫生法律规则模糊、规则碎片化等固有的“短板”与“赤字”。[③] 总之，不断拓展的“一带一路”合作领域，将有可能为“人类命运共同体”的构建提供更为丰富的思路，也将为“人类命运共同体”的法治诠释提供更多的注解。

本章小结

“人类命运共同体”与国际法治的价值存在共通之处，各种形式的国际合作是构建“人类命运共同体”的重要路径。作为打造“人类命运共同体”的重要实践，“一带一路”倡议与“人类命运共同体”理念共同体现了中国的天下观、义利观，展现了我国互利共赢的全球治理理念，也共同见诸安全、经贸、环保等合作领域。“一带一路”建设中的法治合作、法治话语阐述，集中体现了沿线各国的共识、维护了沿线各国的共同利益、促进了沿线各国的共同繁荣发展。随着国际局势的不断发展变化，“人类命运共同体”建设将具备更为丰富的内涵。“一带一路”倡议的合作领域也将不断延伸，我国应拓展建设思路，创新“人类命运共同体”与“一带一路”倡议的建设方案，并审慎应对“新型冠状病毒”疫情带来的长期挑战。

---

① 参见 Zou Keyuan & Qiu Wenxian, The Belt and Road Initiative and the Common Heritage of Mankind: Some Preliminary Observations, Chinese Journal of International Law, Vol. 17, 2018, p. 755。

② 参见黄仁伟：《“一带一路”面临新挑战和新机遇》，载《环球时报》2020 年 5 月 26 日第 15 版。

③ 参见刘晓红：《国际公共卫生安全全球治理的国际法之维》，载《法学》2020 年第 4 期，第 26 页。

第四章 “一带一路”倡议与中国国际法治话语平台建设

在符合“人类命运共同体”理念的前提下，我国需要建设强有力的国际法治话语平台，聚集多元的国际法治话语主体，为国际法治话语的生产、表达创造便利条件。具体到“一带一路”倡议，已经举办两届的“一带一路”国际合作高峰论坛同样为各国商讨国际法治合作方案创造了便利条件。同时，“一带一路”争端解决机制的构建也正在稳步推进之中，中国的国际法治话语将有可能得到更多的实践与运用。此外，我国目前的智库合作网络粗具规模，为沿线各国的国际法治交流创造了便利条件。当然，这些平台也都面临着升级、改革或完善的需求，具体的建设方案也有待探讨。

第一节 国际组织形态的变革：升级“一带一路”高峰论坛

一、“一带一路”高峰论坛的非正式国际组织特征

多元化的“一带一路”国际法治话语只有经过沿线各国政府充分的政策沟通，才有可能转化为国际法律文件或纳入各国的国内立法。政策沟通的渠道既包括既存的国际机制，也包括“一带一路”倡议启动之后建立的相关机制。“一带一路”国际合作高峰论坛无疑是各类机制中最主要、最核心的部分。[①] 2017 年和 2019 年的论

① 参见国务院发展研究中心国际合作局：《“一带一路”国际合作机制研究》，中国发展出版社 2019 年版，第 33 页。

坛活动吸引了大量沿线国家的政府首脑与国际组织负责人与会，论坛的合作成果亦十分丰富，中国与沿线各国、国际组织签署了大量的合作文件。不过，就论坛的发展历程来看，未来论坛的形式仍有可能发生变化，低机制化程度、约束力欠缺并不一定是论坛的永久性特征。

2017年与2019年的论坛都在当年的4月份召开，因而论坛似乎采用了“不定期年会”的惯例，① 但这一惯例并不是源自2017年之前的详细计划，而是我国政府根据第一届论坛的举办情况与“一带一路”合作的实际需要作出的选择。对比两次论坛的内容，可以发现2019年的论坛活动在规模、内容等方面都有所提升，② 增加了环保、廉政、创新、互联网、经贸区合作、地方政府、企业家合作等新的讨论议题，这也标志着“一带一路”合作的广度在不断拓展。

然而，从义务性、精确性、授权性等标准来看，③ 两届论坛皆为非正式的对话合作平台，论坛的总体特性并没有发生显著的变化。因为论坛发表的联合公报显然不是一项具有法律约束力的国际

---

① 有学者指出，高峰论坛每2年举办一次。参见国务院发展研究中心国际合作局：《“一带一路”国际合作机制研究》，中国发展出版社2019年版，第140页。部分专家建议每2~3年召开一次论坛。参见林毅夫、阿赫塔尔：《“一带一路”国际合作高峰论坛咨询委员会报告员致第二届高峰论坛筹委会主任杨洁篪的信》，载外交部网站：https://www.fmprc.gov.cn/web/wjbxw_673019/W020190424305941292093.pdf。从目前的情况来看，2023年要筹备办好第三届“一带一路”国际合作高峰论坛。参见习近平：《当前经济工作的几个重大问题》，载求是网：http://www.qstheory.cn/dukan/qs/2023-02/15/c_1129362874.htm。

② 参见习近平：《在第二届“一带一路”国际合作高峰论坛记者会上的讲话》，载中华人民共和国中央人民政府网站：http://www.gov.cn/xinwen/2019-04/27/content_5386904.htm。

③ 义务性指国际机制作出的承诺是否具有国际法上的约束力，精确性指承诺是否清晰，授权性指是否授权第三方机构对承诺进行解释和执行。参见朱进杰：《国际制度设计：理论模式与案例分析》，上海人民出版社2011年版，第136页。

协定，论坛期间签署的合作文件更偏向软法性质，部分文件的内容基本不涉及十分具体、精确的国际法律义务，也不会通过第三方机构加以解释或执行，即便是论坛的组成部门(如筹备委员会秘书处、咨询委员会、高峰论坛联络办公室等)，也不具备此类权限。

显然，论坛与各类正式的国际组织存在显著的区别，既没有成熟完备的组织架构，也没有长期供职的国际公务员，其不限制议题范围、不进行强制投票、不设立执行机制的运作模式与 G20 等非正式国际机制存在诸多相似之处，甚至在成员资格方面比 G20 更加开放，仅为参会各国设立极低的门槛(如支持“一带一路”倡议、“三共原则”等)，这充分体现了“一带一路”倡议的灵活性与包容性，也为各国、各国际组织在论坛期间充分达成共识与合作意向创造了有利条件。

当然，目前距离第一届论坛召开不过短短数年，论坛的组织形式、机构设置是否会发生改变、发生多大程度的改变，仍然存在诸多的不确定因素。事实上，已有部分专家学者对论坛的改革提出建议，希望论坛可以增设秘书处等常设机构，① 或者增设管理委员会等常设机构，② 使论坛的影响力进一步扩大。

二、建设正式“一带一路”合作国际组织的必要性

那么，论坛究竟有没有升级或变革的必要呢？国际组织的形态并无根本性的优劣之分，存续时间的长短也不是正式组织与非正式组织的主要差异，正式组织更非所有非正式组织发展的终极形态。论坛的形式是否需要变革，应当结合组织形式的特点、论坛的职能

① 参见王辉耀：《增强多边机制功能 打造“一带一路”多边合作新平台》，载“一带一路”国际智库合作委员会网站：http：//www.brsn.net/cgfb/results/detail/20190606/1005000000034501559819940874794865_1.html。

② 参见“一带一路”国际合作高峰论坛咨询委员会：《共建“一带一路”：建设更美好的世界——“一带一路”国际合作高峰论坛咨询委员会研究成果和建议报告》，“一带一路”国际合作论坛 2019 年报告，第 21 页，载外交部网站：https：//www.fmprc.gov.cn/web/wjbxw_673019/W020190424305941292093.pdf。

以及"一带一路"的发展前景综合加以考量。

与正式组织相比，非正式组织最大的差异在于灵活性更强，① 能够为主权国家的国际交往提供更为便利的选项。正式组织的缔造，需要商定成员资格规则、议题范围、宗旨原则、组织运转规则、协议灵活性等核心问题，② 最终商定的规则将写入组织章程之中，对该组织的成员产生约束力。由于成员的加入与退出机制、各成员派驻代表的方式与权限、国际组织通过文件的约束力、相关议题的争端解决方式与各国的国家利益密切相关，因而国际组织的缔造进程往往需要经历复杂的谈判，而组织的运转机制一经确立，便很难随意加以改动。

与之相对应，非正式组织往往不设置复杂的组织运转规则，既不需要成员国派遣常驻代表，也不需要成员国缴纳会费。虽然为了讨论的方便而预设了部分议事规则，但这些规则更偏向程序性，变更议事规则不会面临强大的阻碍。同时，非正式组织通过的文件更关注普遍性的共识而非具有法律约束力的具体承诺。这些文件既不需要经过严苛的签署、批准，也不需要录入联合国的条约文件系统，③ 更不会通过强制手段加以施行。因而无论是决定加入非正式组织还是决定支持非正式组织通过的文件，一国政府需要负担的成

① 以生化武器的控制为例，澳大利亚15国集团(Australia Group)是非正式组织，禁止化学武器组织是正式组织，两者的职能存在重叠。两相比较，澳大利亚15国集团更新生化武器目录既不需要雇佣大量的国际公务员，也不需要经过复杂的既定程序，更新更为及时，各会员国让渡的主权权力也较为有限，各国出于正当目的可以自主发展生化产品，特定的对话协商过程也可以保密。参见 Felicity Vabulas & Duncan Snidal, Organization without Delegation: Informal Intergovernmental Organizations (IIGOs) and the Spectrum of Intergovernmental Arrangements, Review of International Organization, Vol. 8, 2013, p. 216。

② 参见 Barbara Koremenos & Charles Lipso, *et al*, The Rational Design of International Institutions, International Organization, Vol. 55, 2001, p. 763。

③ 参见 Charles Barclay Roger, Soft Governance: Why States Create Informal Intergovernmental Organizations, and Why it Matters, Ph. D Thesis of The University of British Columbia, July 2016, p. 45。

本、面临的国内政治压力都相对较小。

此外，非正式组织不设置秘书机构或仅设置小型的秘书机构，与正式组织相比自主性较弱，对主权国家施加的影响较为有限，各国政府官员能够借助非正式组织进行更为高效的会谈。① 最近两届论坛充分体现了非正式组织的灵活性，各国领导人、智库通过高效的交流充分交换了意见，就进一步推进“一带一路”建设也达成了多项共识。然而，考虑到“一带一路”建设的实际需要，单纯的“不定期年会”形式仍然存在变革的必要，论坛的正式化程度应当有所提升，至少在附属机构的建设方面应当有所突破。

一方面，“一带一路”合作不能单纯地依赖共识，更需要切实可行的合作计划加以推动。关于各国为何需要参与国际组织的活动，不同的国际关系理论给出了不同的解释。现实主义国际关系理论将“增加实力收益”视作各国参与国际事务的唯一动力，因而军事同盟是最为实用的国际组织类型；② 自由主义将增进软实力、减少交易成本视作各国组建国际组织的主要动力，但同样将国际组织视作可有可无的工具。这两种观点并没有充分关注国际组织的自主性，也忽视了国际组织在功能方面的实际运作。③ 相较而言，建构主义的观点更符合“二战”结束以来的国际组织实践，即国际组织是讨论国际事务、充分发表意见的平台，对世界格局能够产生积极影响。④

显然，两届论坛的成功举办，为各国充分讨论国际经济社会发展问题提供了充分的机遇，也为区域间进一步的互联互通奠定了良好的基础。然而，国际组织预设的宗旨必须通过具体的举措加以实

① 例如，美国前总统吉米·卡特、加拿大前总理乔·克拉克都对 G20 的形式称赞有加，认为 G20 克服了传统国际机制的一些弊端。参见朱进杰：《国际制度设计：理论模式与案例分析》，上海人民出版社 2011 年版，第 154 页。

② 参见 Jacob Katz Cogan & Ian Hurd, *et al*, The Oxford Handbook of International Organization, Oxford Univeristy Press, 2017, p. 138。

③ 梁西：《梁西论国际法与国际组织五讲》，法律出版社 2019 年版，第 84 页。

④ 参见 Jacob Katz Cogan & Ian Hurd, *et al*, The Oxford Handbook of International Organization, Oxford Univeristy Press, 2017, p. 138。

践，欠缺具体合作方案的国际组织往往会沦为“清谈馆”。纵观两届论坛的成果清单，各国会商的结果并不只限于普遍性的共识，我国的政府部门、金融机构、企业还作出了一些具体的承诺，如增加来华留学生名额、开展融资项目等，这些承诺需要在日后的“一带一路”合作进程中加以落实，确保实现“一带一路”高质量发展。[①]当然，这些承诺并非国际条约的组成部分，我国不履行这些承诺也不会承担严苛的国家责任，但如果只是基于法律约束力的考量而不兑现承诺，显然有违各国开展相关合作的初衷。

同时，即便是一些普遍性的共识，也需要更具体的计划加以落实。我国同他国政府签订的“一带一路”合作谅解备忘录往往规定“通过缔结协定或其他合作文件促进特定领域的合作”，我国政府部门就特定问题(如海关认证等)签订的合作文件同样需要具体的措施加以施行，未来的论坛有可能达成更多的具体协定，在论坛举办的间歇期也应当举办一系列的后续配套活动，[②] 对这些协定的执行情况加以跟进，并就沿线各国的国情开展长期的跟踪研究。因此，尽管过去两届论坛并未设置国际性的附属机构，法律编纂功能与司法作用尚不显著，期待论坛短期内完全转变为全球性、综合性的正式组织，也面临诸多的挑战，但“一带一路”倡议并不排斥各国在合作进程中达成具体、精确且具有约束力的合作内容，必要时这些内容也可以通过多种方式付诸实施。如果论坛未来能够设置一定的附属机构，就“一带一路”的合作进展加以实时跟进，从多元的视角就合作的前景、挑战及具体计划提供更多的建议，无疑将进一步提升“一带一路”倡议的影响力，将“一带一路”倡议落到实处。

另一方面，附属机构的建设将汇聚沿线各国的共同智慧，进一步提升“一带一路”倡议的国际化程度。究竟如何准确定位“一带一

---

① 参见《中华人民共和国国民经济和社会发展第十四个五年规划和 2035 年远景目标纲要》第四十一章第一节，载中国政府网：http：//www. gov. cn/xinwen/2021-03/13/content_5592681. htm。

② 参见林毅夫、阿赫塔尔：《“一带一路”国际合作高峰论坛咨询委员会报告员致第二届高峰论坛筹委会主任杨洁篪的信》，载外交部网站：https：//www. fmprc. gov. cn/web/wjbxw_673019/W020190424305941292093. pdf。

路”倡议，东西方学者的著述可谓汗牛充栋，其中部分学者主张将“一带一路”倡议单纯视作中国的对外发展规划，认为2049年中国迈入中等发达国家行列之后，“一带一路”倡议也将宣告完结。[①] 依照这一观点，“一带一路”倡议似乎会随着中国发展规划的改变而改变，甚至会随着中国领导人注意力的改变而改变，那么沿线各国政府能否对“一带一路”合作产生更多的信赖，便面临更多的不确定性。事实上，实现更深层次的区域合作，是“一带一路”倡议的重要目标之一。[②] 我国为促进沿线各国的政策沟通作出了重要的贡献，论坛的举办为沿线各国的政策沟通提供了重要的平台，但论坛的筹备主要由我国的政府官员负责。这一定程度上反映出我国是“一带一路”倡议最为重要的推动力量，也表明中国积极支持新兴国际组织的发展，[③] 但同时也表明沿线各国参与“一带一路”合作的主动性仍然有待提升。

与论坛相比，部分“一带一路”相关合作机制（如中非合作论坛、中巴经济走廊等）或是隔年异地举办会议，或是建立双边的国内决策机制，展现出更强的互动性。[④] 相关机制的发展历史也表明，组织化或机制化建设有可能成为国际合作机制发展的长期趋势。[⑤] 如果论坛不能进一步提升机制建设的国际化水平，便很难吸引各国的官员、学者深度参与“一带一路”合作，单纯地发出中国声音而不考虑各国的回应，也难以真正提升中国的国际话语权。当然，区域合作机制的建设经验很难完全移植到论坛的变革方案中，

---

① 参见王文：《以持久战的心态对外讲好“一带一路”故事》，载《对外传播》2018年第5期，第24页。

② 参见杨泽伟：《“一带一路”倡议与现代国际法的发展》，载《武大国际法评论》2019年第6期，第1页。

③ 参见郑启荣主编：《国际组织》（第二版），高等教育出版社2018年版，第263页。

④ 参见国务院发展研究中心国际合作局：《“一带一路”国际合作机制研究》，中国发展出版社2019年版，第171页。

⑤ 参见吴涧生、杨长湧等：《推动“一带一路”国际合作高峰论坛机制化实体化发展》，载《中国发展观察》2018年第2期，第57页。

论坛的变革应以哪一类组织为蓝本也值得商榷，但至少应尝试设立咨议性质的合作机制或常态化的秘书机构，吸纳更多的国际公务员参与论坛的长期建设，为探索更多的论坛建设方案做好准备。目前，“高峰论坛联络办公室”已挂牌成立，为协调各国政府闭会期间的合作提供了平台，但该办公室是否属于常态化、国际化的秘书机构，具体开展了哪些联络行动，尚无从考证。

三、“一带一路”高峰论坛的组织结构变革方案

各国学者提出的变革方案，包括而不限于以下几项：方案一是设立常设机构，如“一带一路”国际秘书处；① 方案二是借鉴博鳌论坛机制，分别设立理事会、秘书处、咨询委员会、研究院；② 方案三是将“高峰论坛联络办公室”升级为全面的秘书处；方案四是借鉴 G20 架构，不设实体秘书处，设立协调人会议，成立专业领域的工作组；方案五是借鉴经合组织模式，使论坛主要承担信息分享、政策协调的职能；方案六是借鉴世界经济论坛，分设董事会、管理委员会；方案七是借鉴金融稳定理事会，设立全体会议作为唯一的决策机构，另设四个常设委员会；方案八是建设“一带一路”数据库；方案九是建立综合性的机制，包含决策、协调、外围、秘书、专业五大机构(见图 8)。如果将国际组织的正式化程度做一定程度的区分(见表 14，等级 1 非正式程度最高，等级 7 正式程度最高)，论坛变革幅度位于等级 4~6 之间，九项方案中方案三的正式化程度最低，方案九的正式化程度最高，故以方案九为蓝本，结合各项方案提及的国际组织的实践加以考评。

---

① 参见王辉耀：《增强多边机制功能 打造“一带一路”多边合作新平台》，载“一带一路”国际智库合作委员会网站：http：//www.brsn.net/cgfb/results/detail/20190606/1005000000345015598199408747948651.html。

② 参见“一带一路”国际合作高峰论坛咨询委员会：《共建“一带一路”：建设更美好的世界“一带一路”国际合作高峰论坛咨询委员会研究成果和建议报告》，“一带一路”国际合作高峰论坛报告，2019 年 4 月 10 日，第 21 页，载外交部网站：https：//www.fmprc.gov.cn/web/wjbxw_673019/W020190424305941292093.pdf。

就会议的决策机构而言，上述九项方案存在两种不同的模式：一种是方案九规划的由各国政府首脑共同决策；另一种是方案二、方案六、方案七提到的由各国政府代表、社会精英或国际组织官员组成决策机构。两种模式的主要区别在于决策机构的组成人员不同。由于两届论坛均设有“圆桌峰会”环节，因而由各国首脑、国际组织负责人共同组成未来的决策机构较为合理，这一模式更符合外交代表级别对等的需要。当然，决策机制的组建也面临一些挑战：一是并非所有同中国签订“一带一路”合作谅解备忘录的国家元首或国际组织负责人都会如约赴会，第二届论坛仅有 40 个国家和国际组织的领导人参与“圆桌峰会”，如果赋予首脑峰会决策权，将有可能面临少数与会国家为多数国家做决策的窘境。当然，在“一带一路”合作谅解备忘录之外另行设立一套首脑峰会的会员国标准，有可能提升决策的效率，但这似乎有违“一带一路”开放包容的特性。二是决策机构应选定合理的决策议题范围。第二届论坛的联合公报更多地表达出强化合作的意愿。如果圆桌峰会升级为决策机构，决策的事项也应当更加具体，① 最终作出的决议也应当具有一定的约束力。当然，决策的议题也不能过于广泛，否则将导致论坛的职能与 APEC 等区域合作机制出现大面积的重叠，降低“一带一路”合作的效率。

创设协调机构的设想主要出现在方案九中，APEC 等组织同样设有高官会、外长会等类似机制，如果这些会议在领导人峰会之前举行，一定程度上可以视作后者的预备会议。② 当然，与首脑峰会面临的挑战相同，成员的资质、议题的选定事关“一带一路”倡议的包容性与效率，应当予以妥善应对。

方案六、方案七、方案九对执行机构有所提及，但执行机构的

---

① 以 2009 年的 G20 伦敦峰会的决策环节为例，各国领导人作出了 88 项承诺，与两届论坛公报的内容相比，这些承诺无疑更为具体。参见[加]约翰·J. 柯顿著：《二十国集团与全球治理》，郭树勇、徐谙律等译，上海人民出版社 2015 年版，第 365 页。

② 参见国务院发展研究中心国际合作局：《“一带一路”国际合作机制研究》，中国发展出版社 2019 年版，第 94 页。

建设前景尚不明朗，方案九也出现了“后续联络机制”的表述。方案六提及的世界经济论坛的“管理委员会”虽名为“执行机构”，但它的职责在于确保论坛的工作得以顺利完成，而论坛的使命仅限于召集全球的精英、决策者与会，出具相关的研究报告，并不包括代替各国政府、企业执行具体的措施，① 因而“管理委员会”与其他国际组织的秘书处存在一定的相似之处。方案七提及的金融稳定理事会的四个常设委员会与方案九提及的“五通委员会”“专门领域工作组”存在一定的相似之处，四个常设委员会的主要活动方式包括评估全球金融系统的稳定性、公布标准、发布建议、对金融稳定委员会的成员展开同行评定等。② 如果“五通委员会”能够对“一带一路”倡议的进展情况进行评估监测甚至评定，“专门领域工作组”能够孵化出类似国际能源署的国际机构，那么论坛的独立性将得到大幅度的提升。当然，这两种模式能否得到多数沿线国家的支持，尚难以确定，现在讨论更多的话题(如强制性的国家间“一带一路”争端解决机制、国家责任等)也为时尚早。

外围机构与专业机构存在一定的相似性，似乎外围机构更偏向年会性质，专业机构更偏向常设性质。博鳌论坛、世界经济论坛、金融稳定委员的定位本身就接近咨议机构，而“一带一路”智库合作机制的建设已具备一定的基础，智库交流的规模已经超过博鳌论坛的咨询委员会及 G20 机制下的智库峰会，因而论坛设置外围机构、专业机构所面临的阻碍相对较小。当然，方案九也存在改进的

① 以世界经济论坛 2020 年 4 月公布的一份有关“新冠”疫情防控的简报为例，该简报提出了多项建议，包括借鉴中国应对 2003 年“非典”疫情的经验，向企业提供紧急援助、援助底层工人、援助中低收入国家等等。显然，世界经济论坛的管理委员会并不掌握援助资金，也不会向企业、工人、各国政府发放援助。参见 The World Economic Forum, Emerging Priorities and Principles for Managing the Global Economic Impact of COVID-19: Chief Economists Outlook, The World Economic Forum Reports 2020, pp. 8-10, available at http://www3.weforum.org/docs/WEF_Chief_Economists_Outlook_April_2020.pdf。

② 参见 Organisational Structure and Governance, available at https://www.fsb.org/organisation-and-governance/。

空间：专家小组同咨询委员会的职能似乎存在一定的重叠；“丝路国际智库网络”“‘一带一路’智库合作联盟”“‘一带一路’国际智库合作委员会”等主要智库合作机制的年会活动应尽量与论坛的峰会活动同时举办，并加强同论坛咨询委员会之间的联系，进一步提升“一带一路”倡议的影响力；第二届论坛设置的多项分论坛也应当纳入“外围机构”的范畴；方案八提及的“数据库”建设是一项很好的提议，但同样需要加强与其他组织数据库的互联互通，① 进一步填补既存国际组织数据库存在的空缺。

是否设立常设性的秘书处，是划分国际机制正式化程度的重要指标之一。就服务与筹备机构而言，方案三更倾向于设立非常态化的协调人会议，方案一、方案二、方案三、方案九则支持设立常态化的秘书处。G20 的协调人会议，由成员国各自委派一名外交官任协调人，其任务包括讨论领导人峰会的议题、制定领导人公报的蓝本、磋商当年领导人共识的实施方案、与下届论坛的主办国进行对接等。② 如果论坛最终采用协调人会议的模式，论坛的准备工作将更加充分，论坛的主题也更能反映各国政府的关切。当然，与协调人会议相比，秘书处的职能更加广泛。以方案二提及的博鳌论坛秘书处为例，除了筹备会议、执行决议的职能外，秘书处还具备起草年度报告、年度预算、管理资金、起草修订论坛章程、日常联络、管理入会退会等多项职能。由于“一带一路”合作议题广泛、项目众多，通过设立独立的秘书处汇总进展情况，为高官会和首脑峰会起草文件、加强同各国际组织、非沿线国家的联络，甚至承担部分的政策研究职能，亦能够为论坛的发展提供相应的帮助。方案九提及的“双秘书处”结构，在国际组织的实践中较为罕见，有可能导致两个机构职能重叠；而方案三提及的“升级”模式，由于“高峰论坛联络办公

① 例如，经合组织高度重视数据的收集与分析，拥有全球最大、最可靠的国际经济和社会统计数据库。参见国务院发展研究中心国际合作局：《“一带一路”国际合作机制研究》，中国发展出版社 2019 年版，第 119 页。

② 以 2016 年召开的 G20 杭州峰会为例，中国在峰会召开前后先后举行了 5 次协调人会议。参见《协调人会议》，载 2016 年 G20 峰会筹备委员会网站：http：//www.g20chn.org/zg2016/xtrhy/index.html。

室"的具体职能没有公开报道，暂且不表。当然，如果论坛的正式化程度更上一个台阶，通过订立国际条约的方式限定成员资格，秘书处也将承担诸如收取会费、管理成员国的加入与退出等多项职能。

总的来看，在多项论坛机制的改革方案中，首脑峰会、外围机构与专业机构的设置具备一定的基础，未来面临的阻碍相对较小，高官会与外长会虽系创设性的动议，但只要沿线各国具备良好的合作意愿，也易于得到各国政府的支持。相较之下，秘书机构、执行机构的设置，虽有利于促进"一带一路"合作的常态化与论坛相关决议的执行，但这两项机构的职能与各国权利义务的关联更为密切，如果沿线各国愿意让渡的主权权力较为有限，这两项机构所能保持的独立性也将受到很多的限制。

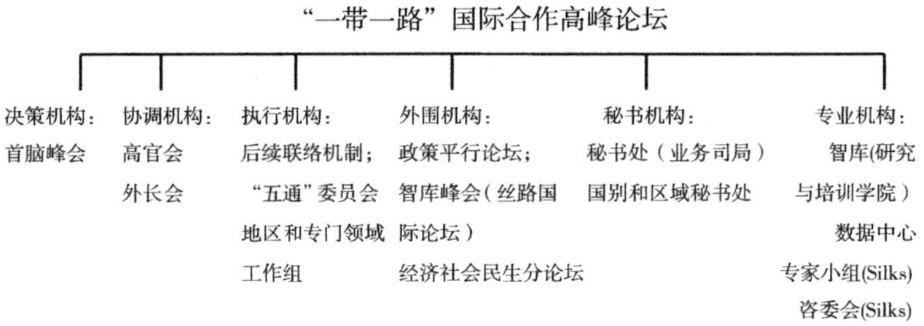

图8 方案九①

表10 **国际组织的正式化程度分布指标②**

等级	机制安排	组织原则	成员	组织架构	举例
1	无安排（无秩序）	自助	全体国家	自发互动	霍布斯世界

① 国务院发展研究中心国际合作局：《"一带一路"国际合作机制研究》，中国发展出版社2019年版，第49页。

② 参见Felicity Vabulas & Duncan Snidal, Organization without Delegation: Informal Intergovernmental Organizations (IIGOs) and the Spectrum of Intergovernmental Arrangements, Review of International Organization, Vol. 8, 2013, p. 201。

续表

等级	机制安排	组织原则	成员	组织架构	举例
2	分权合作	默示的共同期望	松散联系的成员	自发的秩序	习惯国际法
3	清晰的条约协商进程	口头协定；公报；未批准的条约；对话	与会各国	有限的会议；无独立秘书处	新闻公报；软法；协商动议
4	非正式组织	清晰的共同期望	明确关联的成员	定期会议；无独立秘书处	G8；G20；欧洲协调
5	正式组织中的非正式组织	就特定议题有共同关切，但无编订的规则	正式组织成员组成的次级团体	特别会议；无独立秘书处；可能向正式组织的秘书处报告	北约五国；安理会下设的联络小组；①世卫组织政策小组；
6	正式组织	正式约定的期望(国际条约)	正式成员	定期会议；独立秘书处	WTO；阿拉伯联盟；北约
7	超国家组织	制度化的规则；集约执行	经过认证加入的成员	定期的立法会议；独立的秘书处	欧盟

四、增进“一带一路”高峰论坛与联合国的互动

对“一带一路”高峰论坛的机构设置进行升级，有利于提升论坛的工作效率，进一步促进沿线各国政府的政策沟通、信息交互与智慧共享，最终实现各国的共同发展。然而，如果论坛最终定型为

① 安理会下设的联络小组(United Nations Contact Group)，系联合国为处理相关问题而设立的一种机制。例如，在1994年，为解决科索沃的属性问题，意大利、法国、德国、英国、俄罗斯、美国自发成立了一个联络小组，安理会秘书长随后向联络小组委派了联络官员，推进协商进程。参见Dren Doli, The International Element, Statehood and Democratic Nation-Building, Springer, 2019, p. 40。

常态化的合作机制，论坛与其他国际组织的关系亦有可能发生改变。除联合国之外，规模如此巨大的综合性国际合作机制并不多见。在国际法的实践中，各国际组织职能重叠、相互竞争的情势不乏先例。有鉴于此，有学者提出“一带一路”最终将取代联合国，①成为中国参与全球治理的重要方案。然而，即便当下的国际力量对比呈现出东升西降的态势，当下的国际政治格局也并不足以导致联合国被其他组织所取代，联合国作为道义与合法性代表的身份也很难被轻易否定，② 将“一带一路”倡议视作霸权工具的观点，与“一带一路”倡议的包容性、灵活性背道而驰。③

联合国是“二战”战后秩序的组成部分，反映了全世界人民追求和平与安全的美好愿望。自 1945 年成立以来，联合国在非殖民化运动、建立国际经济新秩序、和平解决国际争端、实施维和行动等方面的工作卓有成效。④ 仅就国际法治建设而言，联合国的贡献亦得到了多数国家的认可，无论是国际法的编纂、制定，⑤ 还是国际法的推广、实施，联合国都发挥了极为重要的作用。作为联合国长期关注的一项工作，国际法治建设不仅反映在联大的年度专题发言中，更体现在各机构的日常工作中，正是由于 37000 多名联合国工作人员的辛勤奉献，⑥ 国际法治的建设才具备了坚实的基础。当然，自联合国诞生以来，联合国改革的呼声便一直存在，古特雷斯

① 参见庞中英：《亚投行：全球治理的中国智慧》，人民出版社 2016 年版，第 4 页。

② 参见贾烈英：《联合国与国际法治建设》，载《国际政治研究》2018 年第 2 期，第 64 页。

③ 参见 Yilmaz Kaplan, China's OBOR as a Geo-Functional Institutionlist Project, Baltic Journal of European Studies, Vol. 7, 2017, p. 7。

④ 参见梁西：《梁西论国际法与国际组织五讲》，法律出版社 2019 年版，第 160~212 页。

⑤ 参见余敏友：《联合国对战后国际秩序的发展与中国的贡献》，载《国际问题研究》2015 年第 6 期，第 11 页。

⑥ 截止到 2018 年 12 月 31 日，联合国秘书处的工作人员共有 37505 人。参见联合国大会：《秘书处的组成：工作人员情况统计》，A/73/79，联合国 2019 年报告，第 17 页。

于2017年启动的改革计划涉及和平行动、管理等多个领域。[1] 历史上联合国的多项工作也容易受到国际政治斗争(如“美苏争霸”)的干扰，但如果以此为由否定联合国存在的正当性，认为“一带一路”倡议将会取而代之，显然有些脱离实际。

更为重要的是，自“一带一路”倡议于2016年写入联合国大会决议以来，[2] 联合国的相关机构对“一带一路”倡议的参与热度有增无减(见表15)，两者并无显著的排斥关系。从相关的报道来看，多数联合国机构的负责人对“一带一路”倡议的理念表示支持，对中国参与各项国际合作的成就也给予了高度评价。世界银行、联合国亚太经社会等机构撰写的报告表明，基础设施建设、政策沟通等措施对减轻贸易成本、促进各国的出口贸易具有显著作用。[3] 我国外交部、交通运输部、工信部、发改委、最高人民法院、广电总局等政府部门或司法机构同相关的联合国机构建立了良好的合作关系，双方的“一带一路”合作形式多种多样，包括签署合作文件、撰写咨询报告、建设合作平台、启动合作项目等；合作领域涉及南南农业合作、邮件的铁路运输、儿童的成长与保护、法律与投资最佳实践的分享、跨境动植物疾病的管控、发展中国家工业园区的建设等，中国与联合国的“一带一路”合作网络已初步形成。

当然，目前的合作力度仍然有待提升。因为多数合作方案、倡议系联合国各机构的负责人在参加“一带一路”国际合作高峰论坛时提出，当论坛闭幕之后，各项方案的修订、实施乃至监督仍要经

---

① 参见毛瑞鹏：《古特雷斯联合国改革议程与中国的建设性角色》，载《国际展望》2020年第2期，第40页。

② 参见杨泽伟：《“一带一路”倡议与现代国际法的发展》，载《武大国际法评论》2019年第6期，第1页。

③ 例如，联合国亚太经社会撰写的一篇报告认为，“一带一路”倡议的硬联通、软联通对促进沿线国家的出口具有显著作用。参见Bala Ramasamy & Matthew Yeung, Trade and Trade Facilitation along the Belt and Road Initiative Corridors, United Nations Economic and Social Commission for Asia and the Pacific Reports 2018, p. 4, available at https://www.unescap.org/sites/default/files/AWP172.pdf。

历较为复杂的过程。我国有必要依托升级后的“一带一路”高峰合作论坛，建立常设性的联系机构，就合作项目的具体实施同联合国保持密切的政策沟通，一些短期的合作项目(如农业发展青年领袖培养项目)，也可以从短期培训、单纯介绍中国农业经验向长期的农业合作研究转变，为亚洲、非洲等地青年农业人才的培养提供强有力的支持。此外，对于部分已经建设成功的合作平台(如“一带一路”绿色发展联盟)，我国也应当予以持续的关注，支持这些平台就“一带一路”建设的各类实际问题提出更多的解决方案。

表 11 **联合国相关机构对“一带一路”的参与①**

机构名称	相关活动
国际货币基金组织	政策建议，建立中国—国际货币基金组织能力建设中心
世行集团	承诺为基础设施投资800亿美元，提供咨询、分析服务
工发组织	定期双边会晤，签署备忘录、政策研究与咨询协定、基础设施合作协定
开发计划署	签署备忘录与行动计划
粮农组织	实施“一带一路”倡议及促进农业协作的政策沟通
气象组织	签署意向书
劳工组织	签署备忘录
海事组织	签署意向书
国际移民组织	支持“一带一路”贸易畅通合作
电信联盟	签署“一带一路”合作协定
人居署	签署备忘录
法律发展组织	签署备忘录

① 参见 United Nations Environment Programme, UN Agencies Belt and Road Initiative Involvement, UN Reports 2018, available at http://wedocs.unep.org/bitstream/handle/20.500.11822/26318/UN%20Agencies%20BRI%20Involvement%2002%20%2801%20Oct%202018%29.pdf?sequence=17&isAllowed=y。

续表

机构名称	相 关 活 动
欧洲经济委员会	加入“一带一路”绿色发展联盟
知识产权组织	签署合作协议
西亚经社会	前期研究、战略发展
亚太经社会	政策研究与沟通
教科文组织	与中国一道，深化同沿线各国的职业技能教育培训合作
气候变化框架公约	政策建议
儿童基金会	执行主任希望中国借鉴儿童基金会的项目设计与运营经验
南南合作办公室	支持南南合作/“一带一路”—非洲农业发展青年领袖培养项目
世界旅游组织	为旅游市场提供政策建议、能力建设
万国邮政联盟	签署意向书
世界粮食计划署	支持南南合作/“一带一路”—非洲农业发展青年领袖培养项目
国际农发基金	支持南南合作/“一带一路”—非洲农业发展青年领袖培养项目
国际民航组织	签署合作协定

第二节　实践中国国际法治话语：构建“一带一路”争端解决机制

除峰会形式的“一带一路”合作之外，完善“一带一路”争端解决机制的建设，亦是“一带一路”国际法治合作的重要方向。① 自“一带一路”倡议实施以来，我国学者提出了多种争端解决机制建

① 参见初北平：《“一带一路”多元争端中心构建的当下与未来》，载《中国法学》2017年第6期，第77页。

设方案，包括建立国际商事法庭、国际仲裁中心、多元化争端解决机制等。[①] 如果这些方案最终能够付诸实践，各类“一带一路”争端机构能够良好运转，不仅将有效拓宽我国法治话语、法治观念的传播与实践渠道，也将助力我国涉外法律人才的培养。不过，目前的“一带一路”争端解决机制设想，主要针对投资者与东道国之间的投资争端、普通商事主体之间的经济纠纷，即主要局限于经贸领域，我国有必要借助“一带一路”倡议，进行一定程度的“公法性”国际争端解决探索。

一、多元化“一带一路”争端解决机制的建设构想

（一）既有争端解决机制的缺陷与不足

通过国际仲裁机构、调解机构解决国际商事、投资争端，是一种重要的争端解决方式。当前，针对“一带一路”沿线大量涌现的贸易与投资争端，WTO、ICSID以及各类国际商事仲裁机构发挥了一定的作用，但出于种种原因，这些机制同样存在诸多的缺陷。以ICSID机制为例，这些缺陷包括但不限于以下方面。

一方面，这些既存的国际机制大多滥觞于20世纪中叶以后，多数发展中国家在订立规则的进程中并没有充分参与。以建立ICSID的《华盛顿公约》为例，在条约的谈判进程中，欧美发达国家发挥了主导作用，导致实践中ICSID更强调保护投资者的权益，要求发展中国家让渡更多的主权权力，[②] 因而“一带一路”沿线不少发展中国家对ICSID仍然持谨慎态度，即便是已经签署《华盛顿条约》的沿线国家，对ICSID机制的参与程度也并不充分。[③] 此外，由于发展中国家对参与ICSID的仲裁程序缺乏经验，在特定情形下

① 参见袁发强：《“一带一路”背景下国际民商事争议解决机制之建构》，载《求是学刊》2018年第5期，第82页。

② 参见郑旭文：《“一带一路”倡议下多元争端解决机制的构建》，载《大连海事大学学报》（社会科学版）2018年第5期，第25页。

③ 参见王琦：《“一带一路”争端解决机制的阐释与构建》，载《法学杂志》2018年第8期，第19页。

有可能承受“程序公正”而“实体不公”的结果，并因此蒙受巨大的经济损失，导致发展中国家极少将案件诉诸 ICSID。可以说，发达国家之间适用 ICSID 机制的确较为顺畅，① 但这一机制对于“一带一路”合作仍然略显“水土不服”。

另一方面，依照现代法治的要求审视 ICSID，其自身的“内生性”缺陷也是非常明显的。与谈判、调解等争端解决方式相比，仲裁最大的优势在于仲裁的结果具有法律约束力，且仲裁程序相对固定，可以在有限的时段内为争端各方提供专业而公正的解决方案。然而，ICSID“一裁终裁”的制度设计，② 无形中降低了裁定结果的公正性，而许多案件中不断拖延的仲裁进度，也很难为案件的双方带来“及时的正义”。更为重要的是，ICSID 的部分案件出现了法律适用不统一，即同案不同判的情况。例如，在 CME 诉捷克案（CME v. Czech Republic）与 Lauder 诉捷克案（Lauder v. Czech Republic）中，出现了相同事实、相同依据但结果相反的情况。③ 这与法治最基本的形式要求存在较大的出入。有鉴于此，包括欧盟和美国在内的争端参与方都对 ICSID 提出了批评意见。④ 依照平等保护等原则建设符合“一带一路”实际需要的争端解决机制，⑤ 也成为了我国学者的共识。

---

① 参见胡晓霞：《“一带一路”建设中争端解决机制研究——兼及涉外法律人才的培养》，载《法学论坛》2018 年第 4 期，第 39 页。

② 参见张丽娜：《“一带一路”国际投资争端解决机制完善研究》，载《法学杂志》2018 年第 8 期，第 37 页。

③ 参见王军杰：《论“一带一路”倡议框架下独立投资争端解决机制的构建》，载《河南社会科学》2019 年第 4 期，第 66 页。

④ 参见 2020 ISDS Mediation Working Group, Unlocking Value through Stakeholder Engagement: New Forms to Resolve Investor-State Disputes, ICSID Reports 2020, p. 5, available at https://quraysh.com/wp-content/uploads/2020/06/2020-ISDS-Mediation-Working-Group-Report-200616.pdf。

⑤ 参见刘敬东：《构建公正合理的“一带一路”争端解决机制》，载《太平洋学报》2017 年第 5 期，第 17 页。

（二）综合性争端解决机制方案

如果将贸易与投资争端视作“一带一路”合作中主要的争端类型，那么综合性的“一带一路”争端解决机制应至少有能力处理国家与国家之间的贸易争端、投资者与东道国之间的投资争端、普通商事主体之间的经济纠纷；争端解决手段也应当是多元的，该机构能够灵活运用调解、仲裁等方式推动争端解决。总体而言，综合性“一带一路”争端解决机制的建设模式包含以下两种：一是通过专门的条约或声明，建立独立的“一带一路”争端解决机制，① 这一模式与 ICSID 的建设思路相仿；二是联合国际社会知名的争端解决机构组成“联盟”，进而形成“一带一路”争端解决机构的矩阵。

相较而言，如果能够依照第一种模式建成独立的“一带一路”争端解决机制，我国的国际话语权将获得显著的提升。欧盟近年来力推“投资法院系统”（Investment Court System）的举措也表明，② 增强争端解决结果的统一性、公正性已成为国际社会的一项重要关切。模式二虽然也具备充分整合既有国际机构的优势，但该模式同样会增加我国国内商事仲裁机构的竞争压力，最终导致建设“一带一路”争端解决中心的目标难以实现。③ 针对模式一，已有学者组织相关团队，设计了包含仲裁与调解两种方式的“一带一路”争端解决机制草案，④ 对于争端解决中具有争议的问题，如调解员在参与调解后可否参与后续的仲裁程序、仲裁裁决的保密程度，⑤ 也都

① 参见初北平：《“一带一路”多元争端中心构建的当下与未来》，载《中国法学》2017 年第 6 期，第 72 页。

② 参见 Sienho Yee, Dispute Settlement on the Belt and Road: Ideas on System, Spirit and Style, Chinese Journal of International Law, Vol. 17, 2018, p. 908。

③ 参见初北平：《“一带一路”多元争端中心构建的当下与未来》，载《中国法学》2017 年第 6 期，第 75 页。

④ 参见王贵国、李鋈麟等：《“一带一路”争端解决机制》，浙江大学出版社 2017 年版，第 9 页。

⑤ 参见王贵国：《“一带一路”战略争端解决机制》，载《中国法律评论》2016 年第 2 期，第 37 页。

给出了明确的方案。不过，建立多元的综合性争端解决机制，对人力、物力投入都提出了较高的要求，对于机制的发起国而言无疑是一项考验。就实践而言，于 2020 年 10 月成立的“国际商事争端预防与解决组织”正式成立，这一组织与方案一的理念较为接近，但该组织仅受理商事主体之间的争端，对沿线国家的吸引力也有待时间的检验。

（三）专业性争端解决机制方案

在我国商事仲裁机构的国际竞争力仍有待提升的大背景下，有学者主张先行建立“一带一路”调解中心、商事仲裁中心与投资仲裁中心，① 最终建成综合性的“一带一路”争端解决机制。

实践中，调解中心的建设已经取得了较大的进展。2016 年，由北京德恒公益基金会、中国产业海外发展协会等机构发起设立的“一带一路国际商事调解中心”，② 与巴黎国际商事法院、伦敦国际仲裁院等知名的国际商事争端解决机构具备相似的法人地位和职能定位，但是该调解中心并不具备仲裁职能。调解中心的设置，充分考虑到乌克兰、意大利等沿线国家的争端需求，目前有 290 余名国际调解员在中心供职，中心在广泛吸收借鉴既有国际调解规则的基础上，订立了详尽的调解规则与流程，同时与其他沿线国家的调解机构建立了广泛的合作关系，具备较强的国际调解业务能力。此外，调解中心充分发挥互联网技术优势，创设了线上与线下相结合的调解方式，推动了调解制度的创新发展。仅就当下的发展阶段而言，尽管调解中心的潜在客户既包括政府也包括企业与个人，但中心的工作方式仍然很突出，即主要以调解作为争端解决方式，未来该中心是否有可能并入综合性的“一带一路”争端解决机制以及具体如何合并，并无明确规划。

---

① 参见廖丽：《“一带一路”争端解决机制创新研究——国际法与比较法的视角》，载《法学评论》2018 年第 2 期，第 173 页。

② 参见王丽主编：《“一带一路”国际商事调解》，北京大学出版社 2020 年版，第 272 页。

参照ICSID的工作模式、依托亚投行建立独立的投资争端解决机制，是另一项专业性争端解决机制的建设方案。依照《亚洲基础设施投资银行协定》的相关规定，相关的仲裁机制仅适用于“亚投行与被终止资格的成员国之间的争议”，① 仲裁机制既不适用于亚投行与客户之间的争端，也不适用于亚投行与会员国之间的权利义务关系。为拓展亚投行的争端解决功能，有学者提出，应在亚投行设立内部的投资争端解决机制，并强化内部仲裁结果的实施，② 当败诉的一方拒绝履行仲裁结果时，亚投行可以采取限制贷款等措施予以惩戒。而亚投行2019年公布的年度报告，更是以“国际组织与争端解决的效率提升”作为其副标题。一位参与编写的专家提出，亚投行应效仿ICSID建章立制并将调解作为主要的争端解决方式。③ 亚投行作为一个发达国家和发展中国家都广泛参与的合作平台，只要各会员国能充分达成合意，依托亚投行建立投资类的争端解决机制，并不会面临过多的政治阻碍。不过，一旦这项机制得以建立，如何协调同其他争端解决机制之间的关系，将成为一项较为复杂的议题。

二、中国国际商事法庭的法治实践与前景

（一）中国国际商事法庭的结构与特征

无论是建立独立的“一带一路”争端解决机构，还是依托亚投行建立投资争端机制，都将为“一带一路”沿线各国与商事主体提供更为多元的仲裁与调解法律服务。然而，在国际商会国际仲裁院、新加坡国际仲裁中心、伦敦国际仲裁院等知名的国际仲裁机构

---

① 参见郑旭文：《“一带一路”倡议下多元争端解决机制的构建》，载《大连海事大学学报》（社会科学版）2018年第5期，第27页。

② 参见张卫彬、许俊伟：《“一带一路”与投资争端解决机制创新》，载《南洋问题研究》2017年第4期，第78页。

③ 参见 Peter Quayle & Xuan Gao, International Organizations and the Promotion of Effective Dispute Resolution: AIIB Yearbook of International Law 2019, Brill, 2019, p. 129。

中，中国籍仲裁员只占据很小的比重，[①] 中国法在仲裁进程中的适用程度也比较有限，因而建立强有力的“一带一路”争端解决机构仍然面临着不小的挑战。与这些仍然有待发展壮大的设想与机制相比，中国国际商事法院的建立可谓迈出了实质的一步。为充分发挥人民法院在“一带一路”建设中的司法保障作用，最高人民法院先后发布了一系列官方文件，[②] 通过建立外国法查明中心、积极履行《纽约公约》、建立中国国际商事法庭等多项措施，[③] 不断提升中国司法的国际公信力。其中，专业化的中国国际商事法庭的建立，将使我国的司法机构调动更优质的资源审理具有重大国际影响的案件，并在审理的过程中适用国际条约、惯例，乃至确立新的商业准则。自我国组建国际商事法庭以来，《经济学人》等外媒给予了高度评价，认为中国国际商事法庭的建立，将为“一带一路”建设提供司法保障，[④] 而依据世界银行公布的“营商环境”指数，我国2019年的排名相较于2018年有了较大幅度的提升，[⑤] 表明我国的司法系统为营造国际法治化、便利化的营商环境作出了较大的贡

---

① 参见熊晨：《“一带一路”视野下中国国际商事法庭的构建》，载《上饶师范学院学报》2019年第2期，第89页。

② 参见最高人民法院：《最高人民法院关于人民法院为“一带一路”建设提供司法服务和保障的若干意见》，载《人民法院报》2015年7月8日第2版；最高人民法院：《最高人民法院关于设立国际商事法庭若干问题的规定》，载何其生主编：《国际商事法院研究》，法律出版社2019年版，第209~212页；最高人民法院：《最高人民法院关于人民法院进一步为“一带一路”建设提供司法服务和保障的意见》，载《人民法院报》2019年12月18日第3版；最高人民法院：《最高人民法院关于人民法院为中国（上海）自由贸易试验区临港新片区建设提供司法服务和保障的意见》，载《人民法院报》2019年12月28日第2版。

③ 参见刘敬东：《为中国司法国际公信力的提升点赞》，载《人民法院报》2019年10月31日第2版。

④ 参见余萌：《域外媒体纷纷点赞中国法院》，载《人民法院报》2020年1月24日第5版。

⑤ 参见沈四宝：《树立中国司法国际公信力 为我国全方位对外开放保驾护航》，载《人民法院报》2020年1月10日第2版。

献。总的来看，我国的国际商事法庭具有以下特征。

一是采用了“嵌入式”的机构设置方式与“一审终审”的审级机制设计。2018 年 7 月成立的第一、第二国际商事法庭虽然分别落户深圳、西安，但这两家法庭并非独立的法院，而是最高人民法院的常设机构，也正因为如此，凡是诉诸国际商事法庭的案件，皆为“一审终审”“一裁终局”，不存在上诉的可能性。与新加坡国际商事法庭、迪拜国际金融中心法院等机构的“多级多审”制诉讼设计相比，[①] 我国的“一审终审”制程序设计虽有利于提高争端解决的效率，但很难平息有关“程序正义”的争论。[②]

二是审判力量的专业化。国际商事纠纷涉及复杂多元的法律规则，对于审判人员的外语和专业能力也提出了较高程度的要求，部分已有的国际商事法院之所以能够享誉世界，与法官过人的专业能力密不可分。[③] 为了确保我国的商事法庭也具备高度的专业性，至 2023 年 5 月，目前的第一、第二、第三国际商事法庭只包括 12 位最高人民法院的专职法官。较小的人员规模虽然限制了法庭的受案量，但对于成立不到 2 年的法庭来说，却可以保障审判程序与审判结果的专业化程度。此外，最高人民法院专门设立了“国际商事专家委员会”，聘请了 31 位中外专家担任专家委员，[④] 这对于提升中国国际商事法庭审判的专业化程度，也起到了良好的推动作用。

三是受案范围的国际化。有学者指出，中国应建立“强国际性”的离岸国际商事法庭，[⑤] 即无论案件与中国是否存在联系，只

---

① 参见何其生主编：《国际商事法院研究》，法律出版社2019年版，第189页。

② 参见陶心远：《“一带一路”视野下中国国际商事法庭的设立与完善》，载《广西政法管理干部学院学报》2019 年第 6 期，第 45 页。

③ 参见覃华平：《“一带一路”倡议与中国国际商事法庭》，载《中国政法大学学报》2019 年第 1 期，第 48 页。

④ 参见最高人民法院：《最高人民法院关于聘任国际商事专家委员会首批专家委员的决定》，载最高人民法院国际商事法庭网站：http://cicc.court.gov.cn/html/1/218/226/241/index.html。

⑤ 参见丁凤玲：《“一带一路”建设中创设中国国际商事法庭的理论探索》，载《南京大学学报(哲学·人文科学·社会科学版)》2018 年第 5 期，第 70 页。

要案件并非单纯的国内商事纠纷，中国的国际商事法庭均有权管辖。从最高人民法院设定的受案范围来看，① 尽管国际商事法庭受理案件的“国际性”认定标准较为狭窄，② 并且对当事人协议选择国际商事法庭的案件施加了“3亿以上标的额”的条件，导致法庭的案源较为有限，但仅就已经审结的8起案件来看，③ 这些案件的“国际性”特征都十分明显，能够为中国国际商事法庭的发展提供一定的实践基础。

（二）中国国际商事法庭的审判实践

公正、高效的实体审判与良好的诉讼程序设计是国际商事法庭的核心竞争力，如果一国国际商事法庭的实体审判结果能够推动相关国际规则的发展与创新、增强该国实体法律的适用频率与影响力，其自身的诉讼程序设计能够得到其他国际商事法庭的借鉴，那

① 《最高人民法院关于设立国际商事法庭若干问题的规定》第三条主要依照国籍、住所地、标的物、法律事实四个连接点进行“国际性”的判断。

② 参见王珺：《“一带一路”下中国国际商事法庭的协议管辖制度》，载《理论观察》2020年第6期，第103页。

③ 截止到2023年3月，最高人民法院国际商事法庭，一共审结了8起案件，其中对1起纠纷作出了判决，对7起纠纷作出了裁定。判决的1起纠纷是“广东本草药业集团有限公司与贝斯迪大药厂（Bruschettini S. R. L.）产品责任纠纷案”，裁定的7起纠纷分别是“运裕有限公司与深圳市中苑城商业投资控股有限公司申请确认仲裁协议效力案”“亚洲光学股份有限公司、东莞信泰光学有限公司与富士胶片株式会社、富士胶片（中国）投资有限公司、富士胶片（中国）投资有限公司深圳分公司、富士胶片光电（深圳）有限公司委托加工合同纠纷案”“新劲企业公司与深圳市中苑城商业投资控股有限公司申请确认仲裁协议效力案”“北京港中旅维景国际酒店管理有限公司、深圳维景京华酒店有限公司与深圳市中苑城商业投资控股有限公司申请确认仲裁协议效力案”“张兰、盛兰控股集团（BVI）有限公司、俏江澜发展有限公司与甜蜜生活美食有限公司申请撤销仲裁裁决一案”（（2019）最高法民特4号），“张兰、盛兰控股集团（BVI）有限公司与甜蜜生活美食集团控股有限公司申请撤销仲裁裁决一案”（（2019）最高法民特5号），“广州飞机维修工程有限公司与泰国东方航空有限公司留置权纠纷一案”，载最高人民法院国际商事法庭网站：http：//cicc. court. gov. cn/html/1/218/180/index. html。

么该国也将占据一定的国际司法话语权。由于我国的国际商事法庭成立时间较短，尚无一家国外的国际商事法庭借鉴中国国际商事法庭的程序设计，目前法庭也仅仅审结了8起案件，适用的实体法皆为中国法，因而我国的国际商事法庭对习惯法规则、一般法律原则的发展仅起到了有限的推动作用。① 不过，从8起纠纷的判决结果来看，我国的国际商事法庭充分展现了“公平、专业、便利”的特点。

首先，我国国际商事法庭严格遵循国际民事诉讼中的通常惯例。已经审结的8起纠纷，有7起纠纷涉及“仲裁协议”无效、不存在的认定或仲裁的撤销。为了避免一国的国内法院对仲裁的结果进行过多干涉，因而严格限定仲裁协议无效的情形是各国司法实践中的惯常做法，1958年《承认及执行外国仲裁裁决公约》的签订也充分展现了这一共识。在6起纠纷的审理过程中，我国国际商事法庭的法官充分阐明了“仲裁协议独立性”这一基本法律原则，② 依照各方当事人在签署合同时的“要约”与“承诺”内容，法庭认定6项《仲裁协议》存在或有效，认可了日本商事仲裁协会、中国国际经济贸易仲裁委员会等仲裁机构作出的仲裁结果，维护了国际商事仲裁的权威性。

其次，我国国际商事法庭对中国的实体法规则进行了深度的阐释。“广东本草药业集团有限公司与贝斯迪大药厂(Bruschettini S. R. L.)产品责任纠纷案”是目前国际商事法庭唯一作出实体判决的案件，其中“产品召回制度”的认定是一项焦点。针对被告贝斯迪大药厂提出的质疑，即中国的分销商不能直接向产品的生产者主张因“产品召回”导致的损失，我国国际商事法庭的法官在仔细分析“产品召回制度”的法律原理以及消费者、销售者、生产者三者权利义务关系的基础上，对我国《药品召回管理办法》第3条、第

---

① 参见廖宇羿：《论“一带一路”倡议下中国国际商事法庭的定位》，载《经贸法律评论》2019年第2期，第88页。

② 参见《北京港中旅维景国际酒店管理有限公司、深圳维景京华酒店有限公司申请确认仲裁协议效力民事裁定书》，载最高人民法院国际商事法庭网站：http：//cicc. court. gov. cn/html/1/218/180/221/1344. html。

15 条的规定进行了解析，最终判令贝斯迪大药厂对经销商进行一定的赔偿。尽管“产品召回制度”主要存在于各国的国内法中，短期内很难形成一项具体的“产品召回”公约，但我国法官对“产品召回制度”的法理分析，对于“一带一路”沿线各国的企业逐步形成商业惯例起到了良好的推动作用，本案的判决结果也有助于在中国开展业务的沿线各国企业规避商业风险。

最后，我国国际商事法庭推动了诉讼程序语言的多元化。已审结的 7 起纠纷中，至少有一方当事人的注册地或住所地位于中国大陆境内，其中一项重要的原因是我国的民事审判只能使用“我国通用的语言、文字”。对于广泛使用英语进行国际商事交易的国外企业来说，很难主动选择不将英语作为庭审语言的商事法庭作为争端解决机构。为突破这一限制，我国国际商事法庭在“证据规则”方面进行了一定的创新，对于双方当事人同意的英文证据材料，可不再要求双方提供中文翻译件,① 这一规定在“广东本草药业集团有限公司与贝斯迪大药厂（Bruschettini S. R. L.）产品责任纠纷案”中得到了良好的执行。在原告出示的证据中，双方签署的英文版“独家代理合同”（Exclusive Distribution Agreement）被作为直接的质证材料。② 尽管被告对该证据的真实性、关联性予以否认，但英文材料能够在审判实践中直接使用，已经迈出了我国国际商事法庭审判实践中的重要一步。

当然，如果将国际法规则的发展视作国际商事法庭审判实践的重要目标、将中国国际法治观的表达作为国际商事法庭建设的远景规划,③ 中国国际商事法庭仍然需要增加受案量，特别是对具有重

---

① 参见最高人民法院：《最高人民法院关于设立国际商事法庭若干问题的规定》第九条，载何其生主编：《国际商事法院研究》，法律出版社 2019 年版，第 211 页。

② 参见《广东本草药业集团有限公司与贝斯迪大药厂产品责任纠纷一审民事判决书》，载最高人民法院国际商事法庭网站：http：//cicc. court. gov. cn/html/1/218/180/316/1534. html。

③ 参见廖宇羿：《论“一带一路”倡议下中国国际商事法庭的定位》，载《经贸法律评论》2019 年第 2 期，第 96 页。

大影响、重大争议的商事案件进行审判，通过对疑难法律问题的辨析、说理，探明其中潜在的国际惯例、规则，最终提升法庭在全球范围内的话语权和影响力。

(三) 中国国际商事法庭的建设前景

随着“一带一路”倡议的不断推进，我国各级法院审结的各类涉外商事案件不断增多。2016 年我国审结的第一审涉外民商事案件数量为 6899 件,① 2019 年审结的第一审涉外民商事案件数量达到了 1.7 万件,② 增长十分迅速，因而我国的国际商事法庭并不缺乏潜在的案源。然而，与英国商事法院、法国商事法院等历史悠久的商事法院相比，国家决策在我国国际商事法庭的组建进程中发挥了更为重要的作用,③ 我国的国际商事法庭仍有必要进行程序、结构方面的优化。

一是进一步提升法官和律师的国际化程度。衡量商事法庭建设的国际化程度，存在多项指标。除了受案范围的“国际性”强弱与庭审语言的通用性之外，参与庭审活动的法官、律师的国籍分布，对于商事法庭在全球范围内的受欢迎程度亦是至关重要。为充分提升本国国际商事法院的国际竞争力，迪拜、新加坡等国在组建商事法院时，纷纷改革国内立法，为外国法官、律师参与新加坡国际商事法庭、迪拜国际金融中心法院的庭审活动扫清障碍。与之相比，我国的《法院组织法》并不允许外籍法官参与中国法院的审判活动，《民事诉讼法》第 263 条同样禁止外国企业聘请外国律师作为委托代理人，因而外籍法官、律师不能直接参与我国国际商事法院的庭审活动，既有的 5 起纠纷的审判实践也并未突破这一限制。由于这一限制涉及主权等诸多因素，我国短期内大幅改革现有立法并全面

---

① 参见何其生主编：《国际商事法院研究》，法律出版社 2019 年版，第 179 页。

② 参见周强：《2020 年最高人民法院工作报告》，载中国军网：http：//www.81.cn/2020zt/2020-06/02/content_9826443.htm。

③ 参见何其生课题组：《当代国际商事法院的发展——兼与中国国际商事法庭比较》，载《经贸法律评论》2019 年第 2 期，第 74 页。

开放法律服务市场仍将面临诸多挑战。不过，在既有的法律框架内，我国可以考虑吸收部分中国香港特区、澳门特区法官担任国际商事法庭的陪审员，① 适度放宽中国香港特区、澳门特区律师参与国际商事法庭庭审活动的限制，丰富国际商事法庭的法系与法律文化背景，进而吸引更多的中国香港特区、澳门特区与台湾地区企业将纠纷提交国际商事法庭进行审理。

二是细化“调解—仲裁—诉讼”一站式国际商事纠纷解决机制的流程。作为“一带一路”争端解决机制的重要组成部分，我国的国际商事法庭为当事人提供多样化的纠纷解决方案，构建起“一站式”纠纷解决机制，使诉讼、调解、仲裁三种纠纷解决方式有效衔接，充分体现了“一带一路”倡议的包容性。至 2020 年，“中国贸促会调解中心”与“上海经贸商事调解中心”两家调解机构与深圳国际仲裁院等五家仲裁机构被纳入“一站式”纠纷解决机制，为当事人自由选择纠纷解决方式提供了实体支撑。然而，在已经审结的 7 起纠纷中，各方当事人在诉诸国际商事法庭以前，都没有主动选择“一站式”纠纷解决机制中的调解、仲裁服务，也没有主动中止诉讼进程进行调解或仲裁，诉讼仍然是唯一付诸实践的纠纷解决方式。因此，我国的国际商事法庭仍有必要向当事人阐明调解、仲裁、诉讼的特点，在司法实践中细化各类方式的衔接标准、衔接方式，使纠纷的当事人能够真正感受到“一站式”纠纷解决机制的独特优势。

三是充分发挥“智慧法院”在国际商事法庭建设中的作用。依照我国设立国际商事法庭的相关规定，法庭可以“通过网络方式立案、缴费、阅卷、证据交换、送达、开庭”，即国际商事法庭可以通过网络方式全程审理案件。在“新冠肺炎疫情”的影响尚未完全消除的情况下，线上审理的方式为参与国际商事纠纷的当事方提供极大的便利。不过，除了庭审活动以外，我国还可以将互联网技术应用到案例研判、信息共享等其他方面，加强与沿线国家国际商事

① 参见何其生课题组：《当代国际商事法院的发展——兼与中国国际商事法庭比较》，载《经贸法律评论》2019 年第 2 期，第 76 页。

法院的线上合作，为我国判决的域外承认、执行提供更多的便利，将“智慧法院”的建设模式打造为我国最值得推广的国际商事法庭建设模式。①

三、公法性争端领域的适度延伸

无论是直接创设综合性争端解决机制的设想，还是逐步设立专业性争端解决机制、最终演变为综合性争端解决机制的发展路径，以及中国国际商事法庭的建立与实践，都是为了解决经贸领域的争端。诚然，国家与国家之间的贸易争端、国家与私人投资者之间的争端以及私营主体之间的贸易争端，② 构成了最为重要的“一带一路”争端范畴，但如果争端机制的受案范围局限于此，将难以为我国参与公法类案件的国际诉讼积累更多的经验。长期以来，我国对国际法院等诉讼机制采取的回避态度，并不能简单地用“厌诉”传统进行概括。如果我国对国际诉讼的规则能够深入了解，国际司法诉讼或将成为我国参与争端解决时的一个重要选项。有鉴于此，我国可以在海洋、能源等领域尝试引入“仲裁”解决机制。

（一）南海共同开发争端解决方案的探索

南海是“21 世纪海上丝绸之路”的南大门，南海的安全局势与海上互联互通密切相关。在应对南海安全局势的法律尝试中，“南海仲裁案”是一个失败的案例，作出错误裁决的仲裁庭实质上充当了“遏制中国的帮手”，③ 该案的法理论证也很容易导致南海周边国家对“仲裁”的后果产生忧虑。然而，海洋划界与领土争端并非南海事务的全部，《联合国海洋法公约》“附件七”也并非仲裁庭组建的唯一法律渊源，在海上共同开发等政治敏感度较低的领域，“仲

① 参见廖宇羿：《论“一带一路”倡议下中国国际商事法庭的定位》，载《经贸法律评论》2019 年第 2 期，第 95 页。

② 参见王贵国：《“一带一路”战略争端解决机制》，载《中国法律评论》2016 年第 2 期，第 33 页。

③ 参见吴灏文：《“一带一路”倡议争端解决机制的模式选择与构建》，载《深圳大学学报》（人文社会科学版）2017 年第 5 期，第 76 页。

裁"制度仍然存在广阔的适用空间。①

以中国同越南在北部湾地区进行的共同开发合作为例，两国于2004年划定北部湾的疆界时，便明确表达了共同开发的意愿，两国总理更于2013年表达出共同开发争议海域的意愿，但实际的开发进程踟蹰不前。究其原因，除去海上勘探进度缓慢等客观因素外，没有拟定完备的共同开发文件，亦是导致合作难以顺利开展的原因，特别是当具体的开发争议产生以后，单纯地寄希望于两国政府间的友好磋商，很有可能会导致"议而不决"，最终将共同开发的意愿搁置。为推进南海地区共同开发的实际进程，我国可以考虑同越南就北部湾地区的跨界油气资源共同开发进行协定磋商，并就争端机制的构建进行探索。在可供借鉴的机制中，英国与挪威于2005年签订的"共同开发框架协定"设立了最为复杂的争端解决流程，② 涉及专家的组成、补选、指定、案件的审理时长等细节。具体来说，针对跨界油气田的总量、分配比例等争端，如果两国政府不能协商一致，那么两国政府可以各委派2名专家，由4名专家协商确定第5名专家的人选，组成"调解委员会"，在合理的时间内作出具有约束力的决定。依照该流程，如果第5名专家迟迟不能确定，国际法院的院长有权指定第5名专家。

相较而言，我国与越南的共同开发尚处在积累经验的阶段，"仲裁"程序应尽量体现双方的合意，通过国际法院的院长指派仲裁员，需要我国突破既有的国际司法实践。然而，无论是将海上共同开发争议纳入综合性"一带一路"争端解决机制的受案范围，或者在争端发生时组建临时仲裁庭，都必须确保仲裁的程序公正与仲裁结果的拘束力。

当然，我国与越南、菲律宾等国长期存在的海上矛盾，很难通

---

① 参见黄文博：《海上共同开发争端解决机制的国际法问题研究》，武汉大学博士学位论文，2018年5月，第53页。

② 参见杨泽伟主编：《海上共同开发协定续编》，武汉大学出版社2018年版，第70页。该争端解决机制虽号称"调解委员会"，但该委员会作出的决定具有法律拘束力，与临时仲裁庭无异。

过一两项成功的共同开发案例进行化解。近年来越南更是不断进行单边开发,① 为中越双方的海上合作带来了更多的挑战。然而，既有的30余项海上共同开发案例，有为数不少的“一带一路”沿线国家参与其中，更多的沿线国家亦有可能在未来开展海上共同开发合作。如果我国能在海上共同开发的争端解决机制方面有所建树，将在公法类争端的解决中占据一定的话语权。

(二)能源过境管道争端解决机制的革新

“一带一路”沿线能源市场潜力巨大，沿线国家之间的能源合作有可能导致大量能源争端的发生。由于能源合作涉及贸易、投资、税收、应急、环保等多个方面，争端类型包括“国家与国家间的争端”“投资者与国家之间的争端”②，作为唯一的能源类多边条约,③《能源宪章条约》创设了复杂的能源争端解决机制，其中涉及能源过境管道的争端解决机制是最富开拓性的制度创设,④ 对于我国解决国家与国家之间的能源争端具备一定的参考价值。

具体而言,《能源宪章条约》设计了“调解”与“仲裁”相结合的能源过境管道争端解决机制，其中第7条第(7)款规定的调解程序极具创造性。依据该款规定，争端的任何一方都有权利将争端递交能源宪章大会秘书处,⑤ 秘书长在通报各方并在30天内同争端各方协商后，有权任命一位调解人。调解人的职责与权力主要包括两项，一是促成各方达成争端解决方案，若争端各方90天内未能达

---

① 参见张晟:《越南在南海油气侵权活动的新动向及中国的应对》，载《边界与海洋研究》2020年第1期，第111页。

② 白中红:《〈能源宪章条约〉的争端解决机制研究》，载《外交评论》(外交学院学报)2011年第3期，第90页。

③ 参见杨泽伟:《跨国能源管道运输的争议解决机制》，载《法学》2007年第12期，第86页。

④ 参见杨泽伟等著:《“一带一路”倡议与国际规则体系研究》，法律出版社2020年版，第277页。

⑤ 参见林超:《能源过境运输争端解决机制研究——以能源宪章条约为研究对象》，辽宁大学硕士学位论文，2014年5月，第8页。

成协议，调解人应就争端解决方案和程序提出建议；二是就能源过境的关税等条件作出临时性安排，各方应当在争端解决以前遵守该安排，但该安排的时效最长不超过 12 个月。依照这一制度设计，调解人实际扮演了"调解人"与"临时仲裁者"两重角色，能够在一定程度上补足调解机制"议而不决"的短板，促进争端的快速解决。此外，《能源宪章条约》第 27 条还设计了"仲裁"机制，但并未明确将调解规定为仲裁的前置程序，各方可以通过灵活的方式解决争端。

此类调解与仲裁相结合的制度设计，对我国同周边国家继续深化能源合作具有重要意义，如果未来的综合性"一带一路"争端解决机制能够受理能源过境管道争端，且我国的调解员、仲裁员能够在争端解决进程中展现自己的专业素养，将为我国参与"准司法"性质的公法类案件积累重要的经验。当然，《能源宪章条约》的具体制度设计也不宜照搬照抄。有很多学者指出《能源宪章条约》的多项条款设计体现了"欧洲中心主义"，① 宪章调解制度在 2009 年俄乌天然气冲突中的适用效果也不尽如人意。② 具体如何设计"一带一路"合作中的能源过境管道争端解决条款，应在充分考虑各国能源产业现状与各国国内立法的基础上，制定有可能获得共识的方案。

第三节 促进国际法治对话交流：完善"一带一路"智库合作网络

一、"一带一路"国际法治话语的智库供给

"一带一路"倡议最早由我国的领导人在外事活动中提出，各

---

① 参见 Julien Chaisse & Jędrzej Górski, The Belt and Road Initiative: Law, Economics, and Politics, Brill, 2018, p. 651。

② 参见杨泽伟等著：《"一带一路"倡议与国际规则体系研究》，法律出版社 2020 年版，第 283 页。

部委、地方政府也先后出台了一系列阶段性规划，为倡议的推进提供了多项具体实施方案。随着中国政府与“一带一路”沿线各国政府间合作的不断深化，我国企业的对外投资、跨境贸易环境不断优化，能够得到的政策支持力度也不断增强。与此同时，我国与沿线各国的民间交往也日益密切，沿线地区的孔子学院数量不断增加，文艺交流活动的频次不断上涨，我国的民间组织也纷纷走出国门，与沿线各国的民间组织加强合作。至 2021 年，我国已建立了多项民间组织合作机制，包括“丝绸之路沿线民间组织合作网络”“‘一带一路’绿色发展平台”“‘一带一路’绿色发展国际联盟”“中非民间论坛”“丝路国际智库网络”“‘一带一路’智库合作联盟”“‘一带一路’国际智库合作委员会”等，为沿线地区的经济社会发展与人文科技交流合作创造了更多的机遇，也为“一带一路”的远景规划提供了丰富的智慧成果。仅就国际法治议题而言，其国际性与法律性对话语的专业性提出了更高的要求，“一带一路”国际合作对于具体的法治合作方案也提出了现实需求，因而智库合作网络可以提供更充分、更专业的国际法治话语，后三项“一带一路”智库合作机制影响力较大,① 可以视作主要的国际法治话语供给平台。

2015 年，国务院发展研究中心联合 40 余家智库及多家国际组织，发起设立了“丝路国际智库网络”(Silk Road Think Tank Network)。② 这是我国最早设立的“一带一路”智库合作机制之一，设立有秘书处。依照《丝路国际智库网络指导原则》等文件的规定，该机制旨在推动沿线地区智库的知识生产、分享及应用，通过合作开展研究、加强知识与信息分享、提升政策研究与咨询能力建设等形式,③ 最终促进全球发展。至 2021 年，“丝路国际智库网络”已成功吸引 42 家成员(智库)与 13 家伙伴(包含国际组织与区域组

① 参见国务院发展研究中心国际合作局：《“一带一路”国际合作机制研究》，中国发展出版社 2019 年版，第 23 页。

② 参见李伟：《共谋丝路国际智库网络新发展——丝路国际智库网络 2017 年会开幕致辞》，载《中国经济时报》2017 年 5 月 17 日第 1 版。

③ 参见 Silk Road Think Tank Network Guiding Principles, available at http://www.esilks.org/about/principle。

织、政府机构、企业、NGO、个人）的加盟。从公开报道的信息来看，“丝路国际智库网络”会定期举办年会活动“丝路国际论坛”。[①] 2018年第4届“丝路国际论坛”聚焦“全球可持续发展”议题，涉及完善多边贸易规则、完善绿色金融机制、加强国际合作机制建设等与国际法治密切相关的议题。除年会活动外，“丝路国际智库网络”还会举办一些培训班与研讨会，进一步提升地方政府官员参与“一带一路”合作的能力。[②] 当然，“丝路国际智库网络”仍然具备较大的完善空间，依据2018年通过的《关于推进丝路国际智库网络发展的三年工作计划（2019—2021）》，“丝路国际智库网络”将会健全管理机制、强化资金支持、提升学术访问的频率与研究成果的应用性，[③] 建立独立的专家与项目数据库，并进一步发挥秘书长的作用，进一步促进成员、伙伴之间的信息交流。

2015年，中共中央对外联络部联合中国社会科学院等部门发起设立了“‘一带一路’智库合作联盟”，秘书处设在当代世界研究中心。依照《“一带一路”智库合作联盟章程》的规定，该联盟的职能包括平台搭建、政策解读、咨政建言、推动交流等。至2019年，联盟已经吸引了260余家理事单位的加盟（国内138家、国外120

---

① 2014—2016年连续举办了3届，从2016年起每两年举办一届。第一届在伊斯坦布尔举办，第二届在马德里举办，第三节在华沙举办，第四届在巴黎举办。参见丝路国际论坛：《丝路国际论坛（SRF）》，载丝路国际论坛官网：http：//www. drc. gov. cn/silkroadforum/introduce. html. 2020年，第五届改为线上举行：参见 SiLKS Online Annual Meeting 2020 Joint Initiative, available at http：//www. esilks. org/article/sid/k5ue8IWQ96。

② 参见 Mekong Institute, Government Officers Join Intensive Course on Communication Skills Capacity Building for Regional Cooperation, available at http：//www. esilks. org/article/sid/z5XlcKvp65。

③ 参见 The Silk Road Think Tank Network, The Three-Year Work Plan for the Silk Road Think Tank Network (2019-2021), p. 2, available at http：//www. geoeconomic-forum. com/images/Shenzhen-2018/Paris-7-12-2018/final-three-w-p. pdf。

余家),[①] 成为我国规模最大的“一带一路”智库合作机制，但是详细的理事单位名单没有对外公布。自成立以来，该联盟主办、参与了多项研讨会,[②] 包括已连续举办四届的“一带一路”与全球治理国际论坛(2016—2020)、已连续举办五届的“21世纪海上丝绸之路国际智库论坛”(2015—2020)、已连续举办六届的“‘一带一路’高端智库论坛”(2014—2020)等，发布了一系列研究课题,[③] 开展了多项交流活动、组织了多项调查研究,[④] 为我国的政府决策提供了有力支持。然而，与“丝路国际智库网络”相同，“‘一带一路’智库合作联盟”的合作机制也同样有待加强，特别是信息、资源、成果的共享机制有待不断完善。[⑤]

2019年，新华社联合中外15家智库成立“‘一带一路’国际智库合作委员会”，委员会的职能包括举办年会、研讨会、创办刊物、增进国际交流等，目前吸引了56家中外机构参与。[⑥] 由于成立时间较短，目前关于该委员会具体活动的公开报道较少，委员会的课题库、专家库建设也有待加强，但是委员会仍然发布了一批研究成果。此外，中国社会科学院创办的“‘一带一路’国际智库会议”“中国—中东欧国家智库研讨会”中国人民大学创办的“世界大

① 参见白杨：《北京大学加入“一带一路”智库合作联盟》，载中国高校人文社会科学信息网：https：//www. sinoss. net/2019/1227/91398. html。

② 参见“一带一路”智库合作联盟秘书处：《“一带一路”建设中的智库交流——“一带一路”智库合作联盟建设实践及发展前景》，载《当代世界》2019年第5期，第29页。

③ 参见“一带一路”国际智库合作联盟秘书处、当代世界研究中心：《“一带一路”国际智库合作联盟2018年度课题招标公告》，载兰州大学网站：http：//news. lzu. edu. cn/c/201804/48313. html。

④ 参见王宝盆：《以高质量研究助推“一带一路”高质量发展——“一带一路”高端智库论坛暨“一带一路”智库合作联盟理事会第五次会议侧记》，载《当代世界》2020年第1期，第28页。

⑤ 参见焦扬：《智库联盟为“一带一路”建设贡献更多智慧》，载《光明日报》2020年1月8日第2版。

⑥ 《“一带一路”国际智库合作委员会：参与机构》，载“一带一路”国际智库合作委员会网站：http：//www. brsn. net/list/zhikujigou/index. html。

学智库联盟”①“中非合作论坛”下属的“中非智库论坛会议”与“中国与阿拉伯国家智库论坛”“中蒙俄智库”等，② 在地域与专业研究等方面具备自身的优势，同样是“一带一路”智库合作的重要平台。可以说，在我国政府部门、高校与科研机构的推动下，“一带一路”智库合作平台的建设已粗具规模，为会聚各类思想观点与智慧成果创造了有利条件。然而，结合“丝路国际智库网络”“‘一带一路’智库合作联盟”“‘一带一路’国际智库合作委员会”这三项合作机制的实践来看，我国的“一带一路”智库合作网络建设仍有待完善。

一方面，我国应尽快推动建立常态化的中外智库对话与合作机制，③ 进一步提升中国智库的对外合作水平。我国是“一带一路”倡议的发起国，我国的机构是“一带一路”智库合作机制的主要发起力量，因而智库合作的成果应当为我国的政府决策提供充分的方案。然而，“一带一路”是沿线各国共同的事业，需要沿线各国智库为“互联互通”建设提供多方面的建议。“丝路国际智库网络”与“‘一带一路’国际智库合作委员会”欠缺学术互访、跨国研究合作、创办期刊等常态化的合作。④ 即便是起步较早的“丝路国际智库网络”，秘书长与多家成员伙伴负责人的互访，仍是过去几年间主要的报道事项，常态化的合作机制也仍在探索之中。

另一方面，我国应加快建设智库合作平台的信息渠道建设。目前，我国各类智库联盟的网络平台建设相对滞后，⑤ 包括“‘一带一

① 参见沈陈：《“一带一路”智库网络建设：理论与实践》，载《中国社会科学报》2018 年 11 月 22 日第 2 版。

② 参见刘倩：《“一带一路”的智库合作：现状与评论》，载《长春师范大学学报》2017 年第 5 期，第 191 页。

③ 参见程国强、岳云霞等：《智慧合力：深化“一带一路”智库合作》，载《智库时代》2017 年第 2 期，第 15 页。

④ 参见赵豪迈：《“一带一路”新型智库信息资源开发问题及策略研究》，载《智库理论与实践》2019 年第 5 期，第 43 页。

⑤ 参见袁烨：《我国智库联盟建设现状及对策研究》，载《情报探索》2019 年第 1 期，第 75 页。

路’智库合作联盟”在内的多家智库联盟没有建立自己的网站。“丝路国际智库网络”与“‘一带一路’国际智库合作委员会”的网站建设虽然较为完备，但是与美国多家智库的网站相比，活动的报道频率与研究报告的公布数量仍然偏低。特别是，“‘一带一路’智库合作联盟”的成员单位在过去的几年中举办了大量的国际研讨会，邀请了大批的国外专家来华进行研讨，① 这些活动却没有进行全面、集中的专题报道，难以充分提升智库联盟在沿线地区的影响力。智库合作属于“民心相通”建设的重要组成部分，除去少数供政府决策且不宜公开的报告外，多数报告应当通过有效的手段在沿线地区广泛传播，深化沿线民众对“一带一路”的认知。

当然，与长期的合作机制建设相比，现有的智库研究成果（包括智库合作平台网站公开发布的成果、组织专家学者编写的书籍报告等）更能反映“一带一路”话语的焦点与现状，也可以展示“一带一路”与国际法治话语的互动程度。

二、国内外“一带一路”智库研究成果的国际法治话语分析

（一）“一带一路”研究文献的系统检索与计量分析

系统检索（Systematic Literature Search）与计量分析（Bibliometric Analysis）是文献回顾的重要方法。前者旨在通过一定的标准收集文献，并对这些文献进行评估和综合分析，最终归纳出当前研究文献关注的方向；后者则重点关注文献的题录信息，通过定量分析的方式，展现文献的作者、创作单位、引用率等具体指标。以“一带一路”倡议机制特征的文献回顾为例，前者的研究步骤包括确立文献数据库与检索关键词、多重筛选文献、文献标题与摘要回顾、回答具体问题（中国为何实施“一带一路”“一带一路”的背景、动机、目

① 参见郭业洲主编：《“一带一路”民心相通报告》，人民出版社2018年版，第278页。

标与机制等）；[①] 后者可以展现多方面的文献指标，包括各年度内的文献总量变化情况、各类主题文献的分布数量、文献在各期刊中的分布情况、作者的国籍与工作单位、独著文献与合著文献的数量、文献引用率等。

曾有学者以上述两种方法对科学网（Web of Science）等数据库中有关“一带一路”的文献进行分析。研究表明，2015—2018 年，“一带一路”相关文献的总量在过去几年中呈上涨趋势。[②] 经过筛选的 155 篇文献涉及经济、国际关系等多项领域，但以法律为主题的文献仅有 8 篇，所占比重最低。从文献主题的分布情况来看，亚投行、海上丝绸之路、南海问题、对外直接投资是高引文献重点关注的议题，这表明过去几年间“一带一路”研究的广度、热度均有所上升。当然，这项文献回顾报告也表明中国仍是“一带一路”研究的中心，因为多篇高引文献的作者都服务于中国的高校与科研单位，中国的学术期刊发表“一带一路”主题文献的数量也较为领先。此外，有部分文献对“一带一路”倡议进行了过度的政治解读，与“一带一路”倡议的远景规划背道而驰。这表明“一带一路”倡议仍处在加速推广的阶段，在全球范围内的影响力仍需继续加强。

除了这项时间跨度较长的文献回顾外，另有学者对爱思唯尔数据库（Elsvier）2018 年 8 月至 11 月的文献进行了回顾，在展望未来的“一带一路”研究方向时，该文作者认为需要就中欧交通网络与供应链条加强研究。[③] 显然，如果就“一带一路”倡议进行较为全面的文献回顾，部分国际法律机制（如亚投行）可以成为研究的焦点，但国际法治很难成为一项独立的分类题录。

---

① 参见 Saleh Shahriar & Lu Qian, et al, Institutions of the ‘Belt & Road’ Initiative: A Systematic Literature Review, Journal of Law, Policy and Globalization, Vol. 77, 2018, p. 2。

② 参见 Anna Visvizi & Miltiadis Lytras, et al, Foreign Business in China and Opportunities for Technological Innovation and Sustainable Economics, IGI Global, 2019, p. 83。

③ 参见 Weidong Li & Olli-Pekka Hilmola, One Belt And One Road: Literature Analysis, Transport and Telecommunication, Vol. 20, 2019, p. 267。

与经过同行评议的学术文献规范相比，部分智库报告撰写不够规范，文献的影响力大小也很难通过引用率等数据加以体现，但上述两种文献回顾方法，同样也可以粗略地应用到"一带一路"智库成果的分析之中。通过分析文献对"一带一路"倡议的总体态度、"国际法治"主题文献的数量、"国际法治"主题文献的研究方向、多国学者合署文献的数量等，可以大致刻画"一带一路"智库合作中国际法治话语的现状。①

(二)"丝路国际智库网络"成果国际法治话语分析

至2021年5月，"丝路国际智库网络"网站一共公布了36篇文献，② 包含会议简报、会议手册、智库报告与学术论文的摘要等，与国际法治相关的内容汇总如下(见表12)。

表12 **"丝路国际智库网络"网站成果汇总**

作者	与国际法治相关的论述
Baniya (2019-02)	在基础设施建设日渐完善的情况下，如果进行相应的经贸制度改革，贸易流通程度最高可提高12.3%
Henny Sende (2019-01)	亚投行希望通过加大基础设施债券投入，加快亚洲地区环境、社会、治理标准的运用
Zeng Chuyuan (2019-01)	欧亚经济联盟是一个偏重内部保护的经济合作机制；"一带一路"与欧亚经济联盟的对接，有赖于中俄两国的共同努力

① 文献回顾的范围包括"丝路国际智库网络""'一带一路'国际智库合作委员会"网站公布的成果、各项智库合作机制成员网站公布的报告以及"'一带一路'智库合作联盟"编纂的报告。当然，不是所有的智库都建设有网站，不是所有的智库网站都公开发布智库报告，也不是所有的报告都与"一带一路"相关，部分智库的工作以研讨会、创办学术期刊为主，因而对智库报告的回顾，只代表对智库工作进行局部的回顾。

② 参见 Publications, available at http://www.esilks.org/publication/?page=1。

续表

作者	与国际法治相关的论述
Jian Zhigao (2018-12)	以一项具体的铁路工程为例，亚投行的管理符合既存的重要原则，且采购、风险管控与项目监管的流程十分合理。与亚开行相比，亚投行效率更高，可持续性更强
Jusuf Wanandi (2018-12)	回顾全球过去数十年间的经济贸易政策，对外开放、营商自由、改革扭曲的政策，是这些政策的焦点
UNDP (2018-11)	粮食合作是中国过去十年间参与全球事务的重要内容；增强南南合作有助于可持续发展目标的早日实现

此外，“丝路国际智库网络”的成员智库也发表了一些与“一带一路”国际法治合作密切相关的报告，具体汇总情况如下(见表13)。

表13 **“丝路国际智库网络”成员智库成果汇总**

作者	与国际法治相关的论述
Naoyuki Yoshino (2020-01)①	如果亚洲国家—欧洲投资者之间的收益分享机制发生改变，亚洲国家让渡50%的额外收入，投资资金将会产生长期收益
Jasna Plevnik② (2016-10)	“一带一路”符合联合国、世界卫生组织的规则及可持续发展目标；中国的金融机构，依照市场规则、既定规则、清晰性原则开展经营；推进“一带一路”，需要协调关税、海运、铁路、外汇、出入境规则；CEEC16+1平台坚持包容、开放的贸易与投资规则

① 参见 Naoyuki Yoshino & Monzur Hossain, et al, Enhancing Financial Connectivity between Asia and Europe: Implications for Infrastructure Convergence between the Two Regions, Asian Development Bank Institute Reports 2020, p. 16。

② 参见 Jasna Plevnik, The Belt and Road Initiative and its Implications for Southeast Europe, Center for International Relations and Sustainable Development (CIRSD) Reports, 2016, pp. 23, 35, 37 & 59, available at https://www.cirsd.org/files/000/000/002/31/67f684e0a596914a7247de6fb59b2947b122b5e4.pdf。

续表

作者	与国际法治相关的论述
Yose Rizal Damuri (2019)①	项目的东道国，应当提升规则的透明度，东盟国家也应当完善信息分享系统，加强协作；印尼政府应坚守环保标准
Lee Jones & Shahar Hameiri (2021)②	很多人总认为，“一带一路”是中国的一项战略，中国通过这项战略可以掌控债务不可持续的发展中国家。但实际上，这种说法是错误的，经济因素是“一带一路”倡议的主要驱动力
艾莉森·霍尔、蓝虹(2018-05)③	环保、公共采购规则不明将导致法律纠纷；多边开发银行的工作包括向政府提供法律改革的建议、向官员提供法律培训
张友谊(2019-06)④	中非合作论坛覆盖领域广、机制成熟、可以为“一带一路”合作机制建设提供借鉴

① 参见 Yose Rizal Damuri & Vidhyandika Perkasa, et al, Perceptions and Readiness of Indonesia towards the Belt and Road, Centre for Strategic and International Studies, Indonesia (CSIS) Reports 2019, pp. 39 & 42, available at https://www.csis.or.id/uploads/attachments/post/2019/05/23/CSIS_BRI_Indonesia_r.pdf。

② 参见 Lee Jones & Shahar Hameiri, Debunking the Myth of 'Debt-trap Diplomacy', available at https://www.chathamhouse.org/2020/08/debunking-myth-debt-trap-diplomacy。

③ 参见[英]艾莉森·霍尔、蓝虹等:《“一带一路”倡议下投资者在推动可持续基础设施建设过程中发挥的作用》，查塔姆研究所 2018 年报告，第5、15 页，available at https://www.chathamhouse.org/sites/default/files/publications/research/2018-05-11-role-investors-sustainable-infrastructure-belt-and-road-chinese.pdf。

④ 参见张友谊、罗楠:《中非合作论坛对“一带一路”国际合作机制建设的启示》，国务院发展研究中心 2019 年报告，available at https://www.drc.gov.cn/dcyjbg/20190625/1-224-2898822.htm。此文是《“一带一路”国际合作机制研究》一书分报告七的摘要部分。

续表

作者	与国际法治相关的论述
Jing Gu (2019-12)①	推进“一带一路”，需要加强合作，共同创设基础设施投资中的社会与环境标准
Lewis Husain (2017-09)②	亚投行等机构已成为布雷顿森林体系之外的一项选择
Melissa Leach (2017-05)③	有学者建议，应为“一带一路”设立一系列规则，但“一带一路”太过复杂，难度较大。不过，即便是“摸着石头过河”，也必须保持谨慎
Philipp Galkin (2020-01)④	中国的部分投资者倾向于通过离岸公司等媒介参与对外能源投资，其中一个原因是，中国香港特区、新加坡的仲裁中心更成熟

① 参见 Jing Gu & Hannah Corbett, *et al*, Introduction: The Belt and Road Initiative and the Sustainable Development Goals: Opportunities and Challenges, Institute of Development Studies Reports, 2019, p. 3, available at https: // opendocs. ids. ac. uk/opendocs/bitstream/handle/20. 500. 12413/14896/IDSB50. 4_10. 190881968-2019. 136. pdf? sequence = 79&isAllowed = y。

② 参见 Lewis Husain & Gerald Bloom, How Will China's Belt and Road Shape Global Health Cooperation? Institute of Development Studies Reports, 2019, available at https: //www. ids. ac. uk/opinions/how-will-chinas-belt-and-road-shape-global-health-cooperation/。

③ 参见 Melissa Leach, China's Belt and Road Initiative — A Game-Changer, But Which Game? Institute of Development Studies Reports, 2017, available at https: //www. ids. ac. uk/opinions/chinas-belt-and-road-initiative-a-game-changer-but-which-game/。

④ 参见 Philipp Galkin & Dongmei Chen, *et al*, China's Energy Investment Through the Lens of the Belt and Road Initiative, King Abdullah Petroleum Studies and Research Center (KAPSARC) Reports, 2020, p. 25, available at https: // www. kapsarc. org/research/publications/chinas-energy-investment-through-the-lens-of-the-belt-and-road-initiative/。

续表

作者	与国际法治相关的论述
Calvin Cheng (2019-09)①	2019年，中国承诺解决“一带一路”倡议项目中出现的透明度欠缺、环保不达标等问题
Chaw Sein (2016)②	缅甸部分地区铜矿项目导致的环境污染，以及中缅边境的非法翡翠交易，是制约缅甸充分参与“一带一路”合作的因素
Frank Umbach③ (2019-01)	“一带一路”与地缘政治目标紧密相连，亦有可能导致中国的军事影响力上升。那么，未来的发展方向，究竟是推崇国际法、考虑所有国家的利益，还是恢复往日的朝贡体系？
Pradumna B. Rana (2019-11)④	根据一项问卷调查，部分被调查者担心“一带一路”项目会造成环境影响，另有一部分被调查者建议“建立基于规则的融资体系”

① 参见 Calvin Cheng, Belt and Road Initiative: Perspectives from Malaysia, Institute of Strategic and International Studies (ISIS) Malaysia Reports, 2019, p. 9, available at https://www.isis.org.my/wp-content/uploads/2019/10/BRI-Beijing.pdf。

② 参见 Chaw Sein, Assessing the Perspectives of the EU and ASEAN on China's OBOR Initiative, Myanmar Institute of Strategic and International Studies Reports, 2016, p. 6, available at https://www.myanmarisis.org/publications?page=2。

③ 参见 Frank Umbach, China's Belt and Road Initiative and Its Energy-Security Dimensions, The S. Rajaratnam School of International Studies Reports, 2019, p. 40, available at https://www.rsis.edu.sg/wp-content/uploads/2019/01/WP320.pdf。

④ 参见 Pradumna B. Rana & Wai-Mun Chia, *et al*, China's Belt and Road Initiative: A Perception Survey of Asian Opinion Leaders, The S. Rajaratnam School of International Studies Reports, 2019, pp. 13 & 16, available at https://www.rsis.edu.sg/wp-content/uploads/2019/11/WP325.pdf。

续表

作者	与国际法治相关的论述
Pradumna B. Rana (2018-07)①	中国同沿线各国签署了18份交通运输协议；在新加坡的帮助下，中国建立了“一带一路”争端调解机制
Kaewkamol Pitakdumrongkit (2018-02)②	中国与东盟国家应通过中国—东盟自贸区等形式，进一步消除关税壁垒与各国境内的非关税壁垒，促进贸易资金流通

结合上述成果汇总情况来看，“丝路国际智库网络”的成员更关注经济与社会发展议题，环保规则、透明度规则、多边投资银行的相关规则在部分报告中有所提及，但并非这些报告的重点。不过，中国学者参与了查塔姆研究所、英国发展研究所、沙特阿卜杜拉国王石油研究中心等智库的报告撰写工作，表明智库的中外合作具备一定的基础。此外，多数报告对“一带一路”的进展持肯定态度，部分西方媒体经常提及的“透明度”与“环境问题”，并未成为“一带一路”倡议实施的重要阻碍。

（三）“‘一带一路’国际智库合作委员会”成果国际法治话语分析

至2021年5月，“‘一带一路’国际智库合作委员会”的网站一共公布了615篇文献，③ 其中多篇文献提到规则对接、完善等与国际法治密切相关的话题，具体汇总情况如下（见表14）。

① 参见 Pradumna B. Rana & Xianbai Ji, Belt and Road Forum 2019: BRI 2.0 in the Making? Rajaratnam School of International Studies Reports, 2018, p. 2, available at https://www.rsis.edu.sg/wp-content/uploads/2019/05/CO19086.pdf。

② 参见 Kaewkamol Pitakdumrongkit, China's Maritime Silk Road: Challenging Test for ASEAN, Rajaratnam School of International Studies Reports 2018, p. 3, available at https://www.rsis.edu.sg/wp-content/uploads/2018/02/CO18030.pdf。

③ 《成果发布》，载“一带一路”国际智库合作委员会网站：http://www.brsn.net/list/chengguofabu_v3/index_2.html。

表 14　“‘一带一路’国际智库合作委员会”网站相关成果汇总

作者	与国际法治相关的论述
崔洪建(2021-04)	欧洲的不平等正在加剧
王辉耀(2021-04)	在中美合作基础上，应加强中美欧三方合作，共同应对气候变化，推进全球气候治理
王辉耀(2021-03)	建议建立碳排放气候应对国际组织、“一带一路”国际多边开发银行合作机制、建立全球数据组织
西班牙《起义报》(2021-03)	中国的成功与保护人权密不可分，中国的人权保障措施也促使其在国际组织中享有声誉
西班牙皇家埃尔卡诺研究所网站	“一带一路”推动了共享的价值与协调包容
Aarshi Tirkey (2020-06)	疫情下各国采取出口限制措施，只是勉强符合 WTO 规定的义务
Ivan Timofeev (2020-04)	美国对世界卫生组织断供，并不会帮助美国战胜疫情
戴维·阿普恰乌利(2019-07)	中国与各国签署双边自贸协定意义重大，促进了贸易自由化
魏建国(2019-04)	“一带一路”是国际规则体系的完善，需要坚持公开透明原则；完善的方向包括贸易规则、投资规则、金融规则、项目管理规则、信息和产业革命的新技术规则
王灵桂(2019-04)	“一带一路”倡议的国际规则变革，应当公平、开放、透明
迟福林(2019-04)	推动自贸区网络建设，针对不同国家，签订不同的自贸协定；加强“一带一路”与既有机制对接
张维为(2019-04)	加强“一带一路”与区域机制关系的研究
王辉耀(2019-04)	“一带一路”倡议需考虑法律成本；成立“一带一路”国际合作委员会；加强国际机构间的协作；发挥智库、NGO 等民间力量的作用；设立“一带一路”秘书处
梁海明(2019-04)	应提升各国对 SDR 的接受程度；我国积极参与亚投行等机制，有利于世界金融稳定；我国应与他国增强金融监管合作；国际金融规则应更加公平、开放、透明

续表

作者	与国际法治相关的论述
郑必坚(2019-04)	加强国际组织的作用
张道根(2019-04)	消除服务贸易中的规则壁垒；法律服务标准与监管框架应同国际最高水平对接；增强国际经济机构的协作
郑之杰(2019-04)	促进国际金融机构的规则对接；加强更具适应性的投融资机制的建设

此外，56家参与成员中，也有部分智库网站以“一带一路”为题发布了相关的报告，汇总如下(见表15)。

表15　“‘一带一路’国际智库合作委员会”参与成员相关成果汇总

作者	与国际法治相关的论述
黄惠康(2021-03)①	各国主权平等、厉行法治、共同安全、共同发展、开放包容、可持续发展等当代国际关系的基本准则，必须加以坚持维护
黄惠康(2021-02)②	共商共建共享理念，体现了各国权利、义务、责任相统一的国际法治精神
Antti Tulonen (2020-01)③	缅甸基础设施工程缺乏社会、环境影响评价，有可能成为缅甸政府参与“一带一路”合作的挑战

① 参见黄惠康：《弘扬法治精神，积极推动国际关系法治化》，载武汉大学国际法研究所官网：http：//translaw. whu. edu. cn/index. php/index-view-aid-1095. html。

② 参见黄惠康：《坚持共商共建共享 推进国际法治合作》，载武汉大学国际法研究所官网：http：//translaw. whu. edu. cn/index. php/index-view-aid-1092. html。

③ 参见Antti Tulonen, Myanmar — Back on Track With BRI? EU-Asia Centre Reports, 2020, available at http：//eu-asiacentre. eu/pub_details. php? pub_id = 276。

续表

作者	与国际法治相关的论述
A N M Muniruzzaman (2018-09)①	“一带一路”有可能为污染与气候变化治理、减少碳排放作出贡献，但必须警惕斯里兰卡等国脆弱的抗风险能力；中美贸易战、WTO 规则被破坏是“一带一路”面临的挑战；西方国家以政府体制为由指责南亚国家破坏人权，是错误的
Xin Wang (2019-07)②	中国、法国、欧盟之间的三方合作，有利于实施《巴黎协定》与《2030 可持续发展日程》
Xin Wang (2016-04)③	亚投行投资的工程能够遵守较高的环境标准；未来应当更加强调可持续发展进程
Sébastien Treyer (2019-09)④	“一带一路”与可持续发展密切相关，但是践行“绿色‘一带一路’”，必须吸取过去的经验，探索更多的实施方案

① 参见 A N M Muniruzzaman, Asian Regional Conference Belt and Road Initiative: Prospects and Challenges, Bangladesh Institute of Peace and Security Studies Conference Reports, 2018, pp. 24, 26 & 35, available at http://bipss.org.bd/pdf/Conference%20Report%20on%20BRI.pdf。

② 参见 Xin Wang, Third-Country Cooperation in the China's Belt and Road Initiative, Institute for Sustainable Development and International Relations Reports, 2019, available at https://www.iddri.org/en/publications-and-events/blog-post/third-country-cooperation-chinas-belt-and-road-initiative。

③ 参见 Xin Wang, Asian Infrastructure Investment Bank (AIIB), Existing Projects: Promoting Sustainable Finance, Institute for Sustainable Development and International Relations Reports, 2016, available at https://www.iddri.org/en/publications-and-events/blog-post/asian-infrastructure-investment-bank-aiib-existing-projects。

④ 参见 Sébastien Treyer, Greening the Belt and Road Initiative: Recent Advances in Assessing the Scale of the Challenge, the Obstacles and the Tools for Action, Institute for Sustainable Development and International Relations Reports, 2019, available at https://www.iddri.org/en/publications-and-events/blog-post/greening-belt-and-road-initiative-recent-advances-assessing-scale。

续表

作者	与国际法治相关的论述
Sébastien Treyer (2019-04)①	欧洲和美国有一些批评的声音：“一带一路”项目是否符合预设的环保标准？“一带一路”是否会取代既存的国际机制？
Linda Calabrese (2019-10)②	非洲的“一带一路”跨国基础设施建设项目，需要各国之间加强对话与合作
Scott Morris (2019-05)③	通过分析经济影响、采购管理、劳工、环保及社保状况，“昆明—万象”铁路的运营符合其他多边开发银行的通常实践
Chaw Sein (2016)④	缅甸部分地区铜矿项目导致的环境污染，以及中缅边境的非法翡翠交易，是制约缅甸充分参与“一带一路”合作的因素

① 参见 Sébastien Treyer & Aleksandar Rankovic, Can the Belt and Road Initiative Reinforce the Multilateral Agenda for Sustainable Development? Institute for Sustainable Development and International Relations Reports, 2019, available at https://www.iddri.org/en/publications-and-events/blog-post/can-belt-and-road-initiative-reinforce-multilateral-agenda。

② 参见 Linda Calabrese, Making the Belt and Road Initiative Work for Africa, Overseas Development Institute Reports, 2019, available at https://www.odi.org/blogs/10797-making-belt-and-road-initiative-work-africa。

③ 参见 Scott Morris, The Kunming-Vientiane Railway: The Economic, Procurement, Labor, and Safeguards Dimensions of a Chinese Belt and Road Project, Overseas Development Institute Reports, 2019, available at https://www.cgdev.org/sites/default/files/kunming-vientiane-railway-economic-procurement-labor-and-safeguards-dimensions-chinese.pdf。

④ 参见 Chaw Sein, Assessing the Perspectives of the EU and ASEAN on China's OBOR Initiative, Myanmar Institute of Strategic and International Studies Reports, 2016, p. 6, available at https://www.myanmarisis.org/publications?page=2。

续表

作者	与国际法治相关的论述
太和智库(2017-05)①	“一带一路”不同于传统的区域一体化合作机制，也不以强制性的国际机制为依托
于洪君(2018-05)②	推进“绿色‘一带一路’”建设，应向中资企业提醒环保注意事项，对环境评估体系加以探索，政府要加大绿色管理力度
郑永年(2017-05)③	“一带一路”与TPP，是发展导向而非规则导向，规则的有效性不在于其是否合理，而在于规则书写者的内部实力
“一带一路”蓝皮书课题组(2019-04)④	在数字信息处理与保护的国际规则的制定进程中，我国应发挥引领作用
傅梦孜(2019-04)⑤	“一带一路”建设应遵循绿色发展理念，遵循既有国际规则，坚持公正、公开和透明地操作项目

① 参见太和智库：《“一带一路”倡议的理论创新与典范价值》，太和智库2017年报告，载太和智库网站：http://www.taiheinstitute.org/Content/2017/09-19/1559552946.html。

② 参见于洪君：《推进“一带一路”建设必须遵循绿色发展理念?》，太和智库2018年报告，载太和智库网站：http://www.taiheinstitute.org/Content/2018/05-15/0933212072.html。

③ 参见郑永年：《“一带一路”通过什么来书写规则?》，全球化智库2017年报告，载全球化智库网站：http://www.ccg.org.cn/Expert/View.aspx?Id=6646。

④ 参见“一带一路”蓝皮书课题组：《激发数字化企业潜力，共同打造数字“一带一路”》，复旦大学中国研究院2019年报告，载复旦大学网站：http://www.cifu.fudan.edu.cn/a3/2c/c413a172844/page.htm。

⑤ 参见傅梦孜：《推动共建“一带一路”高质量发展，下一步怎么走?》，中国现代国际关系研究院2019年报告，载中国现代国际关系研究院网站：http://www.cicir.ac.cn/NEW/opinion.html?id=ece066d3-8013-485b-8367-3aac7a9c2a73。

续表

作者	与国际法治相关的论述
许培源（2017-05）①	自贸区建设是中国主动适应全球贸易规则新要求的重要选择

综合上述成果汇总的情况来看，多数报告对于“一带一路”的国际机制建设、完善持肯定态度，涉及经贸规则、金融规则、环保规则、国际组织合作等多个方面，对于“一带一路”倡议实施以来中国遵守国际规则的情势，多数报告中也未见严厉批评的话语。然而，中外学者合作研究的范例较少，除中国学者受聘于法国可持续发展与国际关系研究所、孟加拉和平与安全研究所邀请中外学者共同参加学术会议、中国社会科学院国家全球战略智库组织中外专家共同编写研究报告外，多数报告由单独的学者或研究小组撰写。

（四）“‘一带一路’智库合作联盟”成果国际法治话语分析

由于“‘一带一路’智库合作联盟”的成员众多、且具体名单并未对外公布，穷尽联盟成员的报告存在一定的难度。不过，联盟于2016年与深圳市政府、复旦大学联合举办了一次研讨会，② 研讨会的讨论记录最终得以出版。

此次研讨会包含三项议题，分别是“促进多维联通”“融合发展计划”“促进绿色创新发展”，每一项议题又包含多项子议题，广泛涉及地缘政治竞争与合作（含南海问题）、基础设施建设、能源合作、民间交流、智库募捐与相互合作、PPP项目合作、环境规范实施等多内容。其中，与“国际法治”相关的内容可以概括为以下几点。

① 参见王灵桂、赵江林：《全球视角下的“一带一路”：中外联合研究报告（No. 1）》，社会科学文献出版社2017年版，第165页。

② 参见当代世界研究中心、深圳市人民政府发展研究中心：《“一带一路”国际智库合作联盟研讨会对话集：“一带一路”建设：融通 · 创新 · 可持续发展》，中央编译出版社2016年版，第1页。

一是对“一带一路”相关的机制给予了较高的评价。例如，有专家认为，与TPP相比，“一带一路”倡议更为均衡。[①] 再如，有学者主张，实施上合组织制订的相关计划，对“一带一路”沿线地区的安全至关重要。[②] 二是对“一带一路”未来的机制建设方向提出了建议。在以往的政策文件中，我国政府并未提出将“一带一路”建设为一项国际机制。但是有学者提出，“一带一路”的机制化是必然的趋势，必须明确“一带一路”同WTO规则的关系。[③] 另有学者指出，“一带一路”同TPP及其他国际机制存在事实上的竞争关系，[④] CEEC16+1平台的建设，也不应作为分化欧盟的工具。[⑤] 三是为国际规则的改革提出了一些具体意见。例如，进一步移除贸易壁垒、进一步发挥各国地方政府在执行国际标准中的作用。[⑥] 四是呼吁进一步加强国际法的宣传工作。例如，有学者指出，中国与印度尼西亚合办的南海问题培训班，使得学员能够接受国际法与海洋

① 参见当代世界研究中心、深圳市人民政府发展研究中心：《“一带一路”国际智库合作联盟研讨会对话集：“一带一路”建设：融通·创新·可持续发展》，中央编译出版社2016年版，第127页。

② 参见当代世界研究中心、深圳市人民政府发展研究中心：《“一带一路”国际智库合作联盟研讨会对话集：“一带一路”建设：融通·创新·可持续发展》，中央编译出版社2016年版，第164页。

③ 参见当代世界研究中心、深圳市人民政府发展研究中心：《“一带一路”国际智库合作联盟研讨会对话集：“一带一路”建设：融通·创新·可持续发展》，中央编译出版社2016年版，第93页。

④ 参见当代世界研究中心、深圳市人民政府发展研究中心：《“一带一路”国际智库合作联盟研讨会对话集：“一带一路”建设：融通·创新·可持续发展》，中央编译出版社2016年版，第120页。

⑤ 参见当代世界研究中心、深圳市人民政府发展研究中心：《“一带一路”国际智库合作联盟研讨会对话集：“一带一路”建设：融通·创新·可持续发展》，中央编译出版社2016年版，第92页。

⑥ 参见当代世界研究中心、深圳市人民政府发展研究中心：《“一带一路”国际智库合作联盟研讨会对话集：“一带一路”建设：融通·创新·可持续发展》，中央编译出版社2016年版，第98页。

法的专业培训。[①] 再如，有学者呼吁，多边开发银行（如亚投行）应进一步加大对 NGO 和智库的财政支持力度。[②]

总之，本次研讨会的主题浓缩为“融通”“创新”“可持续发展”，各位与会的专家更为关注经济与政治方面的融通，对于“可持续发展”的重要性（包括环保、打击腐败等）也给予了充分强调，但详细的国际机制创新方案，提及较少。

三、提升“一带一路”国际法治议题的合作研究力度

（一）“一带一路”智库合作成果的国际法治话语特征

通过以上粗略的文献回顾与汇总，“一带一路”制度合作机制及其成员公布的法治研究成果主要呈现出以下特点：

一是“一带一路”的研究热度较高，但报告的规范性有待提升。依照部分学者对科学网等学术数据库文献的分析结果，中国的学者、期刊是“一带一路”研究的主力军。然而，从三项“一带一路”制度合作机制的成员组成来看，中外智库、学者都充分参与“一带一路”的研究，特别是法国的可持续发展与国际关系研究所、英国的查塔姆研究所、发展研究中心、新加坡的拉惹勒南研究院等西方智库，出版了大量的“一带一路”研究报告，表明西方的专家学者同样密切关注“一带一路”的进展。不过，部分智库缺乏专业性的“一带一路”报告，仅在网站上公布介绍性质的“一带一路”短评、会议简介、书籍推介，难以彰显研究深度。同样，“丝路国际智库网络”与“‘一带一路’国际智库合作委员会”网站页面也需要公布更多的研究成果，因为这些研究成果的公布，经过了工作人员的筛选，但目前公布的内容仍以演讲稿、短评为

① 参见当代世界研究中心、深圳市人民政府发展研究中心：《“一带一路”国际智库合作联盟研讨会对话集：“一带一路”建设：融通·创新·可持续发展》，中央编译出版社 2016 年版，第 1 页。

② 参见当代世界研究中心、深圳市人民政府发展研究中心：《“一带一路”国际智库合作联盟研讨会对话集：“一带一路”建设：融通·创新·可持续发展》，中央编译出版社 2016 年版，第 125 页。

主，专业性的研究报告仅占其中一小部分，难以有效展现"一带一路"智库合作的成果。

二是多数报告虽部分涉及"一带一路"法治合作议题，但法治研究的深度也亟待提升。参与"一带一路"智库合作机制的成员众多，已公布的智库成果也广泛涉及各项"一带一路"合作领域，包括经贸、金融、能源、交通运输、人文交流乃至地区安全局势等议题，法律议题亦有所提及，包括"一带一路"倡议与现存国际法律规则体系的关系、"一带一路"相关国际法律机制的建设、"一带一路"经贸规则的改革、环保规则的实施等，但是这些议题和报告往往点到为止，不再深究。然而，正如胡昊教授在2016年的深圳研讨会中指出的那样：智库合作的目的在于聚焦复杂的现实问题并及时产出结果。[①] 无论是宏观的"一带一路"机制建设模式，还是具体的"一带一路"规则变革方案，都需要详尽的探讨与说明，当前的智库研究缺乏专题的法治研究成果，综合性报告中的法治观点也仅仅停留在设想的阶段，距离实际的实施计划还有一定的距离。

三是中外智库、专家之间的合作已粗具规模，但合作的频次仍然有待加深。从相关的会议报道以及智库报告撰写的情况来看，中外智库都曾举办过一些专题研讨会并邀请各国学者与会，中国的专家与学者也参与了部分西方智库的报告撰写。在2019年，"丝路国际智库网络"组织了成员单位的专家对国际法规则的完善进行研讨，相关的调查与研究成果对于完善国际金融、绿色发展、预防腐败等领域的国际组织具有重要作用，[②] 而哈萨克斯坦的世界政治与经济研究所（the Institute of World Economy and Politics（IWEP）of Kazakhstan）也于2019年开展了"一带一路"专题研究，就中哈共建

① 参见当代世界研究中心、深圳市人民政府发展研究中心：《"一带一路"国际智库合作联盟研讨会对话集："一带一路"建设：融通·创新·可持续发展》，中央编译出版社2016年版，第104页。

② 参见陶平生：《全球治理视角下共建"一带一路"国际规则的遵循、完善和创新》，载《管理世界》2020年第5期，第167页。

中亚贸易港的方案进行了探索。① 这表明“一带一路”的智库合作绝非中国学者自说自话，“民心相通”工作也取得了突出的成就。然而，就整体的比例而言，中外智库的合作进程仍需加速。在未来的“一带一路”建设进程中，中国的智库将发挥更为重要的咨商作用。仅就中国智库网站公布的成果来看，国外学者参与中国研究课题的数量并不多，对于亟待了解各国国情乃至各地社区状况的我国政府、企业来说，不可谓缺失了一项重要的信息来源渠道。

（二）提升国际法治议题合作研究的方式

2018年，外交部与中国法学会联合举办了“一带一路”法治合作国际论坛，论坛邀请各国政要、学者就“一带一路”法治合作的前景进行了充分研讨，最终发布的联合声明也提及“规则完善”“争端解决”“法治交流”等与国际法治密切相关的议题。就深化“一带一路”智库法治合作研究而言，各国智库可以在研究选题、机制建设等方面加以探索。

一方面，各国智库应尽力明确“一带一路”法治合作的可能选题。宏观层面或战略层面的“一带一路”机制建设规划，值得引起各国学者的关注，但微观层面的法治合作议题更为复杂，也同样不可忽视。“一带一路”沿线国家已达139个，不是所有的国家都将基础设施建设视作双边或区域合作的主要选项，我国在产能输出方面的优势也不一定能够引起所有国家的关注，因而我国与其他国家完善、改良双边或多边规则时，应当首先明确各国潜在的合作领域，并就此发现既有规则的不足，并就可能的完善方案进行研讨。

此外，面对数量众多的法治合作议题，也应当进行一定的优先级排序。2019年6月至7月，新加坡拉惹勒南研究中心对亚洲26国1200位意见领袖（包含政策制定者、学者、商人、传媒工作者）进行问卷调查后公布了结果，各位被调查者对“一带一路”的各项成就存在不同的认知，其中超过70%的被调查者认同“一带一路”

---

① 参见 SiLKS Annual Work Report（2019-2020），available at http：//www.esilks.org/article/sid/p219sheE19。

能够有效促进中国同沿线各国的经贸、投资、旅游往来,① 但对于“一带一路”是否能解决沿线各国内部发展不均衡的问题，多数被访者持谨慎态度。同样，“一带一路”法治合作议题的认同度亦有可能存在差别，对于部分亟待解决的议题，应尽早规划、尽早研究。

另一方面，在条件允许的情况下，我国也可以考虑成立联合研究机构，进一步推动“一带一路”法治合作。“一带一路”沿线地区的法治需求各异，各国对于国际法治合作的考量也各有不同，通过沿线各地的智库了解各国的民情很有必要。除了传统的学者互访、合作开展课题研究之外，适时成立一些综合研究机构，亦不失为一种可供选择的方案。在 2016 年的深圳研讨会中，曾有学者表达过类似愿望，提议在南亚地区建立联合大学。② 现实中，一国国内的各类组织(如政府机构、企业、大学、实验室等)也不乏组建联合研究机构的先例,③ 其中包括部分跨国合作的例证。当然，具体的组建进程也必然面临人员、经费、组织结构等实际问题，甚至必须考量国家主权的因素，这些都需要各国智库共同加以解决。

(三)妥善应对部分西方智库的国际法治话语挑战

不断完善“一带一路”智库合作网络建设，将为“一带一路”倡议提供更多的国际法治方案，但对于各国智库报告中提到的现实法治挑战，我国也应当予以适当的关注。除了参与“一带一路”智库

---

① 参见 Pradumna Bickram Rana & Wai-Mun Chia, *et al*, China's Belt and Road Initiative: A Perception Survey of Asian Opinion Leaders, The S. Rajaratnam School of International Studies Reports 2019, p. 9, available at https://www.rsis.edu.sg/wp-content/uploads/2019/11/WP325.pdf。

② 参见当代世界研究中心、深圳市人民政府发展研究中心:《“一带一路”国际智库合作联盟研讨会对话集:“一带一路”建设:融通 · 创新 · 可持续发展》，中央编译出版社 2016 年版，第 179 页。

③ 参见张秋英:《国际研究型合作组织合作创新研究》，中国纺织出版社 2018 年版，第 56~58 页。

合作机制的智库外，发布“一带一路”研究报告的智库数以百计。① 其中，部分西方智库(特别是美国的智库)、学者对中国的外交政策与“一带一路”倡议长期持敌视的态度。这些机构与学者撰写的报告当然不会对“一带一路”的成就与挑战作出公正的评价，而是负面评论居多，② 甚至将“一带一路”倡议简化为中美之间对规则制定权和国际话语权的争夺。③ 比较有代表性的是，美国战略与国际研究中心的专家乔纳森·希尔曼(Jonathan E. Hillman)于2018年撰写的一份“一带一路”五周年回顾报告，该文认为中国的“一带一路”建设没有取得任何实际的成就。④ 再如，美国新国家安全中心的一篇报告也认为，“美国应通过全面的措施在全球推进法治，避免中国的腐败行径损害各国的政治生态”。⑤ 此类报告往往具有较为严重的政治偏见，也缺乏具体的国际规则论据，不足为信。

针对部分西方智库的诋毁，特别是对于指责我国违背国际法律规则的内容，我国的智库应当撰写专题报告、针对性地予以驳斥。然而，对于具体的国际法治挑战，仍需引起足够的重视。参与“一

---

① 王灵桂教授团队先后编纂了一些重要的书籍文献，包括《全球战略观察报告——国外智库看“一带一路”》，中国社会科学出版社2016年版(分为3卷)《全球战略观察报告：国外智库看TPP》，中国社会科学出版社2017年版(分为2卷)《全球战略观察报告：国外智库看“亚投行”》，中国社会科学出版社2017年版(分为2卷)等。

② 参见程时辉：《美国主流智库对“一带一路”倡议在南太平洋岛国地区的认知及启示》，载《情报杂志》2020年第6期，第15页。

③ 参见潘忠岐等著：《中国与国际规则的制定》，上海人民出版社2019年版，第121页。

④ 参见Jonathan E. Hillman, China's Belt and Road Is Full of Holes, Center for Strategic and International Studies Reports 2018, p. 1, available at https://csis-prod.s3.amazonaws.com/s3fs-public/publication/180917_ChinasBelt_final.pdf?USSKPmJPFHq0v.lSyr2wZu9H9HSrlTUh。

⑤ 参见Daniel Kliman & Abigail Grace, Power Play: Addressing China's Belt and Road Strategy, Center for a New American Security 2018 Reports, p. 26, available at https://s3.us-east-1.amazonaws.com/files.cnas.org/documents/CNASReport-Power-Play-Addressing-Chinas-Belt-and-Road-Strategy.pdf?mtime=20180920093003&focal=none。

带一路”智库合作机制的英国、法国、新加坡智库，在其发布的报告中反复指出，如何确保“一带一路”项目严格落实国际环保规则与各国的环保法律，与“一带一路”倡议的推进密切相关。这类议题应引起沿线各国足够的重视。

本章小结

在“一带一路”国际法治合作的进程中，“丝路国际智库网络”“‘一带一路’智库合作联盟”“‘一带一路’国际智库合作委员会”等智库合作平台为国际法治话语的供给提供了重要的思想源泉，峰会形式的“一带一路”国际合作高峰论坛则为达成法治价值共识、推动国际法律规则革新提供了机遇，尚在构建中的“一带一路”争端解决机制也有望成为法治话语的实践平台。然而，这些平台也必须与时俱进，不断完善自身的机制建设。唯有如此，才能充分发挥自身在促进法治交流、革新法律制度、阐释法律规则方面的作用，进而推动中国国际法治理念和具体法治方案得到沿线各国的普遍认同。

第五章 “一带一路”建设中的中国国际法治话语表达

通过建设强有力的话语平台，我国与广大沿线国家能够开展更密切的国际法治合作，生产、表达和实践国际法治话语的能动性也将大为提高。然而，“法治话语”包罗万象，穷尽“一带一路”合作进程中的国际法治话语也并非易事。不过，结合相关的理论争议与实践需求来看，我国有必要正确看待软法与硬法在“一带一路”建设中的作用，推动“三共”原则的发展与创新，加强与沿线国家之间的人权合作与人权对话，充分体现展现遵守国际法治的良好形象。

第一节 “一带一路”国际法治合作中硬法与软法的兼顾

一、“一带一路”合作文件的软法与硬法属性鉴别

合作文件是“一带一路”话语的重要载体。我国倡导的“一带一路”合作精神、得到沿线各国认可的合作内容，都可以在“一带一路”合作文件中找到依据。从宏观的分类来看，各国之间、各国与国际组织之间签订的合作文件可以分为两类，即硬法和软法。一般认为，硬法具有法律约束力，软法虽不具有法律约束力，但仍然具备实际的效力。[1] 换言之，如果两国政府签署的文件存在创设、变

---

① 参见廖丽、程虹：《法律与标准的契合模式研究——基于硬法与软法的视角及中国实践》，载《中国软科学》2013 年第 7 期，第 166 页。

更、废止法律权利的意思,[①] 那么该文件便属于硬法；如果没有这项意图，但合作文件中又具备一定的实际效力，该文件便属于软法。硬法与软法的鉴别往往需要依据合作文件的文本进行鉴别，文件的名称(如条约、协定、谅解备忘录、联合公报等)并不当然地决定文件的属性。由于“一带一路”合作充分倡导包容性，强调灵活性、欠缺约束力的软法得到了部分学者的青睐,[②] 这些学者普遍强调软法的优先性，认为略显僵硬的硬法似乎难有更大的作为。[③] 甚至有学者指出，“一带一路”倡议就是要最大程度地追求灵活性，这与《美国—墨西哥—加拿大协定》等以条约为基础的贸易机制存在显著差异。[④] 如果将这一观点加以引申，似乎法律机制约束力的强弱就是中、美两国在国际贸易议题上的根本性分歧所在。

我国官方公布的“一带一路”政策文件，并没有谈及硬法或软法的优劣势，在“一带一路”的合作进程中，我国是否更倾向于同沿线各国、各国际组织签署谅解备忘录而非条约，也很难在这些文件中找到答案。这种倾向或者抉择，仅能结合“一带一路”的实践进行粗略的整体判断。由于中国同沿线各国签署的“一带一路”合作谅解备忘录是标志性的合作文件，似乎软法的数量略占上风，但软法的作用是否更为重要，则很难加以证实或证伪。在两次“一带一路”国际合作高峰论坛召开前期及会议期间，我国同各国、国际组织签署了大量的软法文件，包括各类备忘录、联合声明、合作规划等，硬法文件(如税收议定书等)数量偏少。如果将各类有可能应用的技术标准(如中国进出口银行于 2016 年制定的《绿色金融白

---

① 参见李浩培:《条约法概论》，法律出版社 2003 年版，第 28 页。

② 参见梁昊光、张耀军:《“一带一路”二十四个重大理论问题》，人民出版社 2018 年版，第 157 页。

③ 参见李璐琳:《“互联互通”目标下国际软法的构建》，北京交通大学硕士学位论文，2018 年 5 月，第 7 页。

④ 参见 Heng Wang, China's Approach to the Belt and Road Initiative: Scope, Charter and Sustainability, Journal of International Economic Law, Vol. 22, 2019, p. 47。

皮书》等)算作软法,[1] 服务于“一带一路”合作进程的软法自然不在少数。同更多的国家签订“一带一路”合作谅解备忘录、进一步推动沿线各国的标准联通，也仍是我国推进“一带一路”合作的重要方式。

然而，这些软法文件并非“一带一路”合作文件的全貌，各类硬法性质的协定也并非可有可无。[2] 我国同部分沿线国家签署的“一带一路”合作谅解备忘录明确规定，备忘录不具有法律约束力，但这些备忘录也同样规定，两国可以就特定领域达成协定并予以实施。[3] 尽管这一规定更偏向于倡议，并没有明确规定签署协定的方式、协定可能的条款内容以及不签署协定的后果，但它至少表明，中国与沿线各国对于签署协定并不排斥。实践中，脱离了各类硬法性质的协定，“一带一路”合作亦是寸步难行。如果中国始终不与沿线各国签署各类双边协定(包括税收、司法合作、航空等领域的协定)，“一带一路”合作也将难以落到实处；如果没有《亚洲基础设施投资银行协定》作为支撑，各会员国不去承担应尽的义务，那么高度灵活的亚投行只会成为“空中楼阁”。因此，尽管部分软法文件的签订，往往可以作为“一带一路”合作的标志，但硬法文件同样发挥着不可或缺的作用。如果深究软法或硬法的标准，“法律约束力”与“法律效果”的鉴别便呈现出一定的弹性，而理论层面的软法优势或硬法劣势，也并不绝对。

---

① 参见 Ping Xiong & Roman Tomasic, Soft Law, State-Owned Enterprises and Dispute Resolution on PRC's Belt and Road — Towards an Emering Legal Order? Hong Kong Law Journal, Vol. 49, 2019, p. 1040。

② 参见韩永红:《“一带一路”国际合作软法保障机制论纲》，载《当代法学》2016 年第 4 期，第 152 页。

③ 参见 Memorandum of Understanding between the Government of the Italian Republic and the Government of the People's Republic of China on Cooperation within the Framework of the Silk Road Economic Belt and the 21st Century Maritime Silk Road Initiative, Italian Government Reports 2019, p. 6, available at http://www.governo.it/sites/governo.it/files/Memorandum_Italia-Cina_EN.pdf。

二、“一带一路”合作中软法与硬法的相对优势

(一)软法相对的灵活性

支持“软法优先”的主要论点在于软法更为灵活、高效，即软法文本的起草更为快捷、不需要经历各国国内繁琐的批约手续、文本修订的成本较低。由于软法文件不设置严厉的国家责任条款，各国的顾虑也会有所减少，各国政府最终签署文件的几率也将大大增加。具体到“一带一路”的语境，沿线各国的合作模式仍然处于不断的探索之中，灵活性较强的软法似乎更能适应形势的变化与发展。

然而，软法的灵活性，只是一种“相对”的优势。各国代表在起草相关的国际文件时，文件的属性并不总是最重要的争点，双方的共同利益与分歧，往往更能影响各国政府对合作文件的总体判断。2018 年 12 月，习近平主席造访伊利比亚半岛，葡萄牙政府选择同我国签署了“一带一路”合作谅解备忘录，西班牙政府却没有选择签署类似的文件。这两个国家之所以作出不同的选择，并不是因为两国政府对“硬法”与“软法”存在偏见，而是因为在当时的西班牙政府看来，选择不同中国签署这样的文件，更符合中西两国关系当时的状况，也更符合西班牙当时的利益。如果中国有必要同西班牙开展局部的“一带一路”合作，双方签署适当的“软法”或“硬法”合作文件，当然也是可能的选项。同样，如果“一带一路”沿线各国有必要制定一份综合类的多边“软法”文件，分歧的厘定与方案的形成也必须经历一个长期的过程，与制定一份单一议题的“硬法”文件相比，这一过程甚至会更为复杂。因此，“软法”的定性往往只能为各国商讨合作文件提供动力，① 并不必然带来高效的商讨进程。

就“国内的批约成本”而言，软法的确存在成本较低的总体优

① 参见 Andrew T. Guzman & Timothy L. Meyer, International Soft Law, Journal of Legal Analysis, Vol. 2, 2010, p. 198。

势。由于立法机关有可能对政府签署的硬法文件不予批准，导致各国政府对起草、通过硬法文件缺乏信心，最终有可能升高“硬法”的制定成本，但这一优势存在的两项条件是否成立，即只有立法机关有权批准硬法、立法权力与行政权力存在制衡的关系，也必须结合各国的政治制度加以观察。在强调集权的国家(如沙特阿拉伯)，往往不存在两权分立或三权分立的制度设计，国际条约、协定依照皇家法令予以签发、修正，[①]“硬法”不需要经历政府代表签署、立法机构批准两道程序，“软法”的“批约成本”优势便不复存在；而即便是强调分权的国家(如美国)，行政机构也有可能不经议会同意直接签署、适用部分硬法文件。[②] 此外，当总统、参议院和众议院中的多数议员都来自同一党派时，源自权力制衡的“批约成本”便会降低。因此，“软法”的“批约成本”优势在“一带一路”沿线究竟是否存在或程度几何，不能一概而论。我国与沿线各国签署各类合作文件时将遭遇何种挑战，也必须结合各国的政坛现状加以判断。

当然，“软法”的灵活性，亦有可能体现为较低的“违约风险”，减轻签署文件的各方对履行不力的隐忧，不必承担硬法文件所规定的各类国家责任。然而，这种看似有效的风险管控措施，在实践中的重要性也不应当过度夸大。与国内法相比，国际法仍然属于“弱法”，各国违背国际条约的主要成本在于国家声誉受损，[③] 受损一方可能采取的自我救济手段(包括报复、反报等)，往往只是次要的考量因素，强调文件的软硬属性，对于国家是否采取违约的活动，只能产生有限的影响。就我国而言，在同沿线各国签署合作文

① 参见联合国：《审议〈联合国反腐败公约〉实施情况》，CAC/COSP/IRG/II/1/1/Add. 6，联合国 2018 年报告，第 2 页。

② 美国将条约分为“可自动执行的条约”与“不可自动执行的条约”，其中“可自动执行的条约”不需要经过参议院的批准。参见 Seokwoo Lee & Warwick Gullett, Asia-Pacific and the Implementation of the Law of the Sea, Brill, 2016, p. 215。

③ 参见 Andrew T. Guzman & Timothy L. Meyer, International Soft Law, Journal of Legal Analysis, Vol. 2, 2010, p. 196。

件时，断然不希望出现履行不力的状况，而如果将"软法"单纯视作将来推脱责任的借口，只会导致沿线各国的互信程度不断下降。即便从功利的角度出发，认定强势的一方在履约不力时凭借自身的实力能够获得更大的收益，但中国政府、企业也并非在各个领域都可以占据优势的地位，唯有充分践行"互利共赢"的精神，"一带一路"合作才有可能取得长足的进步。

(二)软法与硬法标准的相对性

谅解备忘录与国际组织制定的技术标准，是国际软法的常见形态，但对照"无法律约束力却具有法律效果"的标准，软法的渊源可能更为宽泛，一切非正式的协议或者安排，包括默示协议、口头协议等都可以纳入软法的范畴，甚至部分正式的国际文件亦可以称作"软法"。例如，联合国大会的决议不具有法律约束力，但决议的内容能够反映各国的法律实践、对国际交往的期望，[①] 能够对国际社会产生一定的法律效果，符合"软法"的定义；再如，国际争端解决机构的判决结果，并不会对非争端当事国产生约束力，但这些判决也往往会起到推动法律规则发展、塑造各国期望的效果，[②] 经过各国外交官员、学者的不断引用，这些判例也能够产生间接的法律效果。由于这些判例不需要经过非争端当事国的立法机关批准，更不会为非争端当事国设立违约条款，因而判例也具备低成本、低违约风险的特质。如果"一带一路"争端解决机制中涉及主权事项的判例(如投资者—东道国争端的判例)能够不断被引用，这些判例对于"一带一路"法治合作也能够产生理想的"法律效果"。

当然，这些"广义"的软法往往难以对国家间的行为产生直接、确定的影响，在理论层面也不无争议，因为"法律约束力"与"法律效果"的鉴别标准往往不那么清晰。就具体的鉴别方法而言，除了

① 参见 Ilhami Alkan Olsson, Four Competing Approaches to International Soft Law, Scandinavian Studies in Law, Vol. 58, 2013, p. 185。

② 参见 Andrew T. Guzman & Timothy L. Meyer, International Soft Law, Journal of Legal Analysis, Vol. 2, 2010, p. 202。

文件明文规定有无法律约束力之外，“法律约束力”也可以通过国际文件中情态动词的使用情况加以鉴别。当签署文件的各方更多地使用 Shall 而非 Will 或者 Should 时，① 表明签署方具备更加坚定的履行文件的意图，这份文件的“硬度”更高，反之亦然。然而，对于“法律效果”的强弱，则存在潜在的争议。以中国同沿线各国签署的“一带一路”合作谅解备忘录为例，这份备忘录主要的法律效果在于申明各方的合作意愿、开拓未来的合作空间，并不具备具备的“可执行的义务”，即便将“备忘录”更名为“条约”，这份文件的法律效果也不会发生显著的变化，甚至文件的“拘束力”也只能成为一种无谓的象征。因为一些潜在的“违约”情形，包括合作领域未涵盖“五通”领域、“三共”原则的理解出现分歧等，缺乏明确的认定标准，签署文件的双方也很难为这些情形设置法律后果。因此，有学者将名义上具备法律约束力而又欠缺显著法律效果的“条约”称作软法，② 这一理论虽然与通常的“软法”定义迥然不同，但它却揭示出“法律效果”的重要意义。围绕“一带一路”合作文件属性的讨论，如果仅作概念到概念的演绎，片面地认定“软法”或“硬法”在国际法治合作进程中的优劣，意义较为有限，我国应当以务实的态度选择话语表达的策略。

三、“一带一路”合作文件法律属性的表达策略

（一）因地制宜

“一带一路”合作建立在平等互利的基础之上，我国同沿线国家、组织签署哪些类型的合作文件，也必须充分考虑合作方的意见，甚至必须考虑到我国与对方的合作历史。以中国同欧洲的合作为例，双方存在较为全面、通畅的对话机制，“一带一路”倡议已

① 参见王阳：《英国和阿根廷共同开发案研究》，武汉大学硕士学位论文，2016 年 5 月，第 17 页。

② 参见 Ilhami Alkan Olsson, Four Competing Approaches to International Soft Law, Scandinavian Studies in Law, Vol. 58, 2013, p. 181。

成为“中国—欧盟高级别战略”对话的议题之一。① 中国在欧洲投资建设的部分“一带一路”项目，如比雷埃夫斯港、中欧班列等，对于加快中欧之间的互联互通也发挥了重要作用。展望双方的合作前景，欧洲地区仍然存在较大的城乡基础设施建设空间。② 而中欧双方在基建领域又各自具备一定的优势，因而中欧“一带一路”合作空间仍然有待挖掘，中国也有望同欧盟签署更多的“一带一路”合作文件。

然而，从欧盟的视角出发，并不是所有的“一带一路”合作文件都必须以软法的形式呈现，软法也不一定能够成为中欧“一带一路”合作文件的主流。在欧盟看来，双方合作的目标在于“促进基于规则的国际秩序”，③ 而软法的主导性显然并非构建这一秩序的必要条件，我国的对欧政策也从未明确提出中欧的合作文件必须以软法为主。事实上，依照 2019 年中国—欧盟领导人会谈的结果来看，④ 中国与欧盟既签署过硬法文件（如《中欧科技合作协定》），也签署过软法文件（如《中欧领导人气候变化和清洁能源联合声明》），未来仍有可能签署各类硬法文件（如《中欧民用航空安全协定》）和软法文件（《关于落实中欧能源合作联合声明》）。从实际的法律效果看，多数文件的内容都能够加以落实，也能够为中欧之间的“一带一路”合作提供支撑。如果贸然将这些文件的属性全部改为软法，既违背了中欧合作的通常惯例，也不一定能够得到欧盟的

① 参见 Vincent L. Morelli, The European Union and China, Congressional Research Service Reports 2019, p. 1, available at https://fas.org/sgp/crs/row/IF10252.pdf。

② 参见 Weidong Wang & Simona Picciau, How to strengthen EU-China Cooperation Based on Belt and Road, Revista de Relaciones Internacionales, Estrategia y Seguridad, Vol. 13, 2018, p. 30。

③ 参见 European Commission, Joint Communication to the European Parliament and the Council: EU-China — A Strategic Outlook, EU Reports 2019, p. 2, available at https://ec.europa.eu/commission/sites/beta-political/files/communication-eu-china-a-strategic-outlook.pdf。

④ 参见《第二十一次中国-欧盟领导人会晤联合声明》，载中国政府网：http://www.gov.cn/xinwen/2019-04/09/content_5381013.htm。

支持。

此外，即便是一些有可能加以广泛适用的软法，推广的难度亦不能加以忽视。例如，我国在5G技术方面具备一定的优势，当然希望"一带一路"沿线各国采用我国主导制定的5G标准，提升我国在工业标准领域的话语权。但是，中国同欧盟在这一问题上仍然存在较大的分歧，欧盟并不会因为5G标准的软法属性而轻易接受我国主导制定的5G标准，只有中欧双方就安全问题达成一致意见，①合作才有可能取得实质性的进展。

(二)因域制宜

签署"一带一路"合作文件，同样必须考虑到各项合作领域自身的特点，因为增强灵活性、降低批约成本、减轻违约责任并非所有合作文件的必备要素，这些理论上的优势也并非在所有的合作领域都能得到全面的体现。

以贸易和金融领域作对比，软法在国际金融法中的应用更为广泛。究其原因，一方面是因为金融产业与贸易行业存在较大的差异，瞬息万变的金融行业对规则的灵活度提出了更高的要求；而历史上的贸易规制方式则较为固定，当应对不断变化的利益诉求时，各国往往会选择对各类贸易规则进行不同的解释。② 另一方面，国际金融行业的现状亦能够为软法发挥效能提供支撑。在多边金融机构不断发展的今天，各家机构的金融专家在制定行业规则方面发挥了重要的作用，而一些特定的行业机制，包括信用机构的评级、多边金融机构的制裁措施等，③ 又能够确保这些规则得到广泛的采

---

① 参见 European Commission, Joint Communication to the European Parliament and the Council: EU-China-A Strategic Outlook, EU Reports 2019, p. 9, available at https://ec.europa.eu/commission/sites/beta-political/files/communication-eu-china-a-strategic-outlook.pdf。

② 参见 Chris Brummer, Why Soft Law Dominates International Finance — And Not Trade, Journal of International Economic Law, Vol. 13, 2011, p. 637。

③ 参见 Chris Brummer, Why Soft Law Dominates International Finance — And Not Trade, Journal of International Economic Law, Vol. 13, 2011, p. 640。

用。因此，亚投行等多边金融机构应制定何种类型的规则、中国与沿线各国如何推进双边及区域贸易，必须结合金融与贸易领域的通常实践加以考量，并不能理所当然地认为软法就是优先选项。推及税收、交通、司法等领域的合作，也必须考虑这些领域的特点；当选择降低这些文件的法律约束力时，应当将沿线国家的反响、对“一带一路”合作的长期影响加以综合考量。

(三)注重实效性

签署“一带一路”合作文件的最终目的在于发挥这些文件的法律效果，而非仅仅作为“合作”意愿的象征。唯有通过切实有效的国际法治合作，才能有力维护沿线各国的共同利益，为沿线各国的共同发展保驾护航。然而，国际法在何种条件下能够发挥作用，并不好回答。有学者指出，当合作利益应当具备一定的规模、各方都能够从合作中受益(合作期限较长、短期的违约收益小于长期的守约收益)、合作条款能够“自动执行”(违约与否比较容易判别、存在一定的争端解决机制)时，① 国际法能够发挥更良好的效果。“一带一路”合作领域众多，上述条件在各项领域中的满足程度各不相同，一些未来有可能出现的合作领域(如人权合作)，并不具备高度的“可执行性”，部分合作文件的执行效果可能较为有限。不过，就所有的合作领域而言，共识程度系双方协商合作文本的基础，而文本条款设计也应当更多地考量法律因素而非政治因素。

一方面，我国与沿线各国、组织签署合作文件之前，应首先理清并弥合双方的分歧，视双方的共识基础选择签署软法、硬法或者不签署合作文件。仍以中国同欧盟的合作为例，2021 年初，《中欧投资协定》一度接近达成。尽管由于双方在“人权”等事由上的冲突暂时搁浅，但这表明双方在中国的市场准入、国有企业待遇等问题

① 参见何志鹏、历咏等著:《国际法的未来》，法律出版社 2017 年版，第 213 页。

上取得了部分共识,[①] 这些具体事项才是影响中欧“一带一路”合作深度的重要议题。如果中国和欧盟就这些议题的共识程度仍然十分有限，或者部分欧盟成员国对中国的经济体制保持高度的不信任，那么双方便很难在《中欧投资协定》的谈判进程中作出具体的承诺，即便是签署了部分不具有法律约束力的文件，这些文件所能发挥的法律效果也将十分受限。

另一方面，当我国同沿线各国就合作文件的文本起草进行谈判时，应尽可能顾及文件对双方实际权利义务关系的作用，而不是过度夸大合作文件的政治影响。大力提高合作文件的灵活性，有可能导致双方的权利义务关系难以固定，但过于强调合作文件的约束力，同样有可能导致达成的文本被束之高阁。在部分国际法律文件的谈判中，部分参与方为了缓解国内的政治压力，在谈判中尽可能抛出“高硬度”的方案，而一旦这些方案得到部分或全部采纳，最终各国执行法律文本的意愿会有所降低。[②] 例如，在第四个《洛美公约》的谈判过程中，迫于环保 NGO 的强大压力,[③] 欧盟和接受援助的发展中国家约定，欧盟不得出口有毒废弃物，发展中国家也不得进口有毒废弃物，但囿于当时的客观条件，这项约束力较强的规定并没有得到双方的认真执行，终成一纸空文。因此，我国同沿线各国签署合作文件，除了展现共同合作的意愿、分担部分国家的内政压力之外，更应切实考虑合作文件对双方的实际影响，确保合作

---

① 参见商业欧洲(Business Europe):《欧盟与中国应对系统性的挑战:欧盟重新平衡与中国关系的综合性战略》，商业欧洲 2020 年报告，第 3 页，available at https://www.businesseurope.eu/sites/buseur/files/media/reports_and_studies/2020-01-16_the_eu_and_china_-_executive_summary_chinese_translation.pdf。

② 参见 Christopher Marcoux & Johannes Urpelainen, Non-compliance by Design: Moribund Hard Law in International Institutions, Review of International Organization, Vol. 8, 2013, p. 163。

③ 参见 Christopher Marcoux & Johannes Urpelainen, Non-compliance by Design: Moribund Hard Law in International Institutions, Review of International Organization, Vol. 8, 2013, p. 182。

的内容能够切实履行。

第二节 “一带一路”倡议与国际法原则的创新与发展

一、“三共”原则符合国际法基本原则形式要件

硬法与软法的划分并不绝对，过度关注“一带一路”合作文件纸面上的约束力而忽视这些文件的实效性，也并不利于“一带一路”合作的持续推进。除了就合作文件的属性作出动态、全面、务实的选择外，我国同样可以在“一带一路”合作中丰富和发展国际法的基本原则，为进一步发挥国际法原则的实效性加以探索。共商共建共享原则(简称“三共”原则)未来有可能成为继《国际法原则宣言》七原则、“和平共处五项原则”之外的国际法基本原则，即便这种丰富和发展国际法原则的观点并不总是能够得到普遍的接受。①但仅将《国际法原则宣言》等明示性文件视作国际法基本原则的来源，具有一定的局限性。② 如果将“三共”原则同国际法基本原则的基本要件加以对比，可以发现两者不无契合之处。

我国国际法学教材归纳的国际法基本原则特征通常包括以下几项，即得到国际社会公认、适用于国际法各领域、具有普遍约束力、构成国际法基础。③ 这四项特征可以简单概括为共识性、普遍性、约束力与重要性，列举的国际法基本原则包括《国际法原则宣言》七原则、“和平共处五项原则”。与法理学教材中法律原则的表

① 参见何志鹏:《国际法基本原则的迷失：动因与出路》，载《当代法学》2017 年第 2 期，第 40 页。

② 参见杨泽伟:《共商共建共享原则：国际法基本原则的新发展》，载《阅江学刊》2020 年第 1 期，第 90 页。

③ 参见杨泽伟:《国际法》(第三版)，高等教育出版社 2017 年版，第 50~51 页。

述相比,① 两者存在一定的相似性。不过，国内法中的法律原则存在宏观原则与微观原则、政策性原则与公理性原则之分,② 具有普遍意义的国际法基本原则似乎更偏向宏观的公理性原则，但对于《国际法原则宣言》七原则与“和平共处五项原则”是否同时满足这四项特征，似乎很少进行检视，对于国际法基本原则可能存在的其他分类，也较少提及。从较为宽泛的意义上讲，国际法基本原则还应当满足“概括性”的特征，如果不十分苛求这些特征的满足程度，“三共”原则可以视作国际法的一项基本原则。

在国际法委员会着手编纂国际法的基本原则之前，乔治·施瓦曾伯格(Georg Schwarzenberger)教授曾尝试对国际法基本原则进行总结归纳。他认为国际法基本原则(Fundamental Principles of International Law)应当满足以下几项特征：一是显著性，即所有相关的国际法学观点都会受到该原则的深刻影响；二是概括性，即该原则能够涵盖一系列的国际法规则；三是重要性，即如果忽视该原则，现代国际法将丧失一些重要的特征。③ 依照这一标准，国际法的基本原则并不是必须适用于国际法的各个领域，在论及基本原则的范围时，乔氏更是明确指出“一项国际法基本原则必须既拥有一定的独立性，又能够与其他的国际法基本原则形成一定的互动”。④

---

① 例如，张文显教授比较赞成布莱克法律词典的解释，“法律的基础性真理或原理，为其他规则提供基础性或本源的综合性规则或原理，是法律行为、法律程序、法律决定的决定性规则”。这一定义，涉及法律原则的普遍性、约束力与重要性。参见张文显：《法理学》(第四版)，高等教育出版社2011年版，第74页。

② 宏观的原则指高位阶法律中的原则，如宪法中规定的“法律面前人人平等”，微观的原则指部门法中的原则，如民法中的“诚实守信”；政策性原则系国家在某一国家在特定时期为达成某一政治目标而进行的法律表达，如“计划生育”，公理性原则系得到各国普遍认可的原则，如“罪刑法定”。参见张军：《法理学》，民主法制出版社2014年版，第38页。

③ 参见 Georg Schwarzenberger, Fundamental Principles of International Law, Martinus Nijhoff, 1955, p. 204。

④ 参见 Georg Schwarzenberger, Fundamental Principles of International Law, Martinus Nijhoff, 1955, p. 365。

乔氏所列举的各类国际法基本原则,① 与《国际法原则宣言》七原则存在一定的相似之处，但乔氏同样认为“公海自由原则”既与传统的陆地管辖原则截然不同，又能与“国际责任”等原则形成互动，可以视作国际法的基本原则。这一观点，与我国教科书中的表述存在显著的差异，而即便不接受乔氏的观点，这项关乎原则“普遍性”与“独立性”的差异化表达也表明“普遍性”“重要性”等标准并不绝对。一项原则是否重要、抽象的程度如何，本身暗含着学者的价值判断，而一项原则全面地且无差别地适用于国际法的各个领域，也并不现实；即便是共识度较高的《国际法原则宣言》七原则，每一项原则都可以在《联合国宪章》中寻找更为贴切的条文,② 由此也可以窥见与各项原则联系更为密切的具体问题，因而各项原则之间的重叠问题，亦是在所难免。因此，只要某一项原则具备粗略的共识性、普遍性，具备相当程度的约束力与重要性，原则的表述本身亦介于“具体规则”与“自然法基本原则”之间，便有可能成为国际法的基本原则。

结合“三共”原则的含义以及沿线各国的反响来看，“三共”原则总体符合国际法原则的几项特征。“三共”原则的含义可以简单概括为“大家的事大家商量着办”“各国平等参与‘一带一路’建设”“各方均能从共建成果中获益”;③ 具备一定的抽象性，既没有以

---

① 乔氏列举的国际法基本原则包括“主权的原则”“承认的原则”“同意的原则”“自卫的原则”“国际责任的原则”“公海自由原则”。参见 Georg Schwarzenberger, Fundamental Principles of International Law, Martinus Nijhoff, 1955, p. 372。

② 例如，“不干涉内政原则”与《联合国宪章》第 2 条第 4 款的关联更为密切，在商讨七项原则的过程中，美国、澳大利亚、加拿大、法国、英国的代表曾指出，“不干涉内政原则”与“禁止使用武力原则”存在密切的关联。参见 Robert Ronsenstock, The Declaration of Principles of International Law Conerning Friendly Relations: A Survey, The American Journal of International Law, Vol. 65, 1971, p. 727。

③ 杨泽伟:《共商共建共享原则：国际法基本原则的新发展》，载《阅江学刊》2020 年第 1 期，第 87 页。

“全有或全无的方式”适用,① 也没有上升至自然法基本原则的抽象程度，符合实在国际法基本原则的抽象程度。同时，“三共”原则的普遍性、共识性以及重要性也可以在“一带一路”的实践中得到印证。我国同沿线各国、国际组织签署了大量的“一带一路”合作文件，涉及广泛的合作领域，“三共”原则频繁出现在这些文件之中，表明“三共”原则得到了广泛的认同。在国际法的各个领域也到了普遍的适用，在国际力量对比发生重大改变的时代背景下，“三共”原则的重要性日渐突出，即便是对“一带一路”倡议心存芥蒂的部分欧美国家，也没有公开质疑“三共”原则的价值。

相较而言，“三共”原则的普遍约束力似乎有待加强，因为目前写入“三共”原则的合作文件多属于软法，难以为“三共”原则的普遍强制适用提供更充分的依据。当然，国际法基本原则的约束力本身也是一个极具争议的问题,② 国际司法机构将国际法基本原则当做判决直接依据的情形也十分罕见,③ 只有在填补国际法律规则空缺、指引国际法变革等有限的方面，国际法基本原则才体现一定的“约束力”。不过，与《国际法原则宣言》七原则、“和平共处五项原则”相比，“三共”原则的约束力并不弱，沿线各国极少违背“三共”原则进行合作，因而“三共”原则总体上符合共识性、普遍性、约束力、重要性、概括性五项特征，是一项新兴的国际法基本原则。

---

① 参见[美]迈克尔·D. 贝勒斯著:《法律的原则——一个规范的分析》，张文显、宋金娜等译，中国大百科全书出版社 1995 年版，第 13 页。

② 按照国际法教材的通常表述，国际法的基本原则普遍适用于国际法的各个分支，国际法基本原则对于各国应当具有约束力。但是，联合国就国际法基本原则问题通过的《关于各国依联合国宪章建立友好关系及合作之国际法原则之宣言》并非条约，该宣言究竟是一项建议，还是对具有法律约束力的规则的阐述，各国代表存在不同的观点。参见 Robert Ronsenstock, The Declaration of Principles of International Law Conerning Friendly Relations: A Survey, The American Journal of International Law, Vol. 65, 1971, p. 714。

③ 参见何志鹏:《国际法基本原则的迷失：动因与出路》，载《当代法学》2017 年第 2 期，第 35 页。

当然，与这些已经得到高度公认的国际法基本原则相比，“三共”原则的法律内涵仍然有待澄清，对于各国来说具体能够施加哪些法律义务，也尚不明朗。然而，国际法基本原则并不是一个故步自封的范畴。通过对比各项基本要件，既有学者将“诚信原则”视作国际法的基本原则，[①] 也有学者认为“人类共同利益原则”具备国际法基本原则的特征。[②] 如果不对国际法基本原则的范畴进行严苛的划定，“三共”原则总体上能够满足各项基本的要件。

此外，“三共”原则的定性，还存在其他的潜在选项：一是“三共”原则是否构成区域性的或针对特定宗教群体的国际法基本原则？二是“三共”原则是否符合“一般法律原则”或者“强行法”的特征？

除“公理性”的国际法原则之外，有部分学者主张存在“区域性”或“宗教性”的国际法基本原则。例如，巴基斯坦学者马莱基安·帕伦普(Farhad Malekian)概括出“伊斯兰国际法”的九项基本原则，分别是“平等”“和平”“互惠”“自卫”“适当”“有约必守”“正义”“外交豁免”“团结穆斯林”，并且认为其中的部分原则与通常意义上的国际法基本原则虽表述相同，却具备不同的含义。例如，马氏认为通常意义上的“平等”指国家主权平等或人权法中的“人与人之间的平等”“群体之间的平等”，伊斯兰国际法中的平等通常指穆斯林教徒之间的个体平等，仅在例外情况下指代“国家主权平等”。[③] 依照这一观点，伊斯兰国际法的基本原则仅在伊斯兰国家和群体内部普遍适用，即便是一些抽象度很高的原则(如“平等”“正义”)也可以在伊斯兰教的语境下找到较为恰当的国际法意涵。当然，这种分类方式并不多见，尚没有更多的学者尝试归纳基督教、佛教的国际法基本原则或亚洲的国际法基本原则，仅就“三

---

① 参见曾令良：《论诚信在国际法中的地位和适用》，载《现代法学》2014年第4期，第150页。

② 参见李寿平：《人类命运共同体理念引领国际法治变革：逻辑证成与现实路径》，载《法商研究》2020年第1期，第54页。

③ 参见Farhad Malekian, Principles of Islamic International Criminal Law: A Comparative Search, Martinus Nijhoff, 2011, p. 27。

共”原则而言，由于“一带一路”倡议更突出意识形态与宗教方面的包容性，“一带一路”倡议也十分强调跨区域合作，因而“三共”原则只能视作“公理性”的国际法基本原则。

那么，“三共”原则是否有可能构成“一般法律原则”或“强行法”呢？在商讨《国际法原则宣言》七原则时，匈牙利代表认为宣言的内容属于“一般法律原则”而非强行法，伊拉克代表却认为宣言的内容属于强行法，① 因而对这一问题的解答，必须比较“国际法基本原则”与“一般法律原则”“强行法”之间的异同。“一般法律原则”的来源在多种学说，包括源自“多数法律中普遍存在的原则”“国际社会直接接受的原则”“自然法”等多种不同的观点，② 但无论采取哪一种学说，一般法律原则与国内法的关系更为紧密，国际法基本原则通常只规范和调整国家之间的关系。一些共识度较高的“一般法律原则”，如“诚实信用”“当事人意思自治”等，从国内法延伸至国际法的痕迹也较为明显。当然，一般法律原则的探索有可能存在多种路径，③ “一般法律原则”与“国际法基本原则”也可能存在重叠之处。例如，“诚信”原则与“善意履行国际义务”原则便有着高度的相似性。④ 但仅就“三共”原则来说，我国提出“三共”原则的最初目的是调整沿线国家之间的关系，无论是通过比较、演绎还是归纳的方法，都很难充分证实“三共”原则与国内法的关联；而强行法更偏向“规则”，对概况性、普遍性的要求很低，但对于约束力的要求却很高，“三共”原则与“禁止奴役”等强行法规则的

---

① 参见 Robert Ronsenstock, The Declaration of Principles of International Law Conerning Friendly Relations: A Survey, The American Journal of International Law, Vol. 65, 1971, p. 714。

② 参见 Christina Voigt, The Role of General Principles in International Law and their Relationship to Treaty Law, RETFÆRD ÅRGANG, Vol. 31, 2008, p. 3。

③ 参见罗国强：《国际法本体论》(第二版)，中国社会科学出版社 2015 年版，第 107 页。

④ 参见 Georg Schwarzenberger, Fundamental Principles of International Law, Martinus Nijhoff, 1955, p. 205。

差异是较为显著的,[①] 因而“三共”原则更符合国际法基本原则的定义。

综上,“三共”原则符合“国际法基本原则”的五项形式要件,但正如“国际法治”可以从薄厚两个方面进行论述一样,“三共”原则也必须符合沿线各国的共同利益,体现出自身的“时代进步性”,[②] 才有可能真正得到沿线各国的广泛认同。

二、“三共”原则的时代进步性

(一)及时回应国际关系变革的时代背景

法律原则作为一种较为抽象的话语,并不是凭空产生的,而是经历了长期的提炼、抽象与补正过程,一些在现在看来习以为常的国内法律原则,并不全然出于宗教或意识形态的因素(如一代人的出生并非“法律面前人人平等”出现的原因,从实在法的角度出发,“生而平等”其实是法律规则抽象之后的结果),法学学者对学说的不断补正、法官对判例裁判要点的不断抽象,为各类法律原则的诞生作出了巨大的贡献。[③] 与国内法相比,由于国际法院法官的造法权力十分有限,也并非所有的主权国家都积极参与国际司法机制,因而判例很难为国际法基本原则提供充分的依据,国际法学者对于总结归纳国际法基本原则具有更大的能动性,一些才能卓著的学人在《国际法原则宣言》与“和平共处五项原则”的缔造过程中发挥了重要作用。不过,这些经过归纳的原则之所以能够获得广泛的支持,不仅仅是因为它们出自联合国大会或中国的国际法专家之手,更因为它们反映了各国政府在特定历史时期对国际秩序的普遍需要。

---

① 参见何志鹏:《国际法基本原则的迷失:动因与出路》,载《当代法学》2017 年第 2 期,第 39 页。

② 参见万鄂湘:《国际强行法与国际法的基本原则》,载《武汉大学学报》(社会科学版)1986 年第 6 期,第 50 页。

③ 参见 Georg Schwarzenberger, Fundamental Principles of International Law, Martinus Nijhoff, 1955, p. 201。

部分广受认同的原则，如国家主权平等原则，似乎可以在国际法的诞生史与国内法中找到一些依据（如《威斯特伐利亚和约》的规定与“法律面前人人平等”的类比），但这些原则的价值之所以能够在“二战”结束之后广受认同，与当时的时代背景亦密不可分。“二战”期间，以德国为首的“轴心国”集团罔顾国际社会的基本利益，违背本国政府曾经签署的条约及曾经作出的承诺，发动了一系列的侵略战争，严重侵犯了被侵略国的主权和领土完整，导致了一系列人道主义惨剧的发生。

在“二战”接近尾声的时刻，美洲国家组织法律委员会的部分专家，立足于“一战”和“二战”期间国际法规则广受践踏的事实，总结归纳出一系列应当重申的“国际法基本原则”，包括“友邻原则”“国家主权平等”“主权国家的意志自由”“尊重国家领土及主权完整”“不干涉内政原则”“诚信原则”“条约的公开透明原则”“侵略获得的领土不具备法律效力”“和平解决双边争端”等多项内容。[①]正是由于这些原则不仅反映了美洲国家当时的共识，也代表了当时遭受侵略国家的共同呼声，其中的很多内容得以移植到《联合国宪章》之中，在《国际法原则宣言》中亦有所体现。同样，我国倡导的“和平共处五项原则”也正是因为代表了一大批新独立国家维护国家领土主权、抵御外部干涉、要求平等往来的期望，最终得到了广泛的支持与认可。

“三共”原则的提出，亦是对“百年未有之大变局”的深刻回应。“二战”结束以来，和平与发展成为时代的主题，国际社会通过共同的努力，避免了新的世界大战的发生。然而，在国际力量对比显现出“东升西降”的趋势之后，发展中国家在国际机制安排中的劣势地位并未发生根本性的改观，发展中国家能够分享的全球发展收益也较为有限，构建更为公正合理的对话协商机制与收益分享机制成为国际社会的一项迫切需要，兼具全球视野与中国特质、有助于推动南方集团与北方集团共商发展计划、共议争端解决、共建合作

① 参见 Charles G. Fenwick, Reaffirmation of Fundamental Principles of International Law, Bulletin of the Pan American Union, Vol. 67, 1944, p. 670。

机制、共享美好未来的“三共”原则得到了沿线各国的广泛支持,[①]秉承“开放包容”特质的“一带一路”倡议也得以成为优质的国际公共产品。“三共”原则能够得到广泛的共识，正是基于对沿线各国平等协商、共同发展需求的及时回应，在逆全球化潮流有所涌现的当下，“三共”原则反映了全人类的共同诉求，对世界秩序的完善与变革具有一定的启发作用，其自身的时代进步性将随着“一带一路”倡议的深入实践而更加突出。

(二)传承和发展传统的国际法基本原则

作为“一带一路”倡议的指导原则，“三共”原则不仅回应了国际法律秩序变革的现实需要，对传统的国际法基本原则亦有所传承和发展。国际社会在“二战”结束之初对世界繁荣发展的美好愿望，正一步步通过“一带一路”建设与沿线国家的密切合作变为现实。由于“一带一路”倡议更关注沿线地区的发展问题，“三共”原则与“禁止使用武力原则”的关联并不密切，但“主权平等原则”“和平解决争端原则”及“合作原则”的内涵则蕴含于“三共”原则之中。

首先，只有充分尊重沿线各国的主权平等，共商、共建、共享才有可能变为现实。在 139 个“一带一路”沿线国家中，既有发达国家，也有发展中国家；既有以穆斯林为主体的国家，也有以天主教徒与基督教徒为主体的国家；既有选择资本主义制度的国家，也有选择社会主义制度的国家。但无论这些国家的发展程度、主体宗教以及社会制度如何，他们都有权选择自身的社会发展道路及参与“一带一路”合作的具体方式。“一带一路”倡议也没有设置很高的参与门槛,[②] 只要各国政府具备合作的意愿，都可以平等参与到“一带一路”合作。相比之下，意识形态色彩浓厚的“马歇尔计划”尽管在一定程度上加速了西欧的战后复兴，但它同样为加剧两大阵

① 参见 Cai Fang & Peter Nolan, Routledge Handbook of the Belt and Road, Routledg, 2019, p. 112。

② 参见 Cai Fang & Peter Nolan, Routledge Handbook of the Belt and Road, Routledg, 2019, p. 114。

营的对立埋下了伏笔。“一带一路”倡议广泛吸纳合作伙伴的做法显然更有利于推进各国的团结共进，也更能体现平等参与的特征。

其次，“三共”原则倡导沿线各国和平解决争端，为减少分歧、增进共识奠定了良好的基础。“共商”的内容不仅包括“一带一路”的合作规划，还包括争端的解决。其中，沿线各国在日常合作中可以运用“谈判、调查、调停、和解”等方法解决争端，而“公断、司法解决、区域机关或办法之利用”等第三方机制在“一带一路”合作中亦有所体现，我国最高法院先后设立了多家国际商事法庭，为“一带一路”司法争端解决机制的构建进行尝试。可以说，“三共”原则鼓励各国通过密切的会商避免争端的产生，但并不排斥任何一类争端解决方式，在具体的争端解决过程中，也充分尊重各国的主权，力求找到各方都能接受的解决方法。①

最后，“三共”原则对“合作原则”的精神加以传承。在“三共”原则诞生之前，“和平共处五项原则”是我国长期坚持的国际法主张，这一主张更强调主权平等，② 期待各国减少对立，和平共处，而“三共”原则变消极为积极，期待各国通过主动的会商与合作建设，共同促进沿线地区的繁荣发展，因而“合作原则”与“三共”原则的旨趣较为接近。从《国际法原则宣言》的表述来看，各国应在安全、经济、社会、文化等方面开展合作，而中国与沿线各国在标准联通、税收、知识产权、农业、能源、海洋等方面的合作，正是共同商议规则、共同建设机制、共同享受制度红利的合作范例。《国际法原则宣言》对“合作原则”较为模糊的表述，③ 正生动地展现在“一带一路”的具体合作之中。

---

① 参见杨泽伟：《共商共建共享原则：国际法基本原则的新发展》，载《阅江学刊》2020年第1期，第91页。

② 参见龚柏华：《“三共”原则是构建人类命运共同体的国际法基石》，载《东方法学》2018年第1期，第36页。

③ 参见 Robert Ronsenstock, The Declaration of Principles of International Law Conerning Friendly Relations: A Survey, The American Journal of International Law, Vol. 65, 1971, p. 729。

(三)与“自然法”的基本原则相衔接

从更抽象的意义上讲，“三共”原则符合“自然法”基本原则的要求。尽管“自然法”的渊源、形式尚无定论，但一些较为抽象的“自然法”基本原则，如“正义”“公平”“平等”“善意”“和谐”等，与人类现阶段的理性认知相一致，具备较高的共识性。很少有国家将破坏国际正义、国际公平、国际平等作为自身的外交政策，各国的外交政策也只有符合这些最为基本的自然法原则，才能代表国际社会前进和发展的方向。

“三共”原则在充分尊重各国主权的前提下，推动“一带一路”沿线各国积极开展合作、共享发展成果，既符合正义原则“各得其所”的要求，也符合平等原则“权利义务形式平等”的要求，同时也体现了和谐原则“和而不同”的精神。因为沿线各国虽然在综合国力、政治制度、宗教文化等方面各有不同，但都在主权平等的基础上参与“一带一路”倡议，在“一带一路”合作中发挥不同的作用，建设各国自身的物质与精神文明。① 同时，“共享”原则的提出，在一定程度上也有利于促进从“形式平等”迈向“实质平等”。各国之间的主权平等更多的是一种形式平等，即各国都普遍地享有“对内最高权”与“对外独立权”，发展中国家与发达国家之间的发展差距不容忽视，实质的不平等广泛存在，而发展中国家建立国际经济新秩序的努力，便是一项追求实质平等的尝试。② “一带一路”倡议虽然不以全面推翻既有的国际机制为目标，但“共享”原则也要求沿线各国改良其中不公正、不合理的成分，形成良好的收益分配机制，保障沿线国家能够共同享受“一带一路”合作的成果，实现“共建”义务与“共享”权利的相统一。

可见，“三共”原则既契合沿线各国的共同利益，也符合人类

---

① 参见罗国强：《国际法本体论》(第二版)，中国社会科学出版社 2015 年版，第 165 页。

② 参见罗国强：《国际法本体论》(第二版)，中国社会科学出版社 2015 年版，第 210 页。

现阶段的理性认知。不过，人类的理性认知总是处于不断探索的过程中，“三共”原则也必须通过更为丰富的阐释与实践，才能获得更强的话语力量。

三、“三共”原则的内涵阐释与实践

(一)进一步提升“三共”原则的共识度

在过去十年的“一带一路”合作中，“三共”原则不断地被写进各类合作文件之中，逐步得到了沿线各国的共同认可。然而，“三共”原则能否长久地得到沿线各国的支持，仍然有待时间的检验。我国也应当进一步明确“三共”原则的属性，通过举办研讨会等多种形式提升“三共”原则的共识度。

一方面，我国政府应明确提出“三共”原则属于国际法的基本原则，为“三共”原则的定性提供更充分的依据。我国的国际法学教材经常使用“基本原则”(Fundamental Principles of International Law)的表述，但相同的表述在西方的教材中并不常见。①《国际法原则宣言》的谈判历史也表明，各国代表对于国际法基本原则的定义，存在诸多不同的理解。同样，我国对“和平共处五项原则”的官方定性为“调整国际关系的基本准则”，“国际法基本原则”的定性更多地出现在学术论著中，尽管两者不无共通之处，但“国际法基本原则”的法学属性更加明确。因此，我国政府应选择恰当的时机，将“三共”原则明确表述为“国际法的基本原则”。

另一方面，我国也可以通过召开研讨会等多种形式，进一步探讨“三共”原则的含义，增进“三共”原则在第二轨道外交中的共识度。在《国际法原则宣言》的起草、表决过程中，联合国的法律专家、各国政府代表就草案文本发表了大量的专业意见，确保最终的宣言文本符合多数国家的共识；由中国、印度、缅甸共同倡导的“和平共处五项原则”，虽以写入双边外交文件作为主要的话语印

① 参见何志鹏：《国际法基本原则的迷失：动因与出路》，载《当代法学》2017年第2期，第33页。

迹，但我国亦不时邀请各国专家参与相关的专题研讨会，① 使“和平共处五项原则”得以历久弥新。“三共”原则由我国政府提出，没有经历复杂的论辩过程，对于“三共”原则的具体适用领域以及约束力的强弱，各国的专家、学者不一定持相同的意见。“一带一路”相关的智库合作机制可以考虑将“三共”原则作为法治合作的一项选题，确保“三共”原则的阐释、实践能够与“一带一路”的进程保持一致。

（二）丰富和发展“三共”原则的内涵

在诸多的国际法基本原则中，合作原则与“三共”原则的内涵最为接近，两者都强调各主权国家应主动开展合作，因而合作原则的起草历史能够为“三共”原则的发展提供些许的借鉴。“三共”原则的适用群体、位阶、补正及其具体的内涵，亦可以进行更充分的考量。

首先，就适用群体而言，“三共”原则仅适用于“一带一路”沿线国家，还是适用于全体国家？“国际法基本原则”的共识性并不要求一项基本原则得到全体国家的全面认可，只需多数国家表示同意即可。② 写入139份政府间“一带一路合作谅解备忘录”的“三共”原则，显然符合“多数国家认可”的要件。然而，对于尚未同中国签署“一带一路”合作文件的国家来说，“三共”原则是否能够产生约束力，是一项有可能存在争议的问题。在合作原则的谈判进程中，类似的问题同样存在。当讨论“合作原则是否适用于非联合国会员国”时，部分代表认为，基于合作的普遍性，③ 不应限制合作原则的适用群体。但亦有部分代表指出，“合作原则”主要源于各

① 参见中华人民共和国外交部条约法律司：《中国国际法实践案例选编》，世界知识出版社2018年版，第116页。

② 参见杨泽伟：《共商共建共享原则：国际法基本原则的新发展》，载《阅江学刊》2020年第1期，第88页。

③ 参见Willem Riphagen, Report of the 1966 Special Commitee on Principles of International Law concerning Friendly Relations and Co-operation among States, A/6230, UN Reports 1966, p. 190, para. 431。

类条约(包括《联合国宪章》)中普遍认同的条约义务，就非会员国而言，“合作”并非一项法律义务。[①]《国际法原则宣言》最终采用了“各国”而非“各会员国”的表述，强调了合作原则的普遍性，但相关的正当性争议，并没有从根本上消除。从“三共”原则的意涵来看，对非“一带一路”合作领域、非沿线国家实施“三共”原则，并不会面临艰巨的挑战，因为“三共”原则本身具备较强的普适性，目前也没有任何一个非沿线国家质疑“三共”原则。不过，在“一带一路”的语境下，“三共”原则就非沿线国家而言，应当更具倡议性而非约束性，即邀请更多的国家参与“一带一路”合作，而非设立强制性的“共商、共建、共享”义务。

其次，与其他的国际法原则相比，“三共”原则是否处于固定的位阶之中？国内法中，的确存在一些更为重要的基本原则，如“诚实信用”被称作民法的“帝王条款”，因而法律原则的排序能够得到一定程度的印证。《国际法原则宣言》虽然没有明确七项原则的适用顺位，但国际法基本原则的筛选、排序仍然存在一定的可能性。[②] 从国际交往的基础来看，只有坚持各国的主权平等，才能有效开展合作，似乎“主权平等原则”应当比“合作原则”具备更高的优先级，在美苏争霸的年代，此类观点也获得了部分专家的支持。[③] 据此，“三共”原则尽管以尊重各国的主权平等为前提，亦很难处于较高的位阶。当然，相对于国内法，由于国际关系的变化难以预料，固化各项国际法基本原则之间的位阶，存在不小的难度，

① 参见 Willem Riphagen, Report of the 1966 Special Commitee on Principles of International Law concerning Friendly Relations and Co-operation among States, A/6230, UN Reports 1966, p. 190, para. 433。

② 参见何志鹏：《国际法基本原则的迷失：动因与出路》，载《当代法学》2017 年第 2 期，第 33 页。

③ 在《国际法原则宣言》的谈判过程中，有代表指出，弱国对强国的附庸，使得国际合作难以为继，必须强调主权平等原则在互惠、各类合作中的地位。参见 Willem Riphagen, Report of the 1966 Special Commitee on Principles of International Law Concerning Friendly Relations and Co-operation among States, A/6230, UN Reports 1966, p. 188, para. 425。

而具体的筛选和排序进程，也有待长期的探索。

复次，在提倡主动合作的主旨要义之外，“三共”原则的适用前提是否有可能发生争议？贝勒斯指出，原则之间可以相互衡量、权衡，① 法律原则的适用不能仅考虑字面的文义，特定情况下应当结合其他原则加以补正。联合国的专家们很早便意识到“合作原则”与“不干涉内政原则”之间的潜在冲突；② 联合国的首届贸易与发展会议也达成共识，认为各国的合作应以尊重主权平等、尊重民族自决、不干涉内政为前提。③ 同样，“三共”原则的实行，需要各国政府紧密合作。这种合作与各国的内政也存在密切的关联，即便当代的“干涉”手段、“内政”含义与冷战时期已不可同日而语，但“合作”与“干涉”的关系，仍是一项敏感的议题。“一带一路”建设中的部分争议话题，如港口的租赁期、基础设施项目的建设流程，都可以归结为“干涉”与“合作”的冲突，因而“三共”原则与“不干涉内政原则”之间应当保持适度的张力，确保沿线各国在主权权力让渡的基础上实现共同发展。

最后，在“一带一路”倡议背景下，“三共”原则的内涵阐述有可能包含哪些具体方面？《国际法原则宣言》最终采纳的“合作原则”表述较为简洁，总体上采用了尼日利亚等国提出的草案，④ 但各类草案中提及的各类观点，还是引发了争论。捷克斯洛伐克递交

---

① 例如，“非自愿的财产转让应当予以禁止”，但法院为执行生效判决而进行的非自愿财产转让是有效的。参见[美]迈克尔·D. 贝勒斯著：《出版社法律的原则——一个规范的分析》，张文显、宋金娜等译，中国大百科全书出版社 1995 年版，第 13 页。

② 参见 Willem Riphagen, Report of the 1966 Special Commitee on Principles of International Law Concerning Friendly Relations and Co-operation among States, A/6230, UN Reports 1966, p. 188, para. 423。

③ 参见 Milan Šahovič, Report of the Special Committee on Principles of International Law concerning Friendly Relations and Co-operation among States, A/6799, UN Reports 1967, p. 76, para. 143。

④ 参见 Willem Riphagen, Report of the 1966 Special Commitee on Principles of International Law concerning Friendly Relations and Co-operation among States, A/6230, UN Reports 1966, p. 186, para. 417。

的草案提出，政治、经济、社会机制方面的“非歧视原则”属于“合作原则”的应有之义；[①] 英国等国提出，各国应在裁军等方面加强合作。[②] 这些内容都没有纳入最终通过的宣言文本。同样，基于本国的国家利益及特殊国情，沿线各国对“三共”原则的理解可能存在差异，当下关注的焦点亦有可能在未来发生变化。“三共”原则的进一步阐述，也应当充分考虑各国的不同关切，尽可能地体现各国的共识。

（三）充实“一带一路”合作中的“三共”原则实践

在法律规则的制定、完善进程中，法律原则应当发挥一定的指引作用。如果一项原则难以付诸实践、仅仅停留于纸面，那么它的话语力量将十分受限。在过去数年的“一带一路”建设进程中，我国在资金投入、国际机制构建等方面充分遵循“三共”原则，与沿线国家开展密切合作，多项司法协助条约、投资保护协定、双边民航协定的签订，[③] 展现了中国与沿线各国共建“一带一路”的热情，为“一带一路”倡议的深入推进提供了规则基础，也为“三共”原则的进一步适用提供了广阔的空间。

除了一些值得延续的实践，如将“三共”原则写入“一带一路”合作谅解备忘录、加强法律规则谈判、构建“一带一路”争端解决机制之外，“三共”原则在政策沟通、民心相通方面亦能发挥更充分的作用。“一带一路”国际合作高峰论坛存在升级与变革的可能性，如果我国能够借鉴各类国际组织的建设经验，遵循“三共”原则，提供一系列完备的变革方案，“三共”原则将内化到高峰论坛

① 参见 Willem Riphagen, Report of the 1966 Special Commitee on Principles of International Law concerning Friendly Relations and Co-operation among States, A/6230, UN Reports 1966, p. 184, para. 415。

② 参见 Willem Riphagen, Report of the 1966 Special Commitee on Principles of International Law concerning Friendly Relations and Co-operation among States, A/6230, UN Reports 1966, p. 185, para. 416。

③ 参见龚柏华：《“三共”原则是构建人类命运共同体的国际法基石》，载《东方法学》2018 年第 1 期，第 1 期，第 31 页。

的机制设计之中。同样，如果沿线各国的民间组织，能够将“三共”原则写入合作文件之中，并在合作进程中平等协商、增进往来，“三共”原则也将得到沿线各国人民更广泛的认可。

总之，“三共”原则的阐释、实践、推广，既需要政府话语的支持，也需要学术话语的支撑。如果“三共”原则能够得到沿线各国更广泛的认同、在“一带一路”国际机制的构建中发挥更充分的指引作用，我国也将为国际法基本原则的创新、实践作出更多的贡献。

第三节 “一带一路”倡议与中国“集体人权”话语的传播

一、“一带一路”倡议难以回避人权议题

合作文件的属性选择与国际法原则的探索是中国参与“一带一路”国际法治合作的重要内容。这样的选择与探索也并不抽象，而是通过经贸、金融、能源、海洋、交通运输等领域的国际规则变革加以体现。与自贸区、亚投行等国际法律机制的建设相比，在“一带一路”倡议的早期规划中，人权交流与合作并非“民心相通”的具体措施，人权规则的重构也尚未成为“一带一路”国际法治合作的焦点，“一带一路”建设对中国人权话语的影响似乎较为有限。然而，无论是考量中西方由来已久的人权话语冲突，还是结合沿线各国的项目建设状况，“一带一路”倡议都不可能回避人权议题，我国也亟须在人权合作方面有所突破。

一方面，“一带一路”倡议并未全面改善中西方之间的人权话语冲突。我国曾有学者指出，“不能把话语权和主动权让给西方”①。对于西方的人权指责，不能仅作被动回应。然而，自“一带

① 察哈尔学会：《“新时代人权与外交”研讨会分会场聚焦“一带一路”与构建人类命运共同体》，载察哈尔学会网站：http：//www. charhar. org. cn/newsinfo. aspx？ newsid = 13131。

一路”倡议实施以来，对中国人权问题的指责仍然是西方的主流声音，NGO 的发声尤为明显。以人权观察为例，在两次“‘一带一路’国际合作高峰论坛”召开前，该组织分别发表了 2 篇评论，对于“一带一路”倡议的人权状况持较为强烈的批评意见，认为中国公布的“一带一路”政策文件对人权问题只字不提，① 中国政府虽然承诺致力于沿线地区的可持续发展，但是部分项目的社区咨询、征收补偿与透明度堪忧，一些沿线国家的人权记录乏善可陈，投资者与企业应谨记尊重人权的责任。② 由于该组织的对华态度长期以来并不友好，这样的评论极有可能带有明显的倾向性而不够客观，但该组织在国际社会中具有较强的舆论影响力。③ 如果一味忽视这些 NGO 的声音，我国的“一带一路”项目投资将有可能遭遇更多的人权挑战。除人权观察等 NGO 的发言之外，部分与官方合作较为紧密的西方智库，对于中国的人权状况也持批评态度。例如，美国“外交关系委员会”与“战略与国际研究中心”的专家曾分别撰文，④ 认为“数字丝绸之路”的建设可能对个人的自由与隐私构成威胁。

此外，即便是部分同中国具备人文交流基础的西方国家，对华人权问题的态度也并未实现大幅度转变。例如，“瑞典国家发展政策分析署”(Swedish Agency for Growth Policy Analysis)是“丝路国际智库网络”的成员，其研究成果将递交瑞典政府以供决策参考，中瑞两国存在一定的民间交往基础。然而，在 2019 年瑞典政府向瑞

① 参见人权观察：《中国：“一带一路”计划应尊重人权——近期高峰论坛应承诺透明性、公众咨询》，载人权观察网站：https：//www. hrw. org/zh-hans/news/2019/04/22/329687。

② 参见 Sophie Richardson & Hugh Williamson, China：One Belt, One Road, Lots of Obligations, Human Rights Watch Reports 2017, available at https：//www. hrw. org/news/2017/05/12/china-one-belt-one-road-lots-obligations。

③ 参见黄志雄主编：《国际法视角下的非政府组织：趋势、影响与回应》，中国政法大学出版社 2012 年版，第 305 页。

④ 参见 Frank Umbach, China's Belt and Road Initiative and Its Energy-Security Dimensions, The S Rajaratnam School of International Studies Reports, 2019, p. 7, available at https：//www. rsis. edu. sg/wp-content/uploads/2019/01/WP320. pdf。

典国会递交的报告中，瑞典政府认为“中国的公民与政治权利状况不容乐观”“瑞典政府将会支持欧盟与中国之间的人权对话”①。当然，对于中国同欧洲的“一带一路”合作机制（如中国—中东欧CEEC17+1机制）来说，瑞典一国的政策并未造成较大的影响，但是这份报告的相关措辞也表明，如果欧盟的对华人权政策有所调整，将有可能波及中欧之间的“一带一路”合作。

另一方面，基础设施建设、跨境贸易等“一带一路”重点合作领域，同样与人权议题密切相关。企业或者投资商如果忽视项目投资、施工建设、货物贸易与服务贸易中的人权问题，将有可能承担不必要的风险。联合国人权高专在一份报告中指出，大型基础设施投资对于经济发展、社会发展、人权进步乃至可持续发展的促进作用显而易见，但这些投资项目对人权的潜在危害同样不可忽视。

从微观层面来说，项目设计阶段的土地征收问题容易成为人权问题的焦点，未经本地居民同意而强行征收土地容易诱发对抗事件，项目施工过程中过低的劳动保障标准会侵犯建筑工人的劳工权利，尘土、噪音甚至建筑工人的违法行为，也同样会侵犯项目周边居民的环境权与健康权，而项目拆除阶段的环境问题、安全问题同样不容忽视。从中观层面来说，如果一项基础设施的建设导致特定人群难以享受最基本的社会服务或难以支付这些服务的成本，包括医疗、教育、水资源、公共卫生设施等，② 这样的项目也难以称得上是“尊重人权”的项目。从宏观层面来说，基础设施项目同样考验政府的决策机制与企业的管理模式，如果政府始终以投资方与建

---

① Hans Dahlgren, Approach to Matters Relating to China, Swdeen Govenments Reports, 2019, p. 17, available at https://www.government.se/4adb19/contentassets/e597d50630fa4eaba140d28fb252c29f/government-communication-approach-to-matters-relating-to-china.pdf.

② 参见 United Nations Human Rights Office of the High Commissioner, Baseline Study on the Human Rights Impacts and Implications of Mega-Infrastructure Investment, UN Reports, 2017, p. 38, available at https://www.ohchr.org/Documents/Issues/Development/DFI/MappingStudyontheHRRiskImplications_MegaInfrastructureInvestment.pdf。

设方的利益优先，同企业签署争端解决协议时也处处维护企业利益，置“社区协商”等前置性程序于不顾，决定项目选址时丝毫不考虑少数群体的利益，① 同样有可能侵犯人权，扩大社会贫富差距。

当然，如果管控得当，这些风险并不必然发生，但如果对照“三代人权”的理念，基础设施建设同公民、民族的各项权利显然都存在紧密的联系。同样，经贸合作涉及的人权种类也十分广泛，包括环境权、就业权、劳工权、健康权、受教育权、水权等多种权利，② 而全面的自由贸易也并非总能带来双赢的结果，多边经贸规则也不会漠视人权问题。例如，WTO 的第五项宗旨“保障发展中国家的经济发展”可以视作对发展权的尊重，③ 而依照 2003 年《实施 TRIPS 协议与公共健康(多哈宣言)第 6 段》的决议，基于最不发达成员方或进口方的需求，出口方有权对药品生产采取强制许可，这充分体现了 WTO 规则对各成员方国民生命健康权的尊重。④ 依照国际法协会(International Law Association)2008 年通过的决议，多位国际法专家呼吁“WTO 规则的解释或应用与各成员方尊重人权的义务相一致”，此举将有助于保障消费者权利及其他人权，⑤ 但 WTO 专家小组与上诉机构的此类实践尚不多见。

---

① 参见 United Nations Human Rights Office of the High Commissioner, Baseline Study on the Human Rights Impacts and Implications of Mega-Infrastructure Investment, UN Reports, 2017, p. 47, available at https://www.ohchr.org/Documents/Issues/Development/DFI/MappingStudyontheHRRiskImplications_MegaInfrastructureInvestment.pdf。

② 参见戴瑞君：《“一带一路”建设中的人权因素——以中蒙经贸合作为例的分析》，载《人权》2018 年第 5 期，第 128 页。

③ 参见 GAO Pengcheng, Rethinking the Relationship Between the WTO and International Human Rights, Richmond Journal of Global Law and Business, Vol. 8, 2009, p. 408。

④ 参见那力、何志鹏等：《WTO 与公共健康》，清华大学出版社 2005 年版，第 399 页。

⑤ 参见 Sharif Bhuiyan & Philippe Sands, *et al*, International Law and Developing Countries: Essays in Honour of Kamal Hossain, Brill, 2014, p. 98。

此外，部分“一带一路”经贸合作机制也作出了一些有利于人权保障的制度安排。例如，中国同东盟签署的“全面经济合作框架协议”设立了“减小各缔约方经济发展水平差距”的目标，针对人类的公共安全需要，也设置了“一般例外”规则，亚投行对基础设施项目的大力投资亦可以视作中国为保障各国民众发展权所做的间接贡献。

对于“一带一路”建设所遭遇的人权挑战，我国政府、企业必须保持警惕。正如联合国人权高专在报告中指出的那样，基础设施建设涉及多方面的人权问题，稍有不慎，便有可能酿成冲突；即便是一些当下并不显著的潜在威胁，随着东道国法律标准的不断提升，亦有可能导致企业的经营风险显著上升并遭受经营损失。1991年，美国的一家公司同印度尼西亚政府签署协议，投资建设印尼的铜矿资源开发项目，美国企业在20年内不用承担征收补偿义务，承担的环境保护义务也十分有限。然而，印尼的环保法律于1997年进行了修订，该企业被迫于2006年中止矿产开发作业。[①] 我国企业在“一带一路”沿线各国投资的部分基础设施项目，在项目的设计、施工过程中，缺乏有效的沟通，招致了当地民众的反对声浪，最终使得项目停工。这些前车之鉴与现实经验，应当引起我国企业的重视。总之，尊重并保障人权既是中国国际法治话语的应有之义，亦是推进“一带一路”建设的现实需要。

二、“一带一路”合作中的人权话语缺失

与进一步提升人权合作的迫切需求相比，“一带一路”建设中的人权话语仍然有所缺失。无论是双边的“一带一路”对话，还是与“一带一路”倡议密切相关的多边合作机制，人权对话的广度、深度都略显不足。

就双边合作来说，中国与各国政府、各国际组织签署的“一带一路”合作谅解备忘录虽系软法，对签订的双方并无法律约束力，

① 参见孙佑海：《绿色“一带一路”环境法规制研究》，载《中国法学》2017年第6期，第111页。

但备忘录的内容无疑指明了中国与各国、各组织合作意愿最为强烈的领域。然而，结合几份公开的备忘录文本来看，我国同他国政府签署的“一带一路”合作谅解备忘录文本较为简略、结构相对固定，包含序言、目标及合作指导原则、合作领域、合作方式、争端解决、生效、修订及终止条款，其中目标与合作领域的相关表述，如“实现两国共同发展的目标”①“促进绿色发展合作”②等可以视作对发展权、环境权的尊重，但此类概念性的表述有待进一步的特别协定加以落实。③

与政府间的备忘录相比，我国同相关国际组织签署的备忘录较为具体。例如，我国外交部同联合国亚洲及太平洋经济社会委员会(United Nations Economic and Social Commission for Asia and the Pacific)签署的备忘录中明确提到双方将进一步推动“中国—联合国亚洲及太平洋经济社会委员会”合作项目，同时将通过签订特殊协议的方式妥善处理知识产权问题。④ 再如，我国的人社部、应急管

① 《中华人民共和国政府与苏丹共和国政府关于共同推进丝绸之路经济带和21世纪海上丝绸之路建设的谅解备忘录》，载中国驻苏丹共和国大使馆网站：http：//sd. china-embassy. org/chn/zsgx/zlk/t1732121. htm。

② 参见 Memorandum of Understanding between the Government of the Italian Republic and the Government of the People's Republic of China on Cooperation within the Framework of the Silk Road Economic Belt and the 21st Century Maritime Silk Road Initiative, Italian Government Reports, 2019, p. 5, available at http：//www. governo. it/sites/governo. it/files/Memorandum_Italia-Cina_EN. pdf。

③ 参见 Memorandum of Understanding between the Government of the Cook Islands and the Government of the People's Republic of China on Cooperation within within the Framework of the Silk Road Economic Belt and the 21st Century Maritime Silk Road Initiative, Cook Island Government Reports, 2018, p. 6, available at http：//www. mfem. gov. ck/images/Development/Cook _ Islands-PRC _ Belt _ and _ Road_MOU. _signed_12_November_2018. pdf。

④ 参见 Memorandum of Understanding between the United Nations Economic and Social Commission for Asia and the Pacific and The Ministry of Foreign Affairs of the People's Republic of China on the Belt and Road Initiative for the 2030 Agenda for Sustainable Development, UN Reports, 2019, p. 6, available at https：//www. unescap. org/sites/default/files/20190426-CHN-MOFA-BRI-ENG. pdf。

理部先后同国际劳工组织签署了备忘录，中国为促进相关劳工条约的适用、完善沿线国家的就业市场作出了贡献。① 此外，我国的商务部也分别同联合国儿童基金会、妇女基金会、贸易发展会议签署了合作谅解备忘录，这些行动有利于保障“一带一路”沿线的妇女儿童权利。然而，我国尚未与其他的人权法律机制开展“一带一路”合作，短期内“来文审查”“国别报告”等制度设计，也不会成为“一带一路”倡议的合作内容；禁止酷刑、增进公民权利与政治权利等人权议题也很难成为沿线各国合作的重点。

就多边合作而言，各项“一带一路”多边合作机制也并未将人权作为重点议题。第二届“‘一带一路’国际合作高峰论坛”设有“绿色之路”与“廉洁丝绸之路”分论坛，讨论的议题与人权问题息息相关，但更多的人权问题并未纳入本次论坛的讨论范围。而结合APEC、大湄公河次区域经济合作机制、中东欧“17+1”、上海合作组织、中非合作论坛、中阿合作论坛、中拉合作论坛等“一带一路”相关机制的实践来看，增进经济合作或安全合作是这些机制的主要职能，各成员国很少利用这些机制发表专门的政策文件，人权问题也并非中国参与这些机制的主要关切。当然，增进经济往来、促进沿线地区的共同发展，将为保障发展权奠定坚实的基础。② 上合组织为打击恐怖主义而采取的行动，也能够进一步保障成员国国民的生命健康权。这与我国的人权话语存在一定的相似性，即更为注重发展权等集体人权，将生存权、发展权置于首位的人权观与“人类命运共同体”理念在一定程度上也更为契合。③

① 参见 International Labour Organization, China ILO Cooperation, UN Reports 2019, p. 3, available at https: //www. ilo. org/wcmsp5/groups/public/—dgreports/—exrel/documents/publication/wcms_550919. pdf。

② 参见《中国和阿拉伯国家合作共建“一带一路”行动宣言》，载中阿合作论坛网站：http: //www. chinaarabcf. org/chn/lthyjwx/bzjhy/dbjbzjhy/t1577010. htm。

③ 参见唐勇、陈思融：《论人类命运共同体的人权观》，载《浙江工商大学学报》2020 年第 1 期，第 58 页。

三、“一带一路”合作中的人权对话空间

将发展权作为一国人权保障事业中的优先选项并非我国的专利。多数发展中国家都十分强调发展权在社会经济发展中的作用，发展权的保障已成为南南合作中的一项重要内容。从发展权的角度阐释“一带一路”倡议也具备一定的基础。① 不过，自“发展权”的概念诞生之日起，发达国家与发展中国家就对发展权的确切含义与优先性持不同意见，如何建立具体的保障落实机制也极具争议。而除了发展权方面的合作之外，“一带一路”沿线各国同样可以将更多种类的人权纳入合作的范围。

一方面，“一带一路”沿线各国应进一步探讨发展权的含义与保障机制，并及时展示发展成果。发展权脱胎于20世纪下半叶的殖民独立运动，在经历了长时间的殖民统治之后，多数发展中国家对公平的发展机遇有着迫切的需求。在国际社会的共同努力下，联合国于1986年通过了《发展权利宣言》，规定各国有义务制定国际发展政策、促进国际发展合作，进而为发展中国家的发展创造便利。② 随后，发展权的概念在一系列国际法律文件得到重申，1981年通过的《非洲人权和民族权宪章》、1993年通过的《维也纳宣言和行动纲领》、2000年通过的《联合国千年发展目标》等文件都将实现发展权作为一项重要目标，2017年通过的“南南人权论坛”《北京宣言》同样强调“生存权和发展权的首要地位”③。

然而，早在《发展权利宣言》的起草小组于1981年成立时，当时的美国政府便对“发展权”持较为谨慎的态度，认为“发展权”并非建立国际经济新秩序的工具，即便宣言最终得以通过，宣言也不应为各国施加强制性的资源转让义务，是否给予其他各国发展援

---

① 参见毛俊响：《国际人权话语权的生成路径、实质与中国的应对》，载《法商研究》2017年第1期，第161页。

② 参见《发展权利宣言》第3、4条，载联合国人权高专网站：https：//www. ohchr. org/Documents/Issues/Development/DeclarationRightDevelopment_ch. pdf。

③ 《首届“南南人权论坛”〈北京宣言〉》，载新华网：http：//www. xinhuanet. com//politics/2017-12/08/c_1122081753. htm。

助，完全属于一国内政。[①] 1986年，在对《发展权利宣言》进行表决时，美国投了反对票，德国、英国、日本等8国投了弃权票。[②]“发展权”议题的南北对立由此产生，并在相当长的时间内得以延续。2003年，人权委员会试图依照《发展权利宣言》，为“发展权”建立一套具有法律确定性的标准与实践指南，美国、日本、澳大利亚投了反对票，加拿大、韩国与瑞典选择弃权。[③]

从宏观上来看，发达国家与发展中国家就“发展权”存在多方面的异议（见表16），这些异议在《发展权利宣言》通过之后的数十年间没有得到妥善的解决。与其他种类的人权相比，“发展权”似乎过于原则且欠缺拘束力，但“和平与发展”的时代主题早已深入人心，没有任何一个国家希望人类的文明与全球的人权保障事业出现倒退。“一带一路”倡议聚焦发展，吸引了广大发展中国家的参与。日本、韩国等对“发展权”持保留态度的国家亦参与其中。“一带一路”国际合作高峰论坛完全可以设立“人权分论坛”，邀请沿线各国代表、联合国发展权问题的特别报告员对“发展权”问题进行充分研讨，结合“一带一路”的实践情况，就发展权可能具有的确切含义、实施机制提出新的见解。当前，就“发展权”实施国别审查、年度报告制度仍为时尚早，但各国代表如能在“一带一路”合作框架内充分交换意见，亦不失为一种灵活的选项。

此外，对于“一带一路”所取得的发展成就，沿线国家也应当及时予以展示。我国自20世纪60年代起便积极向发展中国家提供发展援助，其中不乏国际金融机构不愿投资但十分必要的民生建设

① 参见 Stephen Marks, The Human Right to Development: Between Rhetoric and Reality, Harvard Human Rights Journal, Vol. 17, 2004, p. 143。

② 参见 Karin Arts & Atabongawung Tamo, The Right to Development in International Law: New Momentum Thirty Years Down the Line? Netherlands International Law Review, Vol. 63, 2016, p. 230。

③ 参见 Stephen Marks, The Human Right to Development: Between Rhetoric and Reality, Harvard Human Rights Journal, Vol. 17, 2004, p. 140。

项目，① 而伴随“一带一路”倡议的实施，我国的发展援助也早已不限于“投资小且见效快”的项目。② 我国对“一带一路”沿线国家的基础设施、医疗、教育援助为保障各国的发展权作出了突出贡献。近年来，发展中国家之间的“南南人权”合作也日渐紧密，这对于打破西方国家“自上而下”的外援话语霸权提供了更多的机遇，③ 也为丰富和发展话语权理论提供了生动的实践素材。

另一方面，“一带一路”国际合作高峰论坛可以邀请更多的联合国人权专家与会，为增进沿线各国的人权合作创造更多的机遇。长期以来，西方对中国外援的不实指责主要包括三个方面：一是中国的外援完全是出于自身利益考量，二是中国支持人权状况不佳的国家，三是中国积极向国外出口自己的“恶治”模式。④ 第一项指责显然缺乏依据，因为维护本国利益是所有国家外交决策的基本出发点，东西方国家概莫能外，第二、三项指责则显示出部分西方国家的傲慢心态，以“人权捍卫者”的姿态对中国的外援活动进行点评。然而，即便是依照西方订立的标准，美国也曾援助一些公民与政治权利状况不佳的国家；而欧盟在外援中订立的“人权附加条件”，也难以得到连续的执行；⑤ 过度强调集体人权与个人人权、经济社会文化权利与公民政治权利之间的对立，将危及人权的统一性。

---

① 参见 Timothy Webster, China's Human Rights Footprint in Africa, Columbia Journal of Transnational Law, Vol. 51, 2013, p. 645。

② 1964 年，周恩来总理提出中国外援的“八项原则”，其中“投资少、收效快”是原则五的内容。参见屈彩云：《新中国 70 年对外援助理念的发展、继承与创新》，载《统一战线学研究》2019 年第 1 期，第 97 页。

③ 参见 Emma Mawdsley, Human Rights and South-South Development Cooperation: Reflections on the "Rising Power" as International Development Actors, Human Rights Quarterly, Vol. 36, 2014, p. 643。

④ 参见 Timothy Webster, China's Human Rights Footprint in Africa, Columbia Journal of Transnational Law, Vol. 51, 2013, p. 628。

⑤ 参见 Adaora Osondu-Oti, China and Africa-Human Rights Perspective, Africa Development, Vol. 41, 2016, p. 69。

事实上，"人权的实现永无止境"①。强调发展权的国家并非在保障政治权利方面毫无建树，强调政治权利的国家也面临着各类社会经济问题。在2018年联合国人权理事会的普遍定期审查活动中，新西兰、乌拉圭、马里政府希望中国尽早批准《公民权利和政治权利国际公约》,② 我国表示接受；而美国在2015年的定期审查中也承认亟须解决国内"无家可归者"的问题。③ 因此，"一带一路"的人权合作完全可以拓展至更多的人权领域，邀请各类人权条约机构的专家参与"一带一路"建设，为增进沿线各国的人权合作提供更多的方案。当然，是否加入、何时加入各项人权机制，属于各国的内政，不应受到其他国家或国际组织的强制干涉；一国加入各项人权机制的数量也不应成为评判该国人权状况的唯一标准。在人权合作领域，我国同样需要坚持"一带一路"倡议的包容性，为沿线各国提供更充分的合作机遇而非施加强制性的要求。西方外援史上附加多项"人权条款"而终致失败的案例，也可以引以为戒。

表16　　**南方国家与北方国家的发展权利观④**

问题	北方国家	南方国家	其他的观点
权利性质	包含各类权利的综合性权利	新的、独立的权利	处于进程中的权利

① 《首届"南南人权论坛"〈北京宣言〉》，载新华网：http：//www.xinhuanet.com//politics/2017-12/08/c_1122081753.htm。

② 联合国人权理事会：《普遍定期审议工作组报告：中国》，A/HRC/WG.6/31/CHN/1，联合国2018年报告，第5页。

③ 参见联合国人权理事会：《普遍定期审议工作组报告：美国》，A/HRC/30/12，联合国2015年报告，第9页。

④ 参见 Laure-Hélène Piron，The Right to Development A Review of the Current State of the Debate for the Department for International Development，UK Department for International Development Reports 2002，pp. 17-18，available at https：//www.odi.org/sites/odi.org.uk/files/odi-assets/publications-opinion-files/2317.pdf。

续表

问题	北方国家	南方国家	其他的观点
权利主体	个人权利，非集体权利、国家权利	主要是集体权利和国家权利	民族、少数族群与土著族群的权利
义务主体	国家对实现发展权负主要责任	需要良好的国际环境，国际社会有义务提供资源	国内、国际层面都需要非政府成员的参与
国家实施方案	国内的善治、法治、廉洁、言论自由、自由市场	经济增长、资源转移，取消国际层面的限制	
国际经济秩序	应在其他领域讨论该问题；应高度回应改革的进程与呼声	人权机构应讨论：国际金融机构的决策过程；债务减免；市场开放；知识产权；技术转移等	在国际层面讨论发展权具有正当性，但不应使该议题政治化
发展与人权的关系	发展不能成为侵犯人权的正当理由；一些基础的经济权利（例如食品权、健康权、基本的教育权利）不具有优先地位；重视上述三项权利，可能仅出于实用目的	部分国家认为经济社会文化权利优先于公民政治权利，发展是实现其他权利的前提	《千年发展目标》包含经济社会文化权利
基于权利保障的发展方式	一些国家认为，基于权利保障的发展方式是“发展权”的组成部分，应当设立一些人权指标	一些国家认为，基于权利保障的发展方式，施加了新的限制条件，对于人权指标，亦持谨慎态度	
发展合约	有可能与其他国际机制重叠；过于机械化；对于经合组织的发展援助委员会来说，也非适宜的方式	部分国家表示支持；部分国家认为合约将成为限制条件，也有可能减少《重债穷国倡议》与“减贫战略文件”提供的优惠	合约方式可以在其他方面适用；例如：联合国的“全球契约”以及英国—乌干达备忘录

续表

问题	北方国家	南方国家	其他的观点
长期的跟进机制	讨论该议题为时尚早；反对“发展权”条约；反对将发展权纳入“世界人权法案”；反对监督世界金融机构	选项：“发展权”条约；监督世界金融机构；每年公布一份发展权报告或既存国际承诺的实施报告	应发挥各国法院、人权机构保障发展权的作用

四、兼蓄表达个人权利——增进沿线劳工权益保障

同广大发展中国家一样，我国更倾向于将发展权阐述为“集体权利”。由此衍生的国际经济新秩序的构建问题、发达国家向发展中国家转移资源的义务问题成为发展权南北对立的重要来源。发展中国家虽在气候变化等法律机制中争取到重要的国家发展权益，但整体性的“发展权”概念似乎仍缺乏法律约束力。各国之间的发展权合作重在介绍经验而非构建完整的法律制度安排。不过，随着发展权理论的不断完善，发展权作为个人人权与集体人权的双重属性逐步得到更为广泛的认同。① “一带一路”的人权话语也应当兼顾个体的发展权利，因为劳工条件、消费者权利、企业的社会与环境责任等事项同样事关发展权的实现程度。而广大劳工群体作为“一带一路”基础设施建设的中坚力量，他们的个体权益也应当得到充分的保障。

一方面，我国政府应积极推动沿线国家的劳工合作，减少各国劳工法律冲突所引发的各类风险。西方学者往往对中国政府、中国企业对外投资中的人权状况并不看好，似乎中国企业在国内一直重复着低薪水、生产条件恶劣、高污染、漠视个体劳工权益的发展模式，作为中国企业对外投资的副产品，这种“恶劣”的发展模式也

① 参见戴菁：《个人发展权的法理探究》，中共中央党校博士学位论文，2018年5月，第12页。

被推广至广大发展中国家。[1] 在“一带一路”倡议实施以前，中国投资者与当地劳工之间确实存在发生冲突的案例，艰苦朴素的中国劳工在部分发展中国家也容易被当地民众误解，[2] 但不能仅凭这些个体的案例、冲突便全面否定在中国在劳工法律制度建设中的成就。2008 年，经过修订的《劳动合同法》《劳动争议调解仲裁法》《就业促进法》开始生效施行，为构建和谐的劳动关系提供了有力的法律支撑；[3] 国务院、劳动社会保障部、商务部也先后出台了一系列政策文件，如《中外合资中外合作职业介绍机构设立管理暂行规定》(2001)《对外劳务合作管理条例》(2012)《商务部办公厅关于进一步加强对外劳务合作管理的通知》(2017)等，[4] 为维护我国海外劳工权利、促进项目所在地的就业、推动我国企业遵守当地法律创造了有利条件。

当然，对于我国与沿线国家的劳动法律制度差异，亦不可忽视。至 2019 年，国际劳工组织制定了 189 项条约，我国加入了 29 项，8 项核心条约中，我国加入了 4 项，暂未加入《强迫劳动公约》《结社自由及组织保障公约》《组织权及团体协商权原则之应用公约》《废止强迫劳动公约》。就具体的劳工问题而言，薪酬、工作环境、童工等问题易通过政府的协商或当地的司法程序加以解决，对于这些事关民生的问题，中国政府也一直采取多种措施进行应对。真正有可能长期困扰我国企业海外投资的劳工权利问题，是工人对结社权与团体协商权的行使。与薪酬、就业环境等人身权利与财产权利相比，结社权、团体协商权的政治权利属性显然更加突出。

---

① 参见 Adaora Osondu-Oti, China and Africa-Human Rights Perspective, Africa Development, Vol. 41, 2016, p. 66。

② 例如，加纳的民众一度认为中国劳工是“囚犯”，不理解中国政府为何派“囚犯”至加纳修建基础设施。参见程妤：《来华留学生视野中的“一带一路”倡议》，同济大学出版社 2017 年版，第 164 页。

③ 参见 Lutz-Christian Wolff & Chao Xi, Legal Dimensions of China's Belt and Road Initiative, Wolters Kluwer, 2016, p. 370。

④ 参见 Maria Adele Carrai & Jean-Christophe, The Belt and Road Initiative and Global Governance, Edward Elgar Publishing, 2020, p. 227。

“一带一路”建设包含需要大量投资的基础设施项目，我国的大批国有企业参与其中，但这些国有企业的决策模式与一般的民营企业仍然存在差异，在我国的法律制度下，工会对企业决策所能产生的影响比较有限，工人与企业之间团体协商的效果也有待提升。目前，加入《结社自由及组织保障公约》的“一带一路”沿线国家不在少数，部分国家虽未加入该条约，但工会的组织形式与我国相比也有所不同，我国企业如果仍然沿用国内传统的商业模式，不尝试了解各国工会的具体运作方式，将为劳资关系的失衡增添更多的可能性。

此外，对于中国与沿线国家共同签署的劳工条约，我国应会同相关国家、国际劳工组织，继续加强这些条约的执行力度。国际劳工条约属于硬法，对于签约国具有法律约束力，但相关的实证量化研究表明，国际劳工条约的执行状况堪忧，各国的工人权利保障状况没有因签约而得到改善，执行机制的欠缺是其中较为重要的原因之一。[①] 国际劳工组织虽然建立了监督机制，但通过监督最终采取制裁措施的案例可谓少之又少，因而双边或多边协作仍是推动劳工条约实施的重要方式。其中，我国交通运输部与国际劳工组织签署的《在“21 世纪海上丝绸之路”倡议下合作推动经修订的〈2006 年海事劳工公约〉有效实施谅解备忘录》是较为成功的案例，值得沿线国家的政府部门借鉴。

另一方面，我国政府、企业应继续增强同多边开发银行之间的合作，确保国际金融机构制定的劳工权利标准能够得到有效的执行。就宏观层面来看，国际金融机构的投资往往能带动发展中国家的经济发展、促进当地就业，确保发展中国家能够有效行使自身的发展权，但投资与人权之间的具体联系往往更为复杂。以国际货币基金组织 1981 年至 2003 年对发展中国家的长期投资项目为例，由于投资的条款设计不够合理，未能惠及部分发展中国家的贫困人

① 参见 Dursun Peksen & Robert G. Blanton, The Impact of ILO Conventions on Worker Rights: Are Empty Promises Worse than No Promises? The Review of International Organizations, Vol. 12, 2017, p. 91。

口，导致这些国家国内的冲突有所升级。在特殊情形下，即便这些条款没有得到全面的执行，投资本身引发的主权让渡问题或者对经济发展的过高期望，亦容易导致政府的权威受到影响，最终引发部分国家国民对政府的不满，① 甚至造成酷刑、强制失踪等侵犯人权的事件。同样，如果考察1985年至2002年间国际金融机构投资项目对劳工权利的影响，工人的结社权利、团体协商权也因这些投资而受到一定程度的限制。② 此外，实践中，由于各家企业的规模、部门划分、所有制结构、管理结构并不相同，因而对劳工标准的落实情况也有所差异。③

为有效应对项目建设中的各类劳工权利问题，自2000年起，世界银行、亚开行等多边开发银行纷纷公布劳工权利保障标准或社会与环境框架文件，尝试为参与投资项目建设的劳工设置一定的权利屏障。作为“一带一路”资金融通的重要机构，亚投行2016年公布的《环境与社会框架》文件设置了一定的项目参与标准，存在强迫劳动、童工问题的企业将被剥夺参与亚投行项目的资格，参与项目建设的公司也应当遵守相关的国内劳工法律规则。④ 不过，国际金融机构之间的劳工标准并不统一，国际金融机构也很难通过全面的、强有力的措施推行这些标准。在标准订立的历史进程中，国际劳工组织一度希望国际金融机构直接采用国际劳工条约，但这不亚于跳过各会员国的签约与批约程序，为各会员国施加额外的国际法

① 参见 M. Rodwan Abouharb & David L. Cingranelli, IMF Programs and Human Rights, 1981—2003, The Review of International Organizations, Vol. 4, 2009, p. 69。

② 参见 Robert G. Blanton1 & Shannon Lindsey Blanton1, *et al*, The Impact of IMF and World Bank Programs on Labor Rights, Political Research Quarterly, Vol. 68, 2015, p. 324。

③ 参见 Mimi Zou, Symposium on Transnational Futures of International Labor Law China and the Belt and Road Initiative: Transnational Labor Law under Stete Capitalisim 4.0, American Journal of International Law, Vol. 113, 2019, p. 420。

④ 参见 Franz Christian Ebert, Labour Safeguards of Internaitonal Financial Instituions: Can They Help to Avoid Violations of ILO Core Labour Standards? European Yearbook of International Economic Law 2019, Vol. 10, 2020, p. 112。

义务，部分有可能涉及国家内政的劳工保障机制也难以得到广泛的支持。① 因此，国际金融机构订立的劳工标准往往会低于国际劳工条约规定的标准，各类工人所享受的保障标准也有所不同。与借款方签订合约的“直接工人”相比，同项目第三方签订合约的“合约工人”、与借款方的供应商签订合约的“供应链工人”，往往只能享受更低的劳工标准。②

即便如此，我国企业也应当践行国际金融机构订立的标准。因为这些标准的进步有可能推动各国国内劳动法的变革。部分多边开发银行也正在逐步完善“遵约机制”或“争端解决机制”，如国际金融公司设立的“合规顾问/投诉办公室”（Compliance Advisor/Ombudsman）、世界银行设立的“视察小组”（Inspection Panel）、欧洲复兴开发银行设立的“工会交流机制”（Trade Union Communication Mechanism）等。③ 如果项目的实施过程中发生了劳资纠纷，便有可能被提交至这些相应的机制。这对企业方的劳动保障工作提出了更高的要求。“一带一路”并非亚投行、丝路基金等金融机构的一枝独秀，未来各家多边开发银行的参与力度有可能进一步加大，因而我国政府、企业有必要多这些银行的劳工标准、措施做进一步的了

① 例如，2016 年，世界银行曾就“替代”机制（Alternative Mechanism）进行讨论，即在限制工人自由结社的借贷国，是否允许工人建立其他的替代性组织，以作为救济手段？对此，中国、孟加拉国等发展中国家表达了反对意见。参见 Peter Quayle & Xuan Gao, Good Governance and Modern International Financial Institutions: 2018 AIIB Yearbook of International Law, AIIB Reports, 2018, p. 120, available at https://www.aiib.org/en/about-aiib/who-we-are/yearbook/_download/2018-AIIB-Legal-Yearbook.pdf。

② 参见 Peter Quayle & Xuan Gao, Good Governance and Modern International Financial Institutions: 2018 AIIB Yearbook of International Law, AIIB 2018 Reports, p. 117, available at https://www.aiib.org/en/about-aiib/who-we-are/yearbook/_download/2018-AIIB-Legal-Yearbook.pdf。

③ 参见 Franz Christian Ebert, Labour Safeguards of Internaitonal Financial Instituions: Can They Help to Avoid Violations of ILO Core Labour Standards? European Yearbook of International Economic Law 2019, Vol. 10, 2020, pp. 121-122。

解并积极履行。这不仅仅是规避法律风险的有力措施，更是我国人权话语的生动表达，即中国不仅支持广大发展国家的集体发展权，更充分尊重"一带一路"建设者的个体权利。

本章小结

通过"一带一路"法治合作，我国能够阐述丰富的法治话语，也能够选择多种多样的阐述方式，进而赢得沿线国家对法治话语的认可。就"一带一路"建设的实际需求来看，软法与硬法在"一带一路"建设中发挥着不同的作用，不能机械地认定"软法优于硬法"或"硬法优于软法"。对于符合沿线国家共同利益的法治理念、法律原则，我国应当不断强化其合法性、正当性，进而使这些理念真正能够深入人心。对于中西方长期存在的人权话语冲突，以及"一带一路"可能面临的人权挑战，我国也应当积极寻求应对之道；既对"发展权"的理念推陈出新，也充分保障"劳工权利"等个体权利，最终实现"集体人权"与"个体人权"的兼蓄表达。

结　论

一、“现代”视阈下的中国国际法治话语

福柯的一系列著作揭示了话语与权力密切交织的关系以及话语秩序对现代生活无所不在的影响，但福柯本人却是一位解构者，并不认同“现代”话语的规训总是有益的。就国际社会的交往而言，“国际法治”一词具备较强的权威性，符合人类现阶段的理性认知水准，能够对主权国家的外交活动产生深刻的影响，可以视作全球治理的应然模式。我国所要生产、表达的国际法治话语，应当合乎理性标准、具备高度的普适性，既不能追求“独裁者”的威权，也不能效仿“后结构主义”学派，对既有的国际秩序进行全面解构。在过去十年的“一带一路”建设进程中，我国政府一直扮演着国际法治捍卫者的角色，在完善法律规则、促进规则公平适用、建设新型国际组织等方面都进行了有益的探索，这些举措不仅具有道德层面的感召力，而且有利于改善“一带一路”沿线地区略显不足的法治状况，符合沿线各国人民的共同利益。当然，我国的国际法治建设仍然存在一定的不足与短板，如国际制度话语权欠缺、话语主体单一、国际司法话语阐释不足等，需要在“一带一路”倡议的实施进程中加以补足。

二、提升中国国际法治话语权需要多项举措并举

中国国际法治话语权的提升，既需要促进话语施行者与话语对象的多元化、提升话语内容的质量，也需要注重话语平台的建设与话语反馈的结果，多项举措并举，推动中国国际法治话语的生产与传播。依托“一带一路”倡议，我国搭建了多种类型的话语阐述平

台，既包括“一带一路”国际合作高峰论坛这一主要的政府间合作机制，也包括“丝路国际智库网络”“‘一带一路’智库合作联盟”“‘一带一路’国际智库合作委员会”等民间交往平台，还包括仍在建设之中的“一带一路”争端解决机制。这些合作平台的建设为官方与民间的法治交往创造了便利，但平台本身也需要与时俱进，在机制变革方面进行尝试。就国际法治话语的内容而言，“三共”原则作为“一带一路”倡议的指导原则，具备强大的感召力与严密的正当性，值得我国大力推广，而如何充分发挥硬法与软法文件的优势、如何落实“一带一路”项目建设中的人权保障事项，同样考验着中国的国际法治智慧。对此，我国应具体议题具体分析，在充分借鉴沿线各国智慧、结合“一带一路”实际进展的前提下，依照“人类命运共同体”思想的指引，推出能够获得高度共识的建设方案。

三、中国外交话语的创新发展仍是一项长期工程

国际法治合作与“一带一路”建设是一项长期工程，中国的国际法治话语唯有坚持正确的价值导向、不断推陈出新，才有可能在全球的话语体系中占据一席之地。西方通过殖民扩张传播法治话语的历程已成为过往，“一带一路”也绝非“新殖民主义”的载体，理性地探索发现国际法治合作的方案、通过有力的话语平台传播中国的国际法治智慧，是提升中国国际法治话语权的优选方案。然而，与“一带一路”倡议的宏伟实践相比，中国国际法治话语的供给仍然略显不足，我国有必要针对“一带一路”建设的实际需要，丰富和发展中国国际法治话语的内容，进而贡献一些具有世界影响力的话语产品。同时，尽管福柯的话语权理论已经揭示出话语与权力相互作用的一般规律，弥散的话语权力也很难通过具体数据进行描绘，但是权力要素对国际法治话语的具体作用形式以及国际法治话语权的整体量化框架，却是有待探索的议题。此外，着眼于中国特色大国外交的整体布局，除了国际法治话语之外，中国的外交话语还包括文化话语、经济话语等多项内容，这些话语需要形成有效的互动、共同彰显“人类命运共同体”的要义，因而中国外交话语的整体布局与各类话语之间的互动形式，同样应当引起中国国际法学共同体的关注。

附录　联合国法治承诺书汇总

（一）国家行动与国际援助承诺

	国家行动	对其他国家/联合国的援助
非洲		
肯尼亚	✓	
利比亚	✓	
毛里求斯	✓	
尼日利亚	✓	
坦桑尼亚		✓
卢旺达	✓	
拉丁美洲		
阿根廷	✓	
智利	✓	
哥斯达黎加	✓	
墨西哥	✓	
秘鲁	✓	
厄瓜多尔		✓
北美洲		
美国	✓	✓
欧洲		
奥地利	✓	✓

续表

	国家行动	对其他国家/联合国的援助
比利时	✓	
保加利亚	✓	
捷克	✓	✓
丹麦		✓
爱沙尼亚	✓	
芬兰	✓	✓
法国	✓	
格鲁吉亚	✓	
德国	✓	✓
希腊	✓	
匈牙利	✓	
爱尔兰	✓	
意大利	✓	
拉脱维亚	✓	
列支敦士登	?	
卢森堡	✓	✓
荷兰	✓	✓
波兰	✓	
罗马尼亚	✓	✓
斯洛伐克	✓	
斯洛文尼亚	✓	
瑞典		✓
瑞士	✓	✓
欧盟	✓	✓
总计	35	14

(二)与条约、国际司法相关的行动

	条约行动	国际刑事法庭	其他法庭
非洲			
利比亚	《关于买卖儿童、儿童卖淫和儿童色情制品问题的任择议定书》		
尼日利亚	《反对劫持人质国际公约》《制止恐怖主义爆炸的国际公约》；制定国内法实施《罗马规约》		
拉丁美洲			
阿根廷		-签署坎帕拉修正案	
哥斯达黎加		-支持 -签署坎帕拉修正案	遵循国际法院管辖权
墨西哥	促进控制军火交易相关条约的实施；审查人权条约的相关保留事项		
秘鲁	-《国际禁用集束炸弹公约》； -《保护所有人免遭强迫失踪国际公约》		
亚洲			
马尔代夫	-国际劳工组织制定的条约 -有组织跨境犯罪 -《保护所有人免遭强迫失踪国际公约》 -《保护所有移徙工人及其家庭成员权利国际公约》 -制定国内法，实施《维也纳领事关系公约》、WTO		
泰国	《儿童权利公约关于设定来文程序的任择议定书》		
大洋洲			
澳大利亚	-《国际禁用集束炸弹公约》 -《联合国禁止酷刑公约》任择议定书		

续表

	条约行动	国际刑事法庭	其他法庭
欧洲			
奥地利	-《联合国禁止酷刑公约任择议定书》 -《预防和打击暴力侵害妇女行为及家庭暴力公约》 -制定国内法，实施《罗马规约》《联合国禁止酷刑公约》《保护所有人免遭强迫失踪国际公约》	签署坎帕拉修正案	支持国际刑事司法机构，包括塞拉利昂和柬埔寨的特别刑事法庭
比利时	-《日内瓦公约第三议定书》 -支持欧洲委员会制定的第 196 号《防止恐怖主义公约》	-合作 -支持受害者基金 -签署坎帕拉修正案	-与国际司法机构合作、协同
保加利亚	《保护所有人免遭强迫失踪国际公约》	签署坎帕拉修正案	
捷克	《联合国反腐败公约》		
爱沙尼亚	-《儿童权利公约关于儿童卷入武装冲突问题的任择议定书》 -《保护所有人免遭强迫失踪国际公约》	签署坎帕拉修正案	
芬兰	《预防和打击暴力侵害妇女行为及家庭暴力公约》	支持受害者基金	
法国	推动《保护所有人免遭强迫失踪国际公约》的实施	-协作 -促进《罗马规约》实施	
格鲁吉亚	-《残疾人权利公约》 -《预防和打击暴力侵害妇女行为及家庭暴力公约》 -《保护所有人免遭强迫失踪国际公约》	签署坎帕拉修正案	
德国	-欧洲委员会制定的第 197 号《打击贩运人口行动公约》 -《经济、社会及文化权利国际公约任择议定书》 -促进《保护所有人免遭强迫失踪国际公约》的实施	-支持 -支持受害者基金 -促进《罗马规约》的实施	

续表

	条约行动	国际刑事法庭	其他法庭
匈牙利	-《保护所有人免遭强迫失踪国际公约》 -《关于领土社区或当局间跨越边界合作的欧洲纲要公约》第3议定书 -《欧洲引渡条约》第3、第4附加议定书 -《儿童权利公约关于设定来文程序的任择议定书》 -制定国内立法，实施《罗马规约》		
意大利	-《联合国国家及其财产管辖豁免公约》 -《儿童权利公约关于设定来文程序的任择议定书》 -制定国内立法，实施国际法院的判决		接受国际法院管辖权
列支敦士登		-支持 -促进《罗马规约》实施	
卢森堡	-《儿童权利公约关于设定来文程序的任择议定书》 -欧洲委员会制定的《反腐败民法公约》 -《保护所有人免遭强迫失踪国际公约》	签署坎帕拉修正案	
荷兰	-《关于领土社区或当局间跨越边界合作的欧洲纲要公约》 -促进国际协助、国际引渡相关的条约的实施	签署坎帕拉修正案	推动更多国家接受国际法院管辖权
波兰	-《渥太华禁雷条约》 -《保护所有人免遭强迫失踪国际公约》 -对条约义务的定期审查		
罗马尼亚	-《保护所有人免遭强迫失踪国际公约》 -《关于领土社区或当局间跨越边界合作的欧洲纲要公约》任择议定书		

续表

	条约行动	国际刑事法庭	其他法庭
斯洛伐克	-《儿童权利公约关于设定来文程序的任择议定书》 -《预防和打击暴力侵害妇女行为及家庭暴力公约》		
斯洛文尼亚	-促进国际协助、国际引渡相关的条约的实施		
瑞典		-支持受害者基金 -促进《罗马规约》的实施	推动更多国家
瑞士		签署坎帕拉修正案	接受国际法院管辖权
欧盟	-《日内瓦公约第三议定书》 -《关于发生武装冲突情况时保护文化财产的公约》 -《儿童权利公约关于儿童卷入武装冲突问题的任择议定书》 -《渥太华禁雷条约》 -《禁止或限制使用特定常规武器公约》第2、3、4、5议定书 -《禁止为军事或其他敌对目的使用改变环境的技术的公约》 -《联合国禁止酷刑公约任择议定书》 -支持人权条约中规定的个人申诉权利 -《关于无国籍人地位的公约》，考虑签署《减少无国籍状态公约》 -毒品 -有组织犯罪	-促进《罗马规约》实施	

(三)与国际威胁相关的承诺

	恐怖主义		有组织犯罪	海盗	联合国制裁系统
	政策/机制支持	培训/协助工作组			
非洲					
利比亚			制定新法，打击跨境犯罪		
尼日利亚	-制定全国性的打击恐怖主义战略 -修订 2011 年预防恐怖主义法令 -提升国家能力 -针对恐怖主义活动，培训执法者、审判者 -开展有效的反恐协作				
北美洲					
美国	实施全球反恐论坛总结的最佳实践	-支持联合国反恐 -支持全球反恐论坛制定的"拉巴特与罗马备忘录" -向东南亚国家提供培训，增进起诉恐怖主义分子的合作 -在东非建立检察官培训工作组 -支持比勒陀利亚的安全研究机构开展反恐培训 -支持联合国主导的反恐培训与能力建设项目 -向马来西亚和印尼的法官提供高风险审讯方面的培训 -为非盟实施反恐法律提供法律顾问 -向萨赫勒的执法官提供打击绑架犯罪的培训 -支持也门与索马里政府应对恐怖主义威胁 -支持东非的反恐调查能力建设 -支持反洗钱、打击恐怖主义金融资助(阿富汗、波斯尼亚、埃及、约旦、尼日利亚、巴基斯坦、也门) -以符合法治、人权的方式，培训印尼和马来西亚的法官，打击恐怖主义 -支持马来西亚发展基于法治的反恐框架 -支持联合国主导的突尼斯法官、检察官培训项目	-支持联合国毒品和犯罪问题办公室的禁毒、打击犯罪工作 -通过民间外交，打击野生动物偷猎和贩卖		

续表

	恐怖主义		有组织犯罪	海盗	联合国制裁系统
	政策/机制支持	培训/协助工作组			
亚洲					
马尔代夫	通过媒体宣传，避免恐怖主义群体招募儿童		-针对人口贩卖，制定国内立法 -通过媒体的宣传活动，保障弱势群体不再遭遇人口贩卖的困扰		
大洋洲					
澳大利亚			-为伙伴国家打击有组织犯罪，提供技术援助和培训 -向东盟提供资金援助，以打击人口贩卖		
欧洲					
奥地利					✓
比利时					✓
丹麦					✓
芬兰					✓
德国		-设置打击恐怖主义的工作组，为萨赫勒地区刑事犯罪调查机构提供帮助 -在东非开展打击恐怖主义的培训	-打击人口贩卖 -在东南欧、西非设置港口联合管制机构	培训叙利亚的法官与刑事检察官	✓
列支敦士登					✓
荷兰					✓

续表

	恐怖主义		有组织犯罪	海盗	联合国制裁系统
	政策/机制支持	培训/协助工作组			
挪威					✓
瑞典					✓
瑞士					✓
欧盟	-以民间的、法治的、符合人权的方式打击恐怖主义 -采取措施，切断极端恐怖主义活动的现金流 -通过各项倡议，促进联合国制定的条约、通过的决议之执行 -基于人权、法治支持伙伴国家的司法系统能力建设	-支持萨赫勒、大非洲之角与南非的能力建设 -增加对伙伴国家反恐能力建设的支持 -反恐援助中的人权操作指南	-打击毒品 -支持伙伴国家的能力建设，打击有组织犯罪 -增强打击军火贩卖的国际框架 -创设国际军火数据库 -创设各国与欧盟之间的人口贩卖受害者信息对接机制 -打击人口贩卖的区域合作	-支持打击海盗的努力（大非洲之角/几内亚湾） -支援伙伴国家的培训、能力建设	

（四）与治理和腐败相关的承诺

	治理	腐败
非洲		
肯尼亚	-增强分权 -增强公务员任用程序的公开性	
尼日利亚		-国家反腐败战略 -就遵守《联合国反腐败公约》的情况，进行同行评议 -增强预防腐败的战略
卢旺达		至2017年，成为最清廉的十个国家之一
亚洲		
马尔代夫	-实施巩固民主的国家规划 -增强各政府、经济部门之间的规章协调	-全面实施《联合国反腐败公约》 -增强反腐败委员会和总稽查署的作用 -制定国家投资、国有资产指南 -调查腐败现状
大洋洲		
澳大利亚		国家反腐败计划
欧洲		
奥地利		-运用“欧洲反腐败培训”倡议总结的最佳实践，打击腐败 -向国际反腐败协会做出财政支持
丹麦		-为增强国家与社会之间的透明度、责任制而努力
德国	-促进肯尼亚的善治 -支持南部非洲的公共服务项目改革	-对印度尼西亚的腐败防治给予援助 -支持发展中国家打击腐败 -东非地区的反腐败专家
希腊		-在考虑国际反腐败建议的前提下，协调各项国内立法 -在各个方面打击腐败 -优先实施打击腐败的法律

续表

	治理	腐败
匈牙利		-一体化的腐败预防工程 -新的公务员职业道德守则
拉脱维亚	向格鲁吉亚提供援助，限制政党献金、选举献金	
波兰	-在公共信息、科学、教育和文化遗产领域，开放公共资源 -提供在线平台，确保公民在立法过程的参与度与公开性	
欧盟		-欧盟每两年公布一份反腐败报告

（五）人权承诺

非洲	
毛里求斯	-遵守主要人权条约规定的审查程序 -国内人权行动计划
卢旺达	通过法庭、法律实务工作者，推动已签署的人权条约的实施
拉丁美洲	
墨西哥	在符合人权标准的前提下，培训法官、地方官员、检察官
北美洲	
美国	提升伙伴国家的能力建设，避免大规模屠杀
欧洲	
奥地利	-人权行动计划 -公共部门的人权教育与人权培训 -实施国家人权行动计划
法国	-为打击强制失踪做贡献 -支持受害者的知情权、裁判请求权与获偿权，并确保侵犯人权的事件不再发生 -实施国家人权行动计划 -开展针对性别歧视的项目 -开展反种族主义、反歧视犹太主义的活动 -废除死刑的全球性运动
德国	-减少男女同工不同酬的现象 -采取行动，打击极端主义、种族主义、仇外主义及反犹太主义 -提升民族多样性与民族融合进程 -实施联邦宪法法院的案例法，确保同性恋者获得公平待遇 -实施保障残疾人的法律 -促进肯尼亚境内的社会正义 -通过明确各类歧视现象，增进乌干达境内的人权事业 -支持非洲人权法院 -实施保障居住区的法律 -支持与饮水、医疗相关的生存权 -实施食物权相关的纲要
拉脱维亚	加入网络言论自由共同行动计划
荷兰	在政府中设立人权机构
欧盟	确保内部与外部人权政策的一致性

（六）国内立法改革与发展

	立法改革	发　展
非洲		
肯尼亚	进一步忠于宪法	
利比亚	针对过渡时期的刑事犯罪	
尼日利亚	针对恐怖主义犯罪	
拉丁美洲		
智利	实施《罗马规约》	
亚洲		
马尔代夫	针对人口贩卖	
大洋洲		
澳大利亚	起草反歧视法律	
欧洲		
奥地利	将《罗马规约》纳入国内法	
比利时	审查，以确定是否有必要制定法律，保护检举揭发者	
爱沙尼亚		实施爱沙尼亚 21 世纪可持续规划
芬兰	针对性犯罪立法	促进 2012 年发展政策项目中法治目标的实现
德国	-起草法案，预防并打击人口贩卖 -支持塞尔维亚的法律改革 -支持中亚地区的法律改革	为实现蒙古经济的可持续发展，应巩固法律框架
匈牙利	新刑法与《罗马规约》相一致	
意大利	改革立法，以遵守国际法院的判决	
瑞典		促进 2015 年发展议程中的法治目标

（七）与国内司法相关的承诺

	援助他国	诉诸司法/法律援助	能力建设/培训	监狱	警察
非洲					
肯尼亚		-增进司法服务的交付 -促进公平的诉诸司法			
利比亚		司法与安全部门的国家战略			设立平民监督机构，接收有关警察不端行为的申诉
尼日利亚		-增加资助与获得法律救济的机会 -增加律师数量，提供法律救助 -减少惯犯	进行培训，提升执法者、法官应对恐怖主义的能力	-提升护航任务的需求 -减少审前羁押人数 -拓展青少年机构 -建设四所女性监狱 -依据国际标准，新建6所国际监狱	
卢旺达		增加诉诸分权的司法机构的机会	增强安全机构的能力		
拉丁美洲					
墨西哥		在符合人权标准的前提下，培训法官、地方官员、检察官			

续表

	援助他国	诉诸司法/法律援助	能力建设/培训	监狱	警察
北美					
美国	-支持联大第67次会议通过的法律救济的相关原则 -过渡司法中的能力建设倡议(刚果民主共和国、科特迪瓦) -为增进法治，部署司法、矫正官员与警察 -评估审判培训的需求(五大湖地区)与设置司法培训机构的可行性 -在阿布达比酋长国的国际精英中心培训社区警察，对抗暴力极端主义 -当地法律的执行与社区风险防控相结合 -在突尼斯设立国际审判与法治机构 -针对高风险的审讯，向印度尼西亚、马来西亚的司法官员提供培训 -阿富汗的法律教育与法律改革 -为增加政府、审判机构的透明度，向阿富汗的民间团体提供资助 -支持刚果民主共和国的审判机构 -以法治、人权为出发点，向印度尼西亚的法官提供打击恐怖主义方面的援助 -增进伊拉克人民诉诸司法的机会 -培训约旦新任命的女性法官 -利比亚的社区法律顾问 -针对突尼斯境内的反恐问题，联合国主导的法官与检察官培训 -减少地面冲突，增进和解/支持警察与社区警察增员计划(乌干达)	-增加被告获得适格律师辩护的计划 -通过网格化安全项目，吸纳民间法律援助 -为民间法律援助工作者提供更多的培训机会	增强起诉暴力犯罪的能力	支持联合国主导的中东、北非地区能力建设项目，推动罪犯改过自新、重返社会	

续表

	援助他国	诉诸司法/法律援助	能力建设/培训	监狱	警察
亚洲					
马尔代夫		-增加诉诸司法的机会 -通过司法培训机构，培训法官 -公布年度案例报告，并开放判例数据库 -为增进法治，实施巩固民主的国家规划	-增强审判部门 -替代性争端解决机制 -增进商业、银行业的公平正义 -预防刑事犯罪的行动计划 -替代性的量刑机制 -制定引渡法 -恢复性司法	监狱改革战略	-增进警察的责任感与正直诚实性 -增强机制建设能力
大洋洲					
澳大利亚	-提供协助，增加诉诸司法的机会 -为发展中国家培训 14000 名法律/审判官员，确保社区安全 -构建柬埔寨的国际犯罪数据库与庭审登记系统	为增加诉诸司法的机会，审查《伙伴国家法律服务援助协定》			支持太平洋警察发展项目
欧洲					
奥地利	增进乌干达、不丹、南部非洲发展共同体地区的司法审判与法治运动				
比利时			评估法律援助	国际刑法标准化培训中的课程设置	

续表

	援助他国	诉诸司法/法律援助	能力建设/培训	监狱	警察
芬兰	-支持联合国开展法治活动 -支持在伙伴国家实施法治项目		就司法快速反应倡议，进行国际犯罪调查培训		
德国	-增强阿富汗的司法机构与警察力量 -支持柬埔寨基于人权的法律政策 -支持巴基斯坦旁遮普省的诉讼 -支持秘鲁境内诉诸司法、公众保护部门 -增强赞比亚境内诉诸司法的相关活动 -支持非洲人权法院 -建议在南高加索进行审判制度改革			支持孟加拉国的监狱	
拉脱维亚	协助摩尔多瓦进行司法部门改革	实施调解与庭外争端解决机制			
波兰			改革庭审程序		
欧盟	改良中亚的司法部门	-针对审判中的权利，开展全球性的司法运动 -增进诉诸司法与司法协作			
国际发展法律组织			保障女性诉诸司法		

（八）与冲突中、冲突后相关的承诺

	国际人道法	过渡司法的特别报告员	援助/拥护倡议
非洲			
卢旺达		增进协作	-为军队、警察和狱警贡献力量 -培训联合国维和人员
拉丁美洲			
阿根廷		支持	
智利		支持	
哥斯达黎加		支持	
秘鲁		支持	
乌拉圭		支持	
北美洲			
美国			-支持女性、和平和安全方面的倡议 -支持过渡时期司法的能力建设 -避免大规模屠杀 -联合国任务的平民顾问 -女性申请参加联合国维和任务
大洋洲			
澳大利亚	就武装冲突中武装部队的医疗措施，建立区域工作组		-联合国和平建设基金 -联合国开发计划署 预防危机与恢复局 -联合国政治事务部 -部署500个平民专家 -女性对大非洲之角的和平作出贡献
欧洲			
奥地利	针对冲突中的平民保护进行培训	支持	在伙伴国家实施联合国安理会第1325号决议

续表

	国际人道法	过渡司法的特别报告员	援助/拥护倡议
法国	-重申第31次红十字会/红新月会会议中的承诺： -针对武装力量，开展国际人道法、国际刑法培训 -发展法国红十字会的教育服务 -支持法国红十字会向年轻人传授国际人道法	支持	
德国			-支持受冲突影响的国家订立宪法 -支持在受战乱影响的西非国家开展法治项目 -支持联合国开展女性项目，保障女性在冲突中、冲突后能诉诸司法 -支持在冲突后的非洲国家部署警察 -支持联合国维和行动部、法治和安全机构厅 -为实施联合国安理会第1325号决议，制定国内行动计划
希腊		支持	
匈牙利	重申第31次红十字会/红新月会会议中的承诺		
爱尔兰	重申第31次红十字会/红新月会会议中的承诺： -促进国际人道主义真相调查委员会运行得更好 -鼓励受害者在武装冲突中诉诸国际人道主义真相调查委员		

续表

	国际人道法	过渡司法的特别报告员	援助/拥护倡议
卢森堡			-支持联合国维和建设基金 -支持国际过渡时期司法中心 -支持司法快速反应倡议
挪威		支持	
斯洛文尼亚		支持	
瑞典		支持	
瑞士	与红十字国际委员会一道，组织一场《蒙特勒公约》成员国+5国的会议	支持	-对提出请求的国家，给予过渡时期司法方面的支持 -支持司法快速反应倡议 -支持区域性的暴行预防机制
欧盟	重申欧盟各成员国在第31次红十字会/红新月会会议中的承诺		-发展有关过渡时期司法的政策 -在联合国开展维和行动时，运用民间力量 -制定支持联合国维和的欧盟政策；与欧盟的民间任务建立协作机制 -支持联合国在法治项目中采取一体化行动 -增强欧盟与联合国之间的合作，协助非盟开展维和行动 -针对法治项目的培训、经验教训进行合作，并作技术安排 -欧盟-联合国维和行动/危机管控合作的总体框架

（九）性别平等与儿童保护的承诺

	性别			儿童		
	预防/减少性暴力活动战略	政策/机制	援助/拥护倡议	出生记录	政策/机制	援助/拥护倡议
非洲						
利比亚	设置该战略	组建实施该战略的部门				
卢旺达	预防性暴力活动/提升性暴力活动受害者治疗中心的规模					
北美洲						
美国	-减少国内的暴力凶杀事件 -提升性暴力活动中的法医检验水平 -评估家庭法庭 -提升警察对性暴力活动的应对措施		-阿富汗女性的避难所 -刚果民主共和国的女性诉诸司法 -约旦共和国的女性法官 -肯尼亚女性的土地权利 -利比亚女性的社区法律顾问 -乌干达土地争议中的性别平等			
亚洲						
马尔代夫	-实施国内有关暴力犯罪的法律 -为国内性暴力活动受害者提供庇护与协助	-增加女性公务员数量 -确保适龄女孩接受教育			委派儿童专员	

续表

	性别			儿童		
	预防/减少性暴力活动战略	政策/机制	援助/拥护倡议	出生记录	政策/机制	援助/拥护倡议
大洋洲						
澳大利亚			-女性对大非洲之角的和平作出贡献 -消除发展中国家中针对女性的暴力活动 -太平洋性别平等倡议 -减轻印度尼西亚女性的贫困			
欧洲						
奥地利		-实施国内行动计划，包含女性权利 -社会性别预算	-增加联合国信托基金，结束女性暴力活动 -在伙伴国家实施联合国安理会第1325号决议(关于女性、和平与安全)			
比利时	针对亲密伴侣之间的暴力活动制定国家计划	-提前部署，开展预防/减少性暴力活动战略、社会性别主流化的培训 -增加女性警察		制定立法，确保非婚生子女登记		

续表

	性别			儿童		
	预防/减少性暴力活动战略	政策/机制	援助/拥护倡议	出生记录	政策/机制	援助/拥护倡议
丹麦			特定国家的女性能够诉诸司法			
芬兰	-制定行动计划，减少女性暴力活动 -进行性犯罪方面的立法改革	促进民主政治、市民参政的性别平等	-中亚国家国内法实现性别平等			
德国	-实施《反针对妇女暴力的欧洲公约》 -在妇女地位委员会中开展有关针对女性暴力犯罪的工作	-减轻男女之间的同工不同酬 -针对联合国安理会第 1325 号决议，制定国内实施计划	-柬埔寨的女性能够诉诸司法 -联合国妇女署在冲突中或冲突后能为女性诉诸司法 -为非洲国实施预防/减少性暴力活动战略，进行警察力量培训 -联合国妇女署 -减少女性割礼	-帮助各国提升出生登记系统	-制定保护计划，保护儿童免受性暴力、性剥削 -提升对儿童的保护 -实施欧盟对儿童权利的指南	-联合国儿童基金会 -在全世界开展教育项目 -针对强制婚姻的措施 -联合国秘书长儿童与武装冲突特别代表处 -负责暴力侵害儿童问题的秘书长特别代表 -与儿童的性剥削问题作斗争
匈牙利			满足提升女性监管人员与女性警察数量的需求	简化出生登记程序	在警务站设置爱儿房间	

续表

	性别			儿童		
	预防/减少性暴力活动战略	政策/机制	援助/拥护倡议	出生记录	政策/机制	援助/拥护倡议
爱尔兰					针对儿童权利问题进行全民公决	
波兰					针对儿童性虐待、儿童交易进行国内立法	
斯洛伐克	-设置针对女性暴力犯罪的法律与机制框架 -限制针对女性的暴力犯罪 -对针对女性的暴力犯罪进行问责、追偿					
欧盟			采取措施，协助实施针对女性的暴力犯罪的纲领	解决第三国护照问题的框架		
国际发展法律组织			针对女性在司法部门中的地位，以及女性诉诸司法的障碍，展开全球调查			

参考文献

（一）专著

[1]顾维钧．顾维钧回忆录[M]．北京：中华书局，1983.
[2]徐崇温．结构主义与后结构主义[M]．大连：辽宁人民出版社，1986.
[3]王铁崖．国际法引论[M]．北京：北京大学出版社，1998.
[4]夏光．后结构主义思潮与后现代社会理论[M]．北京：社会科学文献出版社，2003.
[5]北京市语言学会．中国语言学百年丛论[M]．北京：北京语言大学出版社，2004.
[6]盛红声，贺兵著．当代国际关系中的“第三者”——非政府组织问题研究[M]．北京：时事出版社，2004.
[7]那力，何志鹏．WTO 与公共健康[M]．北京：清华大学出版社，2005.
[8]郭子贤．黑社会(性质)组织形成研究[M]．北京：知识产权出版社，2006.
[9]刘永谋．福柯的主体结构之旅——从知识考古到“人之死”[M]．南京：江苏人民出版社，2009.
[10]梁西，宋连斌．法学教育方法论[M]．武汉：武汉大学出版社，2009.
[11]杨泽伟．国际法史论[M]．北京：高等教育出版社，2011.
[12]梁西．梁西国际组织法(第七版)[M]．武汉：武汉大学出版社，2022.
[13]何其生．珞珈国际法：学人与学问[M]．武汉：武汉大学出版

社，2011.
[14]霍淑红．国际非政府组织(INGOs)的角色分析——全球化时代INGOs在国际机制发展中的作用[M]．北京：中央编译出版社，2011.
[15]段洁龙．中国国际法实践与案例[M]．北京：法律出版社，2011.
[16]朱进杰．国际制度设计：理论模式与案例分析[M]．上海：上海人民出版社，2011.
[17]张文显．法理学(第四版)[M]．北京：高等教育出版社，2011.
[18]胡颖峰．规训权力与规训社会——福柯政治哲学思想研究[M]．北京：中央编译出版社，2012.
[19]黄志雄．国际法视角下的非政府组织：趋势、影响与回应[M]．北京：中国政法大学出版社，2012.
[20]刘铁娃．霸权地位与制度开放性：美国的国际组织影响力探析(1945—2010)[M]．北京：北京大学出版社，2013.
[21]宋春香．法治文化论——一个法治话语的视角[M]．北京：中国政法大学出版社，2013.
[22]何力．纵横国际法——势力均衡与帝国理念[M]．上海：立信会计出版社，2013.
[23]刘永涛．话语政治——符号权力和美国的对外政策[M]．上海：复旦大学出版社，2014.
[24]刘衡．国际法之治：从国际法治到全球治理[M]．武汉：武汉大学出版社，2014.
[25]宋英杰．语言学重点难点探析[M]．成都：西南交通大学出版社，2014.
[26]马汉广．论福柯的启蒙批判[M]．哈尔滨：黑龙江大学出版社，2014.
[27]刘禾．帝国的话语政治：从近代中西冲突看现代世界秩序的形成[M]．北京：生活·读书·新知三联书店，2014.
[28]江河．国际法的基本范畴和中国的实践传统[M]．北京：中国

政法大学出版社，2014.
[29]张军．法理学[M]．北京：民主法制出版社，2014.
[30]邓晓芒．哲学史方法论十四讲[M]．重庆：重庆大学出版社，2015.
[31]徐昕．论私力救济[M]．桂林：广西师范大学出版社，2015.
[32]罗国强．国际法本体论(第二版)[M]．北京：中国社会科学出版社，2015.
[33]苏力．法治及其本土资源(第三版)[M]．北京：北京大学出版社，2015.
[34]何志鹏．国际法治论[M]．北京：北京大学出版社，2016.
[35]申小龙．《普通语言学教程》精读[M]．上海：复旦大学出版社，2016.
[36]徐今．索绪尔《普通语言学教程》精读[M]．武汉：武汉大学出版社，2016.
[37]曾令良，冯洁菡．中国促进国际法治报告(2015年)[M]．北京：社会科学文献出版社，2016.
[38]西北政法大学国际法青年学术创新团队．国际法治(前沿理论与实践)[M]．北京：法律出版社，2016.
[39]张明楷．刑法学(第五版)(下)[M]．北京：法律出版社，2016.
[40]庞中英．亚投行：全球治理的中国智慧[M]．北京：人民出版社，2016.
[41]王贵国，李鋈麟．"一带一路"争端解决机制[M]．杭州：浙江大学出版社，2017.
[42]陈宗权．"一带一路"建设与中国国际话语权提升[M]．成都：西南财经大学出版社，2017.
[43]陈伟光．"一带一路"建设与提升中国全球经济治理话语权[M]．北京：人民出版社，2017.
[44]吴贤军．中国国际话语权构建：理论、现状和路径[M]．上海：复旦大学出版社，2017.
[45]刘晗．从巴赫金到哈贝马斯——20世纪西方话语理论研究

[M]. 成都：西南交通大学出版社，2017.
[46]陈怡. 福柯说权力与话语[M]. 武汉：华中科技大学出版社，2017.
[47]杨泽伟. 国际法(第三版)[M]. 北京：高等教育出版社，2017.
[48]肖永平，黄志雄. 曾令良论国际法[M]. 北京：法律出版社，2017.
[49]刘伟. 读懂"一带一路"蓝图：《共建"一带一路"：理念、实践与中国的贡献》详解[M]. 北京：商务印书馆，2017.
[50]高奇琦. "一带一路"倡议与全球治理[M]. 上海：上海人民出版社，2017.
[51]杨泽伟. 国际法析论(第四版)[M]. 北京：中国人民大学出版社，2017.
[52]陈安. 国际经济法学(第七版)[M]. 北京：北京大学出版社，2017.
[53]张永和. 国家人权行动计划(2016—2020年)解读[M]. 北京：法律出版社，2017.
[54]王灵桂，赵江林. 全球视角下的"一带一路"：中外联合研究报告(No. 1)[M]. 北京：社会科学文献出版社，2017.
[55]何志鹏，历咏. 国际法的未来[M]. 北京：法律出版社，2017.
[56]程妤. 来华留学生视野中的"一带一路"倡议[M]. 上海：同济大学出版社，2017.
[57]中华人民共和国外交部条约法律司. 中国国际法实践案例选编[M]. 北京：世界知识出版社，2018.
[58]外交部、中国法学会编. 规则与协调——"一带一路"法治合作国际论坛文集[M]. 北京：法律出版社，2018.
[59]王翰. "一带一路"与人类命运共同体构建的法律与实践[M]. 北京：知识产权出版社，2018.
[60]中国国际法学会. 南海仲裁案裁决之批判[M]. 上海：外文出版社，2018.

[61]郭业洲．“一带一路”民心相通报告[M]．北京：人民出版社，2018.

[62]张秋英．国际研究型合作组织合作创新研究[M]．北京：中国纺织出版社，2018.

[63]郑启荣．国际组织(第二版)[M]．北京：高等教育出版社，2018.

[64]梁昊光，张耀军．“一带一路”二十四个重大理论问题[M]．北京：人民出版社，2018.

[65]黄惠康．中国特色大国外交与国际法[M]．北京：法律出版社，2019.

[66]国务院发展研究中心国际合作局．“一带一路”国际合作机制研究[M]．北京：中国发展出版社，2019.

[67]梁西．梁西论国际法与国际组织五讲[M]．北京：法律出版社，2019.

[68]杨泽伟．“一带一路”倡议文件汇编[M]．北京：法律出版社，2020.

[69]王丽．“一带一路”国际商事调解[M]．北京：北京大学出版社，2020.

[70]杨泽伟．“一带一路”倡议与国际规则体系研究[M]．北京：法律出版社，2020.

[71]杨泽伟. 国际法析论(第五版)[M]．北京：中国人民大学出版社，2022.

[72]杨泽伟. 国际法(第四版)[M]．北京：高等教育出版社，2022.

[73]Georg Schwarzenberger. Fundamental Principles of International Law[M]. Leiden: Martinus Nijhoff, 1955.

[74]Robert Young. Untying the Text: A Post-Structuralist Reader[M]. London: Routledge, 1981.

[75]Carmen Rosa Caldas-Coulthard, Malcolm Coulthard. Texts and Practices: Readings in Critical Discourse Analysis[M]. London: Routledge, 1996.

[76] David R. Dr Howarth, Yannis Stavrakakis. Discourse Theory and Political Analysis: Identities, Hegemonies and Social Change[M]. Manchester: Manchester University Press, 2000.

[77] Dennis Dijkzeul, Yves Beigbeder. Rethinking International Organizations: Pathology and Promise[M]. New York: Berghahn Books, 2002.

[78] David Howarth, Jacob Torfing. Discourse Theory in European Politics: Identity, Policy and Governance [M]. London: Macmillan, 2005.

[79] Jan Hancock. Human Rights and US Foreign Policy[M]. London: Routledge, 2007.

[80] Farhad Malekian. Principles of Islamic International Criminal Law: A Comparative Search[M]. Leiden: Martinus Nijhoff, 2011.

[81] Xue Hanqin. Chinese Contemporary Perspectives on International Law: History, Culture and International Law[M]. Leiden: Brill, 2012.

[82] Sharif Bhuiyan, Philippe Sands. International Law and Developing Countries: Essays in Honour of Kamal Hossain [M]. Leiden: Brill, 2014.

[83] Katrin Kinzelbach. The EU's Human Rights Dialogue with China Quiet Diplomacy and Its Limits[M]. London: Routledge, 2015.

[84] Lutz-Christian Wolff, Chao Xi. Legal Dimensions of China's Belt and Road Initiative[M]. Amsterdam: Wolters Kluwer, 2016.

[85] China Center for Contemporary World Studies, Development Research Center of Shenzhen Municipal People's Government. Dialogue on Silk Road Think Tank Association Conference: Connection, Innovation and Sustainable Development [M]. Beijing: Central Compilation & Translation Press, 2016.

[86] Seokwoo Lee, Warwick Gullett. Asia-Pacific and the Implementation of the Law of the Sea[M]. Leiden: Brill, 2016.

[87] Jacob Katz Cogan, Ian Hurd. The Oxford Handbook of International

Organization[M]. Oxford: Oxford Univeristy Press, 2017.
[88] Jacob Katz Cogan, Ian Hurd. The Oxford Handbook of International Organization[M]. Oxford: Oxford Univeristy Press, 2017.
[89] Matthieu Burnay. Chinese Perspectives on the International Rule of Law: Law and Politics in the One-Party State[M]. Cheltenham: Edward Elgar, 2018.
[90] Zhao Yun. International Governance and the Rule of Law in China under the Belt and Road Initiative[M]. Cambridge: Cambridge University Press, 2018.
[91] Harish Narasappa. Rule of Law in India: A Quest for Reason[M]. Oxford: Oxford Univeristy Press, 2018.
[92] Julien Chaisse, Jędrzej Górski. The Belt and Road Initiative: Law, Economics, and Politics[M]. Leiden: Brill, 2018.
[93] Office of the Leading Group for Promoting the Belt and Road Initiative. The Belt and Road Initiative Progress, Contributions and Prospects 2019[M]. Beijing: Foreign Languages Press, 2019.
[94] Peter Quayle, Xuan Gao. International Organizations and the Promotion of Effective Dispute Resolution: AIIB Yearbook of International Law 2019[M]. Leiden: Brill, 2019.
[95] Li Xing. Mapping China's "One Belt One Road" Initiative[M]. New York: Palgrave Macmillan, 2019.
[96] Steven Wheatley. The Idea of International Human Rights Law[M]. Oxford: Oxford University Press, 2019.
[97] Dren Doli. The International Element, Statehood and Democratic Nation-Building[M]. Berlin: Springer, 2019.
[98] Cai Fang, Peter Nolan. Routledge Handbook of the Belt and Road [M]. London: Routledg, 2019.
[99] Zhou Weihuan. China's Implement of the Rulings of the World Trade Organization[M]. Oxford: Hart Publishing, 2019.
[100] Maria Adele Carrai, Jean-Christophe. The Belt and Road Initiative and Global Governance [M]. Cheltenham: Edward

Elgar Publishing, 2020.

(二)论文

[1]张文显. 中国法治40年：历程、轨迹和经验[J]. 吉林大学社会科学学报，2018(5)：5-25+204.
[2]褚章正. 论中国参与北极环境治理的国际话语权构建[J]. 江汉论坛，2018(5)：45-49.
[3]王晨光. 中国"北极伙伴关系"：现实考量与建设构想[J]. 中国海洋大学学报(社会科学版)，2018(5)：12-20.
[4]陈思静. 新西兰海洋法的实践及其对中国的启示[J]. 山西大学学报(哲学社会科学版)，2018(5)：127-133.
[5]王文. 以持久战的心态对外讲好"一带一路"故事[J]. 对外传播，2018(5)：23-25.
[6]郑旭文. "一带一路"倡议下多元争端解决机制的构建[J]. 大连海事大学学报(社会科学版)，2018(5)：23-30.
[7]戴瑞君. "一带一路"建设中的人权因素——以中蒙经贸合作为例的分析[J]. 人权，2018(5)：119-133.
[8]韩秀丽. 再论国际法治理念下的"一带一路"倡议实施[J]. 国际商务研究，2018(6)：17-27.
[9]武玉辉. 国际法治对中国法治影响分析[J]. 国家行政学院学报，2018(6)：93-97+189-190.
[10]门洪华. "一带一路"规则制定权的战略思考[J]. 世界经济与政治，2018(7)：14-40+156-157.
[11]关雪凌. 全球治理体系变革与"一带一路"话语权构建[J]. 人民论坛，2018(22)：87-89.
[12]石春雷. 国际商事仲裁在"一带一路"争端解决机制中的定位与发展[J]. 法学杂志，2018(8)：24-31.
[13]王琦. "一带一路"争端解决机制的阐释与构建[J]. 法学杂志，2018(8)：13-23.
[14]张丽娜. "一带一路"国际投资争端解决机制完善研究[J]. 法学杂志，2018(8)：32-42.

[15]杨国华."一带一路"与国际法治[J]. 法学杂志，2018(11)：1-7.

[16]曾文革. 论"一带一路"陆上贸易便利化规则体系的构建与完善[J]. 法学杂志，2018(11)：16-22.

[17]常健，殷浩哲. 人权概念的不断丰富和发展——兼论《世界人权宣言》的历史意义和中国对人权事业的重要贡献[J]. 红旗文稿，2018(22)：8-12.

[18]"人类命运共同体与国际法"课题组. 人类命运共同体的国际法构建[J]. 武大国际法评论，2019(1)：1-28.

[19]徐军华."一带一路"背景下中国开展反恐国际合作的国际[J]. 法学评论，2019(1)：136-147.

[20]袁烨. 我国智库联盟建设现状及对策研究[J]. 情报探索，2019(1)：73-76.

[21]屈彩云. 新中国70年对外援助理念的发展、继承与创新[J]. 统一战线学研究，2019(1)：95-105.

[22]苗健. 美国制度霸权的张力[J]. 南京邮电大学学报(社会科学版)，2019(2)：60-69.

[23]张玉环. WTO争端解决机制危机：美国立场与改革前景[J]. 中国国际战略评论，2019(2)：109-119.

[24]凌胜利. 主场外交、战略能力与全球治理[J]. 外交评论，2019(4)：1-31+4-5.

[25]苏力. 在中西对话中彰显中国特色[J]. 中国社会科学评价报，2019(4)：11-12.

[26]王军杰. 论"一带一路"倡议框架下独立投资争端解决机制的构建[J]. 河南社会科学，2019(4)：63-68.

[27]卫跃宁，廉睿."一带一路"、法律多元化与人类命运共同体构建[J]. 青海民族研究，2019(4)：1-6.

[28]杨泽伟. 新中国国际法学70年：历程、贡献与发展方向[J]. 中国法学，2019(5)：178-194.

[29]"一带一路"智库合作联盟秘书处."一带一路"建设中的智库交流——"一带一路"智库合作联盟建设实践及发展前景[J].

当代世界，2019(5)：27-30.

[30]赵豪迈．“一带一路”新型智库信息资源开发问题及策略研究[J]．智库理论与实践，2019(5)：41-48.

[31]张博畅．论“一带一路”倡议在人类命运共同体中的若干理论问题[J]．沿海企业与科技，2019(5)：8-12.

[32]王玉主．中国的国际社会理念及其激励性建构——人类命运共同体与“一带一路”建设[J]．当代亚太，2019(5)：4-29+144-145.

[33]何志鹏．以诺为则：现代性国际法的渊源特质[J]．当代法学，2019(6)：146-157.

[34]杨泽伟．“一带一路”倡议与现代国际法的发展[J]．武大国际法评论，2019(6)：1-17.

[35]刘虹飞，刘瑜．浅论“一带一路”与人类命运共同体建设[J]．宏观经济管理，2019(8)：86-90.

[36]罗国强，于敏娜．国际法庭咨询管辖权的扩张倾向与中国策略[J]．学术界，2019(10)：133-147.

[37]苏星鸿．“一带一路”倡议价值问题的多维透视[J]．观察与思考，2019(11)：11-20.

[38]王宝盆．以高质量研究助推“一带一路”高质量发展——“一带一路”高端智库论坛暨“一带一路”智库合作联盟理事会第五次会议侧记[J]．当代世界，2020(1)：26-29.

[39]杨泽伟．共商共建共享原则：国际法基本原则的新发展[J]．阅江学刊，2020(1)：86-93+122-123.

[40]陶林．全球治理的中国方案：人类命运共同体论略[J]．武汉理工大学学报(社会科学版)，2020(1)：8-14.

[41]毛瑞鹏．古特雷斯联合国改革议程与中国的建设性角色[J]．国际展望，2020(2)：39-57+150-151.

[42]孙灿．人类命运共同体与新时代中国的全球治理逻辑[J]．湖北行政学院学报，2020(2)：20-26.

[43]程时辉．当代国际海洋法律秩序的变革与中国方案——基于“海洋命运共同体”理念的思考[J]．湖北大学学报(哲学社会

科学版)，2020(2)：136-147.
[44]臧峰宇，史海默．人类命运共同体理念的思想资源与时代内涵[J]．江苏社会科学，2020(3)：1-9+241.
[45]陈霞．和合文化：人类命运共同体的思想溯源[J]．新疆大学学报(哲学·人文社会科学版)，2020(3)：62-70.
[46]杨泽伟. 推动"一带一路"高质量发展的国际法解读[J]．武汉科技大学学报(社会科学版)，2022(2)：117-125.
[47]谢霄男．人类命运共同体对儒家"礼治"思想的传承与超越[J]．江汉大学学报(社会科学版)，2020(3)：50-60+126.
[48]李丹，李凌羽．"一带一路"生态共同体建设的理论与实践[J]．厦门大学学报(哲学社会科学版)，2020(3)：66-78.
[49]杨泽伟．"人类命运共同体"构建中海洋危机管控国际合作的法律问题[J]．中国海洋大学学报(社会科学版)，2020(3)：1-11.
[50]季华．《巴黎协定》实施机制与2020年后全球气候治理[J]．江汉学术，2020(4)：46-53.
[51]周圆翕，吴斯佳．抗"疫"反思的人类命运共同体构建[J]．公关世界，2020(10)：12-13.
[52]Charles G. Fenwick. Reaffirmation of Fundamental Principles of International Law[J]. Bulletin of the Pan American Union，1944，67：661-670.
[53]G. G. Fitzmaurice. The United Nations and the Rule of Law[J]. Transactions of the Grotius Society，1952，38：135-150.
[54]Robert Ronsenstock. The Declaration of Principles of International Law Concerning Friendly Relations：A Survey[J]. The American Journal of International Law，1971，65：713-735.
[55]David Kennedy. Theses about International Law Discourse[J]. German Yearbook of International Law，1980，23：353-391.
[56]Jan Blommaert，Chris Bulcaen. Critical Discourse Analysis[J]. Annual Review of Anthropology，2000，29：447-466.
[57]Barbara Koremenos，Charles Lipso. The Rational Design of

International Institutions [J]. International Organization, 2001, 55: 761-800.

[58] Stephen Marks. The Human Right to Development: Between Rhetoric and Reality [J]. Harvard Human Rights Journal, 2004, 17: 137-168.

[59] Michael Karlberg. The Power of Discourse and the Discourse of Power: Pursuing Peace Through Discourse Intervention [J]. International Journal of Peace Studies, 2005, 10: 1-25.

[60] Andre' Nollkaemper. The Role of Domestic Courts in the Case Law of the International Court of Justice [J]. Chinese Journal of International Law, 2006, 5: 301-322.

[61] Edward Newman. The International Civil Service: Still a Viable Concept? Global Society [J]. Global Society, 2007, 21: 429-447.

[62] Christina Voigt. The Role of General Principles in International Law and their Relationship to Treaty Law [J]. Nordic Journal of Law and Justice, 2008, 77: 1-25.

[63] GAO Pengcheng. Rethinking the Relationship between the WTO and International Human Rights [J]. Richmond Journal of Global Law and Business, 2009, 8: 397-426.

[64] M. Rodwan Abouharb, David L. Cingranelli. IMF Programs and Human Rights, 1981—2003 [J]. The Review of International Organizations, 2009, 4: 47-72.

[65] Andrew T. Guzman, Timothy L. Meyer. International Soft Law [J]. Journal of Legal Analysis, 2010, 2: 171-225.

[66] Dimitri Della Faille. Discourse Analysis in International Development Studies: Mapping Some Contemporary Contributions [J]. Journal of Multicultural Discourse, 2011, 6: 215-235.

[67] Antonios Tzanakopoulos. Domestic Courts in International Law: The International Judicial Function of National Courts [J]. Loyola Marymount University and Loyola Law School Comparative Law

Review, 2011, 34: 133-168.

[68] Chris Brummer. Why Soft Law Dominates International Finance — And Not Trade[J]. Journal of International Economic Law, 2011, 13: 623-643.

[69] Tana Johnson. Looking Beyond States: Openings for International Bureaucrats to Enter the Institutional Design Process[J]. Review of International Organization, 2013, 8: 499-519.

[70] P Rijpkema. The Rule of Law Beyond Thick and Thin[J]. Law and Philosophy, 2013, 32: 793-816.

[71] Matthieu Burnay, Jan Wouters. The International Rule of Law: European and Asian Perspectives [J]. Belgian Review of International Law, 2013, 46: 299-306.

[72] Nicolas Hachez. What Elements of the Rule of Law Can Be Put to Use at International Level [J]. Belgian Review of International Law, 2013, 46: 307-324.

[73] Vanoverbeke Dimitri. Exporting the Rule of Law in East Asia: Japan's Experiences from the 1990s to Present[J]. Belgian Review of International Law, 2013, 46: 364-381.

[74] Matthieu Burnay,Jan Wouters. China in the UN Security Council: What Are the Implications for the International Rule of Law[J]. Belgian Review of International Law, 2013, 46: 343-363.

[75] Rohini Sen. The Indian Perspective on the International Rule of Law: Through the Lens of International Agreements on Free Trade [J]. Belgian Review of International Law, 2013, 46: 382-406.

[76] Joelle Hivonnet. The EU and the Promotion of Rule of Law in Post-Conflict Situations: The Case of Kosovo [J]. Belgian Review of International Law, 2013, 46: 325-342.

[77] Felicity Vabulas, Duncan Snidal. Organization without Delegation: Informal Intergovernmental Organizations (IIGOs) and the Spectrum of Intergovernmental Arrangements [J]. Review of International Organization, 2013, 8: 193-220.

[78] Ilhami Alkan Olsson. Four Competing Approaches to International Soft Law[J]. Scandinavian Studies in Law, 2013, 58: 178-196.
[79] Christopher Marcoux, Johannes Urpelainen. Non-compliance by Design: Moribund Hard Law in International Institutions [J]. Review of International Organization, 2013, 8: 163-191.
[80] Timothy Webster. China's Human Rights Footprint in Africa[J]. Columbia Journal of Transnational Law, 2013, 51: 626-663.
[81] Emma Mawdsley. Human Rights and South-South Development Cooperation: Reflections on the "Rising Power" as International Development Actors [J]. Human Rights Quarterly, 2014, 36: 630-652.
[82] Robert G. Blanton, Shannon Lindsey Blanton. The Impact of IMF and World Bank Programs on Labor Rights[J]. Political Research Quarterly, 2015, 68: 435-478.
[83] Michael M. Du. China's "One Belt, One Road" Initiative: Context, Focus, Institutions, and Implications[J]. The Chinese Journal of Global Governance, 2016, 2: 30-43.
[84] Kostiantyn V. Gorobets. International Rule of Law in a Discourse of Doubts[J]. Lex Portus, 2016, 2: 31-45.
[85] Jennifer Smolka, Benedikt Pirker. International Law and Pragmatics — An Account of Interpretation in International Law [J]. International Journal of Language & Law, 2016, 5: 1-40.
[86] Zeng Lingliang. Conceptual Analysis of China's Belt and Road Initiative: A Road towards a Regional Community of Common Destiny[J]. The Chinese Journal of International Law, 2016, 15: 517-541.
[87] Adaora Osondu-Oti. China and Africa-Human Rights Perspective [J]. Africa Development, 2016, 41: 49-80.
[88] Karin Arts, Atabongawung Tamo. The Right to Development in International Law: New Momentum Thirty Years Down the Line? [J]. Netherlands International Law Review, 2016, 63: 221-249.

[89] Robert Mc Corquodale. Defining the International Rule of Law: Defying Gravity? [J]. International and Comparative Law Quarterly, 2016, 65: 277-304.

[90] Yilmaz Kaplan. China's OBOR as a Geo-Functional Institutionalist Project[J]. Baltic Journal of European Studies, 2017, 7: 7-23.

[91] Dursun Peksen, Robert G. The Impact of ILO Conventions on Worker Rights: Are Empty Promises Worse than No Promises? [J]. The Review of International Organizations, 2017, 12: 75-94.

[92] Xiaohui Wu. Friendly Competition for Co-Progressive Development: The Asian Infrastructure Investment Bank vs. the Bretton Woods Institutions[J]. Chinese Journal of International Law, 2017, 16: 41-76.

[93] David M. Ong. The Asian Infrastructure Investment Bank: Bringing 'Asian Values' to Global Economic Governance? [J]. Journal of International Economic Law, 2017, 20: 535-560.

[94] Yong-Shik Lee. General Theory of Law and Development[J]. Cornell International Law Journal, 2017, 50: 415-471.

[95] Zhu Yan, Vadim Filimonov. Comparative Study of International Carriage of Goods by Railway between CIM and SMGS [J]. Frontiers of Law in China, 2018, 13: 115-136.

[96] Weidong Wang, Simona Picciau. How to strengthen EU-China Cooperation Based on Belt and Road[J]. Revista de Relaciones Internacionales, Estrategia Seguridad, 2018, 13: 21-33.

[97] Sienho Yee. Dispute Settlement on the Belt and Road: Ideas on System, Spirit and Style[J]. Chinese Journal of International Law, 2018, 17: 907-914.

[98] Zou Keyuan, Qiu Wenxian. The Belt and Road Initiative and the Common Heritage of Mankind: Some Preliminary Observations[J]. Chinese Journal of International Law, 2018, 17: 749-756.

[99] Jessica M. F. Hughes. Progressing Positive Discourse Analysis

and/in Critical Discourse Studies: Reconstructing Resistance through Progressive Discourse Analysis [J]. Review of Communication, 2018, 18: 193-211.

[100] Saleh Shahriar, Lu Qian. Institutions of the 'Belt & Road' Initiative: A Systematic Literature Review [J]. Policy and Globalization, 2018, 77: 1-13.

[101] Steven Brakman, Peter Frankopan. The New Silk Roads: An Introduction to China's Belt and Road Initiative [J]. Cambridge Journal of Regions, Economy and Society, 2019, 12: 3-16.

[102] Jan Knoerich, Francisco Urdinez. Contesting Contested Multilateralism: Why the West Joined the Rest in Founding the Asian Infrastructure Investment Bank [J]. The Chinese Journal of International Politics, 2019, 12: 333-370.

[103] Weidong Li, Olli-Pekka Hilmola. One Belt And One Road: Literature Analysis [J]. Transport and Telecommunication, 2019, 20: 260-268.

[104] Heng Wang. China's Approach to the Belt and Road Initiative: Scope, Charter and Sustainability [J]. Journal of International Economic Law, 2019, 22: 591-608.

[105] Ping Xiong, Roman Tomasic. Soft Law, State-Owned Enterprises and Dispute Resolution on PRC's Belt and Road — Towards an Emerging Legal Order? [J]. Hong Kong Law Journal, 2019, 49: 1025-1056.

[106] Mimi Zou. Symposium on Transnational Futures of International Labor Law China and the Belt and Road Initiative: Transnational Labor Law under State Capitalism 4.0 [J]. American Journal of International Law, 2019, 113: 418-423.

[107] Franz Christian Ebert. Labour Safeguards of International Financial Institutions: Can They Help to Avoid Violations of ILO Core Labour Standards? [J]. European Yearbook of International Economic Law 2019, 2020, 10: 107-132.

（三）报纸

[1]黄仁伟．“一带一路”面临新挑战和新机遇[N]．环球时报，2020-05-26(15)．

[2]焦扬．智库联盟为“一带一路”建设贡献更多智慧[N]．光明日报，2020-01-08(2)．

[3]中华人民共和国国务院新闻办公室．2018年美国的人权纪录[N]．人民日报，2019-03-15(17)．

[4]沈陈．“一带一路”智库网络建设：理论与实践[N]．中国社会科学报，2018-11-22(2)．

[5]赵灵敏．大象闯进瓷器店？特朗普访欧槽点多被嫌弃[N]．华夏时报，2017-06-06(6)．

[6]李伟．共谋丝路国际智库网络新发展——丝路国际智库网络2017年会开幕致辞[N]．中国经济时报，2017-05-17(1)．

[7]濮之珍．中国古代语言学有自己的发展道路[N]．光明日报，2016-11-27(6)．

[8]力行．礼法合一的古代法治形态[N]．学习时报，2015-08-17(6)．

[9]王方玉．言论自由的边界与大学的名誉权[N]．检察日报，2012-10-26(5)．

[10]龚雯．让历史铭记这十五年——中国入世谈判备忘录[N]．人民日报，2001-11-11．

后　记

本书以我的博士论文为基础，对部分内容进行了修订。2020 年 11 月，党中央召开了中央全面依法治国工作会议，将习近平法治思想明确为全面依法治国的根本遵循和行动指南，故本书增加了“习近平法治思想”中“坚持统筹推进国内法治和涉外法治”的相关内容。

感谢我的导师杨泽伟教授对本书的资助。在博士论文的选题、写作以及修订过程中，导师给予了细致的全程指导，逐字逐句修改了我的论文初稿，使我受益匪浅。在我成长的道路上，导师谦虚的为人、严谨的治学态度与乐观的精神总在激励我自立自强，我直面人生当中的各种挑战。

同时，我要感谢我的家人、朋友、同学、同事。读博期间，我的父母、姐姐和姐夫为我提供了充足的物质保障，让我能够安心求学，顺利完成学业。在本书的修订过程中，很多法学专业的同学和山西省委党校的同事，以及武汉大学山西校友会的学长学姐给予了很多帮助，在此一并致谢。

最后，我对武汉三镇、武汉大学和自己的青春，也许留有一丝感怀。在武汉大学求学的 5 年多时间，正值人生中最美好的时节，秀美的珞珈山下留下了太多难忘的记忆，在导师和各位师兄师姐的关怀、支持与鼓励下，我终于学有所成，走过了人生当中一段唯美的旅程。在博士论文的写作过程中，我见证了英勇的武汉人民抗击疫情、浴火重生的过程，让我对武汉这座英雄的城市充满了更多的敬意。“夕照孤舟远，滔滔碧水流”，滚滚长江难以带走美好的际遇，希望人生中第一部专著的出版，能够成为对青春最好的纪念。

陈思静

2023 年 1 月 1 日